Mesurer l'effectivité du droit de l'environnement

PETER LANG

Collection de la Chaire Normandie pour la Paix

Cette collection a pour objectif de valoriser les travaux menés par la Chaire Normandie pour la Paix, qui mène des travaux de recherche sur les droits des générations futures et la Paix avec la Terre. Résolument ouverte à l'international et engagée dans la pluridisciplinarité, la Chaire Normandie pour la Paix publiera ici les travaux qu'elle a coordonnés dans des domaines aussi variés que :

- ☐ Processus de mutation des droits fondamentaux et des systèmes juridiques
- ☐ Good Stories
- ☐ Justice climatique et juridictions internationale
- ☐ Droits des peuples autochtones et renouvellement du droit au prisme des savoirs autochtones
- ☐ Education aux droits et devoirs des générations futures
- ☐ Ethique environnementale pour juriste
- ☐ Bioéthique/Biodroits
- ☐ Justice transitionnelle et construction de la paix environnementale
- ☐ Indicateurs juridiques des ODD
- ☐ Economie et droit de la conservation, de la protection et de la restauration de la nature
- ☐ Représentation et défense des générations futures

Cette collection aspire à la cohérence pour tisser ensemble les différentes transformations actuellement en cours dans les systèmes juridiques internationaux, régionaux et nationaux en vue d'établir une protection durable de l'environnement, des droits environnementaux et de l'avenir. La collection explore également la protection de la condition humaine future ainsi que les enjeux bio-éthiques qui renouvellent sans cesse les champs légitimes du droit.

Puisant dans la sagesse immémoriale de l'Humanité, cette collection entend promouvoir tous types d'œuvres illustrant l›impératif de civilisation selon lequel : « Nous aurons la paix sur Terre quand nous vivrons en Paix avec la Terre ».

Michel Prieur, Christophe Bastin
Avec la collaboration de Mohamed Ali Mekouar

Mesurer l'effectivité du droit de l'environnement

Des indicateurs juridiques au service du développement durable

Michel PRIEUR
Président du Centre international de droit comparé de l'environnement (CIDCE)
Professeur émérite agrégé de droit
Directeur scientifique du CRIDEAU, Université de Limoges (France)
Diplômé de Sciences Po Paris

et

Christophe BASTIN
Président de la Société d'Ingénierie et de Conseil SIC Nouvelle-Aquitaine
Ingénieur Conseil

Avec le concours de Mohamed Ali MEKOUAR
Ancien professeur de droit à l'Université de Casablanca, vice-président du Centre international de droit comparé de l'environnement

Préface de Alfredo PENA-VEGA
Enseignant-chercheur
Directeur scientifique
Global Youth Climate Pact
Institut interdisciplinaire d'anthropologie du contemporain
Centre Edgar Morin/EHESS-CNRS

Chaire Normandie pour la Paix
Vol. 2

Avec le soutien du Centre international de droit comparé de l'environnement et la Chaire Normandie pour la Paix

Conception de la couverture: Anne Lacherez

ISSN 2736–3279
ISBN 978-2-8076-1971-5
ePDF 978-2-8076-1972-2
ePUB 978-2-8076-1973-9
DOI 10.3726/b18493
D/2021/5678/35

Information bibliographique publiée par "Die Deutsche Nationalbibliothek".

"Die Deutsche Bibliothek" répertorie cette publication dans la "Deutsche National-bibliografie"; les données bibliographiques détaillées sont disponibles sur le site <http://dnb.ddb.be>.

« Notre connaissance des faits juridiques ne saurait, pas plus que celle des faits économiques, se passer de données numériques précises et méthodiquement établies »[1].

« Ce qui compte ne peut pas toujours être compté, et ce qui peut être compté ne compte pas forcément »[2].

« Ce que vous ne pouvez pas mesurer, vous ne pouvez pas l'améliorer »[3].

« Évaluer l'effectivité du droit de l'environnement est une entreprise herculéenne »[4].

---

1 H. Lévy-Bruhl, « Note sur la statistique et le droit », in *La statistique, ses applications, les problèmes qu'elle soulève*, Paris, Presses universitaires de France, 1935, pp. 141–147.

2 Attribué à Albert Einstein : « *Not everything that counts can be counted and not everything that can be counted counts* ».

3 Attribué à Lord Kelvin, physicien britannique du XIX° siècle.

4 Chris McGrath, *Does Environmental Law Work? How to Evaluate the Effectiveness of an Environmental Legal System*, Riga, Lambert Academic Publishing, 2010, p. 13.

Sommaire

Remerciements

Cet ouvrage a bénéficié de nombreux conseils et de précieuses contributions des membres du groupe de la Chaire Normandie pour la paix sur les indicateurs juridiques du droit des générations futures, notamment : Alexandra ARAGÃO (professeure, Université de Coimbra, Portugal), Boris BARRAUD (enseignant-chercheur, Université Aix-Marseille), Julien BÉTAILLE (maître de conférences, Université Toulouse 1), Odeline BILLANT (doctorante, LEMAR), Marie BONNIN (chercheure, LEMAR), Pierre BRUNET (professeur, Université Paris 1), Fernanda CAVEDON-CAPDEVILLE (post-doctorante, Université fédérale de Santa Catarina, Brésil), Guillaume CHAPRON (professeur associé, département d'écologie, Université des sciences agricoles, Suède), Leïla CHIKHAOUI-MAHDAOUI (professeure, Université de Carthage, Tunisie), Jérôme FROMAGEAU (chercheur associé, Institut des sciences sociales du politique, ENS Paris-Saclay), Émilie GAILLARD (codirectrice du pôle risques de la MRSH, Université de Caen, MRSH de Caen), José JUSTE RUIZ (professeur, Université de Valence, Espagne) et Alfredo PENA-VEGA (chargé de recherche, Centre Edgar Morin IIAC/EHESS).

La publication de l'ouvrage a été rendue possible grâce à Pascal BULÉON, directeur de la Maison de la recherche en sciences humaines (MRSH) de Caen, et Émilie GAILLARD, coordinatrice générale de la Chaire Normandie pour la paix.

Une assistance documentaire a par ailleurs été fournie par Vanessa René GALVAN de la Faculté de droit de l'Université d'État de Georgia à Atlanta (États-Unis).

Nous voudrions également remercier les partenaires de la Chaire Normandie pour la paix : la Région Normandie, l'Université de Caen et le CNRS, le professeur Nicholas A. ROBISON, président émérite de la Chaire Normandie pour la paix, ainsi que Antonio OPOSA Jr, titulaire de la Chaire Normandie pour la paix.

Avant-propos

En février 2018, les principes méthodologiques des indicateurs juridiques élaborés dans cet ouvrage ont été validés lors d'un symposium qui s'est tenu à Yaoundé sur le thème « Effectivité et éducation judiciaire du droit de l'environnement en Afrique francophone », organisé par l'Institut de la Francophonie pour le développement durable (IFDD), avec la participation du PNUE[5], l'UICN[6], la CEDEAO[7], l'OIF[8] et le CIDCE[9].

Il s'en est suivi la publication par l'IFDD du livre *Les indicateurs juridiques. Outils d'évaluation de l'effectivité du droit de l'environnement*[10] décrivant les règles de l'art sur la mesure de l'effectivité du droit de l'environnement.

Le présent ouvrage vise à apporter un nouvel éclairage sur la mise en œuvre et l'usage des indicateurs juridiques après deux ans de pratique et d'échanges.

Les indicateurs sur l'environnement font l'objet de nombreuses publications. Leur inventaire ne fait apparaître aucun indicateur juridique mesurant les processus d'application du droit de l'environnement, c'est-à-dire son effectivité. Ceux recensés se contentent de faire état de la performance du droit de l'environnement dans les modèles actuels de développement.

Au-delà de l'inventaire des indicateurs, qu'en est-il de leur concrétisation ? Quels sont les indicateurs ayant abouti à une utilisation récurrente ? Qui les utilise ? Font-ils consensus ?

Malgré les divergences entre les méthodes, leur fréquente opacité et les désaccords d'experts, il est un point de consensus pour la plupart des indicateurs sur l'environnement : la corrélation de besoins de mesures avec les exigences de gouvernance, notamment au regard des Objectifs de développement durable (ODD) et des conventions internationales sur l'environnement.

Face au défi planétaire de la protection de l'environnement, le besoin de clarification et d'harmonisation des indicateurs juridiques est d'évidence. Bien

5 Programme des Nations Unies pour l'environnement.
6 Union internationale pour la conservation de la nature.
7 Communauté économique des États de l'Afrique de l'Ouest.
8 Organisation internationale de la Francophonie.
9 Centre international de droit comparé de l'environnement.
10 https://moged.ifdd.francophonie.org/index.php/fr/publications/download/14/187/19?method=view

plus, il apparaît comme un impératif pour répondre aux exigences de gouvernance que ce défi impose à la communauté internationale.

Des lecteurs pourraient s'interroger sur l'utilité des indicateurs juridiques. La réponse se trouve déjà, en filigrane, dans le principe 11 de la Déclaration de Rio sur l'environnement et le développement de 1992, qui appelait les États à « promulguer des **mesures législatives efficaces** en matière d'environnement ».

Tout naturellement, les indicateurs fleurissent pour mesurer les impacts sur l'environnement. Lorsqu'ils abordent la mesure du droit de l'environnement, ils ne le font que sous l'angle des résultats du droit (nombre de décisions de justice, nombre d'infractions, budgets, effectifs, etc.).

Il y a là une véritable carence concernant la mesure de l'effectivité du droit. Il est donc grand temps de créer des indicateurs juridiques en complément des indicateurs environnementaux, économiques ou sociaux existants.

L'ambition de cet ouvrage est de livrer une contribution fondatrice pour répondre aux enjeux de la protection de l'environnement, notamment ceux de la transformation des ODD en réalité concrète et ceux relatifs à l'effectivité de l'application des conventions internationales en matière d'environnement.

Nous nous sommes attachés à illustrer l'utilité et décrire la méthodologie de construction et d'exploitation des indicateurs juridiques en tant qu'outils innovants pour mieux gérer les réformes et éviter les régressions du droit de l'environnement.

Notre souhait est de fournir aux lecteurs une méthode accessible, facilement appropriable et répondant aux besoins des décideurs et de la société civile.

Michel PRIEUR
Concepteur de la méthode juridique
Professeur émérite à l'Université de Limoges
Directeur scientifique du CRIDEAU
Doyen honoraire de la Faculté de droit et des sciences économiques de Limoges
Président du Centre international de droit comparé de l'environnement

Christophe BASTIN
Concepteur de la méthode scientifique
Ingénieur
Président fondateur de la Société Ingénierie et Conseil - SIC Nouvelle-Aquitaine

Préface

Les défis de penser les indicateurs juridiques de l'environnement

Cet ouvrage a pour ambition de contribuer à une innovation cognitive, à savoir apporter des arguments scientifiques aux indicateurs[11] juridiques utilisés pour définir la faisabilité du droit dans l'évaluation des objectifs de développent durable et de préservation de l'environnement. Un équilibre minutieux est recherché entre la portée du droit de l'environnement, national et international, et sa profondeur en identifiant et mesurant l'application effective du droit. Cela fait de cette démarche un outil puissant qui peut être utilisé dans toute une série de contextes de la gestion des politiques de l'environnement jusqu'à la gouvernance mondiale des océans.

De façon globale, on peut définir les indicateurs juridiques environnementaux comme un instrument d'identification et de mesure de l'application effective du droit de l'environnement, reflétant de diverses façons les impacts sur l'environnement occasionnés par une activité anthropique donnée. Par exemple, la conservation de la biodiversité est caractérisée par la complexité, l'incertitude ; s'y ajoutent l'inaction du pouvoir politique et les contraintes budgétaires, de sorte que les États et les instances internationales peinent (volontairement) à appliquer des politiques environnementales. Dès lors, s'imposent des formes de contrôle au sens large qui supposent la mise en place d'instruments d'évaluation tels que des indicateurs. Bien qu'il n'existe pas de « solution toute faite », ce livre constitue, cependant, un apport scientifique significatif dans la recherche d'outils juridiques en termes de revalorisation de l'environnement.

Cet ouvrage est capital pour plusieurs raisons. Face à la crise écologique, il existe des raisons politiques et pratiques de soutenir une approche juridique des indicateurs scientifiquement réalisable à une échelle locale (droit interne) et globale (droit international) en faveur de l'état de la biosphère. Le contexte actuel du changement global, l'incertitude environnementale croissante due aux activités anthropiques entraînent sur leur sillage des désastres écologiques irréversibles. Fermant les yeux face aux limites écologiques, influencés par le fétichisme d'une croissance économique, les décideurs politiques exercent d'énormes pressions

11 Eric Angel *et al.*, "An indicator framework to support comprehensive approaches to sustainable fisheries management", *Ecology and Society*, vol. 24, n° 4, 2019.

sur les législateurs pour qu'ils assouplissent les normes environnementales. L'objectif des indicateurs juridique est d'une part de rendre accessible à tous les gouvernements, aux institutions internationales et à la société civile un outil d'évaluation de l'effectivité du droit. D'autre part, en tentant de définir les préconisations des indicateurs juridiques, cette démarche aux frontières de nos connaissances conduira à l'avenir à mieux prendre en compte les apports réels du droit de l'environnement à condition d'introduire des mesures juridiques dans l'évaluation des objectifs de développement durable (ODD). Toutefois, on ne pourra pas faire l'impasse de repenser ce concept ambigu de développement durable. Il s'impose de le repenser en termes de « durabilité », notion qui tient compte, d'une part, de la biosphère, c'est-à-dire des conditions de vie, de notre environnement et, d'autre part, du futur, c'est-à-dire ce qui pourrait advenir des générations à venir.

Ce livre arrive au moment où les indicateurs de la durabilité ont proliféré dans le milieu scientifique depuis ces vingt dernières années. Citons l'exemple des objectifs du Millénaire pour le développement (OMD) associant plusieurs domaines d'intérêt à des indicateurs quantitatifs afin de mesurer les progrès réalisés en matière de développement durable à l'échelle mondiale. Certes, il est important d'évaluer les progrès des indicateurs sociaux, économiques, éthiques en matière de développement durable, mais sans permettre de rendre compte de l'effectivité du droit, cette évaluation demeure non seulement insuffisante, mais aussi trompeuse politiquement.

Enfin, le monde scientifique et les décideurs politiques travaillant à la recherche de solutions pour la durabilité environnementale et le bien-être humain s'intéressent de plus en plus à l'amélioration des échanges de connaissances entre les communautés scientifiques et politiques. Les impacts peuvent prendre beaucoup de temps à se manifester ; les liens de causalité sont difficiles à détecter. Nous le savons, les méthodes conventionnelles d'évaluation des impacts d'indicateurs peuvent être doublement insuffisantes : scientifiquement parlant vue la complexité de la science, et en termes de prise de décision vue la complexité du monde réel. Ce livre ne s'adresse pas à une seule communauté scientifique de théoriciens ou praticiens du droit ; les efforts déployés tant d'un point de vue réflexif que méthodologique transcendent les frontières disciplinaires. Dans ce sens, le livre ouvre la possibilité d'une collaboration multiple entre chercheurs, décideurs et praticiens, qui contribuerait à mieux comprendre comment les responsables politiques accèdent et utilisent réellement les indicateurs juridiques dans la prise de décision[12].

À l'avenir, il ne sera plus possible d'ignorer l'absence du droit dans les bilans de « l'état de l'environnement », les décideurs politiques et l'opinion publique ne pourront ni sous-estimer, ni nier le poids du droit et son utilité. Reste à savoir la portée que cet ouvrage aura en termes d'apprentissage, puis de retour d'expérience entre les différents acteurs concernés. Deux éléments essentiels.

Alfredo Pena-Vega

Enseignant-chercheur

Directeur scientifique

Global Youth Climate Pact

Institut interdisciplinaire d'anthropologie du contemporain

Centre Edgar Morin/EHESS-CNRS

12 Stephen Posnera and Christopher Cvitanovic, "Evaluating the impacts of boundary-spanning activities at the interface of environmental science and policy: A review of progress and future research needs", *Environmental Science and Policy*, n° 92, 2019, pp. 141-151.

Résumé

1. La volonté affichée des États de mieux évaluer les progrès du développement durable, depuis la résolution de l'Assemblée générale des Nations Unies du 25 septembre 2015 relative aux Objectifs de développement durable (ODD)[13], conduira à l'avenir à mieux prendre en compte les apports réels du droit de l'environnement, à la condition d'introduire des indicateurs juridiques dans l'évaluation des ODD, ce qui n'est pas le cas aujourd'hui.

2. Le présent ouvrage vise à démontrer aux États et à la société civile la faisabilité d'un nouvel outil d'évaluation des politiques environnementales : « les indicateurs juridiques ». Aucun travail scientifique n'a encore été réalisé dans le monde sur la fabrication et l'utilisation de tels indicateurs pour évaluer l'effectivité du droit de l'environnement.

   L'utilité des « indicateurs juridiques » est de pouvoir montrer si le droit de l'environnement est appliqué et pourquoi il est mal appliqué. On pourra en effet évaluer les résultats intrinsèques et les progrès d'un pays. Contrairement aux indicateurs existants, il ne s'agit pas de procéder à un classement comparatif entre États. On veut permettre de cibler facilement les réformes juridiques prioritaires à introduire pour améliorer l'effectivité du droit de l'environnement.

3. Comme le droit de l'environnement est à la fois national et transnational, la question des indicateurs juridiques est abordée à la fois en droit national et en droit international, tout en sachant que les concepts, les processus et les méthodes d'interprétation ne sont pas les mêmes pour apprécier l'effectivité.

4. Cet ouvrage a pour vocation de guider de façon empirique les parties prenantes en proposant la formulation d'un nombre limité d'indicateurs juridiques types utilisables tant en droit international qu'en droit comparé.

13 « Transformer notre monde : le Programme de développement durable à l'horizon 2030 », Assemblée générale des Nations Unies, Résolution 70/1, 25 septembre 2015 (A/RES/70/1).

5. À l'heure actuelle, les bilans officiels des politiques d'environnement, à travers les rapports et études sur « l'état de l'environnement », ne permettent de rendre compte ni de l'existence ni de l'effectivité des textes de droit de l'environnement. En effet, dans ces documents, qu'ils soient nationaux, régionaux ou internationaux, on ne trouve que des indicateurs scientifiques, économiques ou sociaux. Il n'y a mention d'aucun indicateur juridique pour la bonne raison qu'ils n'existent pas encore[14]. Cette absence criante du droit dans les bilans de « l'état de l'environnement » conduit les décideurs politiques et l'opinion publique à ignorer, sous-estimer ou nier le poids du droit et son utilité. En réalité, faute de données sur le droit applicable et réellement appliqué, les décideurs agissent aujourd'hui en aveugles.

6. C'est pourquoi la création innovante d'indicateurs juridiques du droit de l'environnement, sur une base scientifique, doit permettre d'identifier et de mesurer l'application effective du droit de l'environnement. Il est évident que les indicateurs juridiques ne sont pas une solution miracle pour combler les déficits d'application du droit de l'environnement qui sont, à des degrés divers, le lot commun de tous les pays. Mais ils doivent être considérés comme un moyen nouveau ayant pour effets de :
   - rendre lisibles et visibles pour tous la place et le rôle du droit dans les politiques environnementales ;
   - démontrer l'utilité du droit de l'environnement à l'heure de sa mise en cause sous prétexte de simplification ou de dérogation ;
   - attirer l'attention des élus et du public sur les lacunes et sur les régressions du droit de l'environnement ;
   - permettre au public et aux fonctionnaires chargés de l'application et du contrôle du droit d'être mieux informés sur l'utilisation du droit de l'environnement comme facteur de réussite ou d'échec des politiques environnementales ;
   - donner au public une vision concrète de l'application effective du droit de l'environnement existant ;
   - fournir aux décideurs politiques, parlements et gouvernements des éléments d'appréciation sur l'application effective des conventions

14 Dans les listes des indicateurs relatifs à l'environnement et au développement durable de l'ONU, de l'Agence européenne de l'environnement, de l'Union européenne et des divers États, on ne trouve aucun indicateur juridique qualitatif.

internationales et des lois nationales sur l'environnement en vue de la préparation des réformes ;

- permettre ultérieurement d'agréger les résultats des indicateurs juridiques avec les indicateurs scientifiques pour pouvoir évaluer l'efficacité des politiques d'environnement, c'est-à-dire l'adéquation entre les objectifs poursuivis et les résultats atteints.

Les plus-values tirées de la création et de l'utilisation d'indicateurs juridiques mesurant l'effectivité du droit de l'environnement seront d'autant plus appréciées que le coût de la non-application du droit existant est considérable. On a évalué ce coût au sein de l'Union européenne à 55 milliards d'Euros par an ![15]

7. En s'appuyant sur la thèse de droit de Julien Bétaille[16], on a identifié en théorie 127 indicateurs juridiques qu'il conviendra de tester puis de valider pour ultérieurement leur donner une valeur. Les étapes d'évaluation du processus de mise en application d'une norme juridique recoupent des questionnements communs au droit international et au droit interne. Ces étapes sont les composantes juridiques de l'effectivité représentées par des indicateurs juridiques se rattachant aux constats suivants :
   - existence de la règle ;
   - validité de la règle ;
   - entrée en vigueur de la règle ;
   - invocabilité de la règle ;
   - conscience de la règle ;
   - substance de la règle ;
   - progrès ou régression de la règle ;
   - précision de la règle ;
   - contrôle administratif de la règle ;
   - contrôle juridictionnel de la règle ;
   - sanction de la règle ;
   - application des sanctions.

---

15 Selon le rapport pour le réseau IMPEL de l'Union européenne, *Challenges in the Practical Implementation of European Union Environmental Law and How IMPEL Could Help Overcome Them*, 23 mars 2015, p. 11.

16 Julien Bétaille, *Les conditions juridiques de l'effectivité de la norme en droit public interne : illustrations en droit de l'urbanisme et de l'environnement*, thèse dirigée par Michel Prieur, Université de Limoges, 2012.

8. Pour étayer notre proposition de créer des indicateurs juridiques, on a procédé à un examen systématique des indicateurs déjà existants d'évaluation de l'environnement en recherchant à chaque fois la place faite au droit de l'environnement. Ces indicateurs sont le fait d'organisations internationales, d'États, d'universités, de fondations ou d'ONG. On peut en tirer les leçons suivantes :
   - l'évaluation de l'environnement est équivalente au mythe de la quête du Graal : c'est une quête sans fin et toujours insatisfaisante ;
   - les juristes qui se sont penchés sur l'effectivité du droit de l'environnement n'ont jamais osé envisager sérieusement de « mesurer » les conditions d'application du droit ;
   - la confusion entre effectivité et efficacité du droit est renforcée par le caractère incertain du vocabulaire utilisé et la traduction anglaise de *effectiveness* qui correspond plus à « efficacité » qu'à « effectivité » ;
   - en dehors de l'environnement, deux secteurs ont déjà fait l'objet d'études et de tests relatifs à des indicateurs juridiques au sein des Nations Unies : les droits de l'homme et l'état de droit ;
   - si tout le monde s'accorde à considérer comme nécessaire de disposer d'indicateurs de l'environnement, le besoin d'indicateurs juridiques n'est exprimé que de façon exceptionnelle. Ainsi en est-il de la Conférence de Vienne de 1993 ou du guide de 2012 pour mesurer les indicateurs des droits de l'homme ;
   - le terme même « d'indicateur juridique » n'a été rencontré que trois fois : Commission interaméricaine des droits de l'homme, Organisation internationale du travail, The Access Initiative ;
   - les travaux les plus pertinents intègrent bien dans l'évaluation les trois niveaux complémentaires : international, régional et national ;
   - lorsque des statistiques portent sur des questions juridiques, elles rendent compte du nombre d'actes concernés, de sanctions prononcées ou d'événements relatifs à ces actes, mais jamais du processus et des conditions d'application des règles existantes ;
   - certaines institutions semblent plus ouvertes que d'autres à intégrer directement des données juridiques dans leurs bilans sur l'environnement : le réseau Implementation and Enforcement of Environmental Law (IMPEL) ; l'International Network for Environmental Compliance and Enforcement (INECE) ; le Programme des Nations Unies pour l'environnement (PNUE) ; l'Organisation de coopération et de développement économiques (OCDE) ; l'ONU et les ODD 2030 ; l'Union européenne ; la Convention de Barcelone sur la Méditerranée ;

- il faut traiter séparément les indicateurs juridiques au plan international et au plan national en enrichissant au plan international les pratiques relatives au système des rapports ;
- les indicateurs juridiques de l'effectivité ne peuvent être pertinents que s'ils sont complétés par des données institutionnelles, culturelles et sociales relatives aux comportements des acteurs concernés par l'application du droit de l'environnement.

9. À titre d'illustration pratique, on propose au total 17 fiches types d'indicateurs, dont huit en droit international et neuf en droit national. Ces indicateurs ont été testés par un seul expert juriste dans quatre pays africains : Bénin, Cameroun, Madagascar et Tunisie. Ces tests ont permis d'expérimenter une méthode mathématique de mesurage *ad hoc*.

   Les indicateurs juridiques portent sur le droit international conventionnel, sur le droit international des objectifs de développement durable 2030 et sur le droit national.

   En droit international, il s'agit de cinq conventions : deux conventions universelles et trois conventions régionales pour lesquelles on examine l'effectivité de leur application en droit national.

   En droit national, on a retenu essentiellement cinq principes généraux et deux domaines spéciaux : les aires protégées et les études d'impact.

   On a également testé les indicateurs juridiques dans trois continents et quatre pays : en Europe : France et Portugal ; en Afrique : Tunisie ; en Amérique du Sud : Brésil. Ces tests ont porté sur l'évaluation d'une aire protégée et sur la mise en œuvre de l'ODD 14 sur les océans.

10. Les indicateurs juridiques rendent compte de six critères de mise en œuvre de la règle de droit :
    - indicateurs existentiels : le droit existe-t-il ? quelles sont ses sources ?
    - indicateurs d'applicabilité : légalité et textes de mise en œuvre ;
    - indicateurs institutionnels : l'administration compétente, les corps de contrôle de l'environnement et les moyens financiers ;
    - indicateurs substantiels concernant le contenu du droit appliqué ;
    - indicateurs procéduraux et de contrôle citoyen et juridictionnel permettant l'exercice des droits ;
    - indicateurs non juridiques qui conditionnent plus ou moins l'application effective du droit.

Dans tous les cas, il s'agit bien de procéder à une évaluation de l'effectivité qui repose à la fois sur le texte juridique – évaluation formelle – et sur l'application concrète ou évaluation matérielle du processus d'application. L'évaluation des résultats (*outcome evaluation* ou indicateur de performance), c'est-à-dire le contrôle du lien de causalité entre le texte de la loi et le niveau de pollution constaté, est laissée de côté. Elle nécessiterait un travail pluridisciplinaire complémentaire différent. L'évaluation des résultats relève de l'étude de l'efficacité et non de l'effectivité. Elle pourrait être réalisée ultérieurement avec des mathématiciens et des statisticiens.

11. La mise en place opérationnelle d'indicateurs juridiques nationaux dans un domaine limité du droit de l'environnement pourrait se faire en 24 mois environ de travail, en prévoyant une maîtrise d'ouvrage, une maîtrise d'œuvre, un chef de projet coordonnateur, une équipe de chercheurs juristes de cinq à dix personnes selon le nombre de domaines étudiés, ainsi que deux experts, un mathématicien et un statisticien, pour arrêter la méthodologie de mesurage des données produisant les indicateurs juridiques.

    La méthode de mesurage des indicateurs juridiques devrait être définie avec l'appui de mathématiciens et statisticiens ayant travaillé sur les indicateurs de l'environnement ou du développement durable.

Introduction

Le présent ouvrage ne présentera pas l'ensemble des outils d'évaluation de l'effectivité du droit de l'environnement qui se rattache classiquement aux mécanismes d'évaluation des politiques publiques, sujet déjà largement étudié en droit, en science politique et en sociologie politique.

Il se concentre uniquement sur la méthode préconisée d'utilisation d'un nouvel outil : les indicateurs juridiques. Les juristes africains de droit de l'environnement, lors des deux colloques tenus à Abidjan en 2013 et à Rabat en 2016, ont particulièrement insisté sur la nécessité de disposer à l'avenir d'un tel outil. Aucune recherche approfondie n'a encore été réalisée dans le monde sur la fabrication et l'utilisation d'indicateurs juridiques pour évaluer l'effectivité du droit de l'environnement. Le premier état des lieux a été publié en 2018 par l'IFDD (Institut de la Francophonie pour le développement durable) avec le concours de l'UICN (Union internationale pour la conservation de la nature), d'ONU Environnement (Programme des Nations Unies pour l'environnement), de la CEDAO (Communauté économique des États de l'Afrique de l'Ouest) et du CIDCE (Centre international de droit comparé de l'environnement)[17]. Il s'est appuyé sur une étude théorique qui s'est limitée à tester des questionnaires auprès d'un expert national dans quatre États francophones : Bénin, Cameroun, Madagascar et Tunisie.

Depuis 2019, les indicateurs juridiques ont été inscrits au programme de la Chaire Normandie pour la paix relative au droit des générations futures. Animé par Émilie Gaillard, maître de conférences à Sciences Po Rennes, un séminaire de recherche a entrepris de prolonger la recherche fondamentale afin d'aboutir à des résultats pratiques destinés aux décideurs et aux experts et reproductibles tant à l'échelle internationale que nationale. Ce séminaire de recherche fonctionne à Caen au sein de l'Université de Caen et de la Maison de la recherche en sciences humaines (MRSH) et du CNRS. C'est dans ce cadre qu'un groupe de chercheurs a entrepris de mettre au point et de tester une méthode scientifique de création d'indicateurs juridiques avec l'appui de la région Normandie.

---

17 *Les indicateurs juridiques, outils d'évaluation de l'effectivité du droit de l'environnement*, Québec, IFDD, OIF, CIDCE, PNUE, UICN, CEDEAO, 2018, www.ifdd.francophonie.org/media/docs/publications/733_indicateur-juridique_web.pdf.

L'objectif poursuivi est de rendre accessible à tous les gouvernements, aux institutions internationales et à la société civile un outil d'évaluation de l'effectivité du droit de l'environnement tant international que national. Cet outil d'évaluation, une fois testé en Europe (France et Portugal), en Afrique (Tunisie) et en Amérique du Sud (Brésil), pourra être mis au service non seulement du droit de l'environnement, mais pourra aussi servir à renforcer et mesurer comment les objectifs de développement durable 2030 peuvent être atteints en utilisant effectivement les instruments juridiques existants. La méthode proposée pourra alors être étendue à d'autres régions du monde et même s'appliquer à d'autres droits tels que les droits de l'homme.

Comme le droit de l'environnement est à la fois national et transnational, on abordera la question des indicateurs à la fois en droit national et en droit international, tout en sachant que les concepts, les processus et les méthodes d'interprétation ne sont pas les mêmes.

Compte tenu de la nouveauté du sujet, de son ampleur du fait du champ très vaste du droit de l'environnement et du droit du développement durable et du fait que les politiques environnementales ne peuvent être abordées qu'en prenant en compte à la fois le droit international, régional et national, il a été convenu, dans un premier temps, de n'aborder les indicateurs juridiques que dans des champs d'expérimentation limités, à la fois géographiquement et thématiquement.

Le présent ouvrage a pour objectif à la fois d'informer les chercheurs et les gouvernements de l'intérêt de recourir à de tels indicateurs et de présenter la méthode de mesurage des indicateurs juridiques afin d'évaluer les progrès accomplis et mieux appréhender les problèmes rencontrés. Les indicateurs juridiques créés devront par la suite faire l'objet de deux opérations complémentaires avant d'être opérationnels :

a) Les indicateurs juridiques énoncés devront faire l'objet d'une vérification de leur pertinence à la fois juridique et sociétale au moyen d'une validation par les pairs partagée par les juristes de droit de l'environnement de l'espace considéré.
b) À la suite de cette validation, les indicateurs juridiques devront faire l'objet d'une opération de « mesurage » pour représenter mathématiquement leur importance respective par rapport à une effectivité idéale du droit de l'environnement. Il s'agira alors de quantifier et qualifier les données retenues. Ultérieurement, on pourra construire une agrégation de ces données afin de rendre compte de l'ensemble des secteurs du droit de l'environnement.

Préconiser des indicateurs spécifiques capables de rendre compte de l'effectivité du droit de l'environnement implique qu'on admette la pertinence d'indicateurs pour évaluer une des politiques publiques les plus emblématiques pour la survie et l'avenir de l'humanité.

La nécessité d'indicateurs permettant d'évaluer avec précision l'efficacité du contrôle de la mise en œuvre du droit de l'environnement avait été déjà préconisée par le professeur Stéphane Doumbé-Billé lors du colloque du réseau « Droit de l'environnement » de l'Agence universitaire de la Francophonie (AUF) à Yaoundé les 14 et 15 juin 2001. Il réclamait un contrôle « au sens large qui suppose la mise en place d'instruments d'évaluation tels que des *indicateurs* fiables et acceptables par tous »[18].

Jusqu'alors, l'effectivité du droit n'était étudiée que par les philosophes du droit ou les théoriciens du droit se posant la question fondamentale : à quoi sert le droit ? Les spécialistes de sociologie juridique cherchèrent à répondre à la même question sur la base d'enquêtes de comportement reposant trop souvent sur des appréciations uniquement subjectives[19]. Sur le terrain, nombre d'États ont multiplié la création d'organes *ad hoc* chargés d'évaluer les effets des lois : comités ou conseils d'évaluation des politiques publiques. Les services d'inspection générale des ministères de l'environnement ont aussi procédé à des évaluations des lois et règlements sur la base des rapports de leurs services territoriaux. Toutes ces études et expériences ne portent que sur des aspects spécifiques des politiques de l'environnement et sur des phases particulières de la mise en application des lois. Mais on ne dispose pas d'une vue complète de toutes les étapes juridiques conduisant à la mise en œuvre des textes. Les évaluations existantes ne sont jamais accompagnées d'outils adaptés permettant d'évaluer non pas les effets généraux du droit, mais l'effectivité juridique du droit, c'est-à-dire les conditions juridiques de son processus d'application permettant son respect.

---

18 Stéphane Doumbé-Billé, « La mise en œuvre et le suivi du droit international de l'environnement. Rapport général », in AUF, *La mise en œuvre nationale du droit international de l'environnement dans les pays francophones*, Limoges, PULIM, 2003, p. 498. Le professeur Doumbé-Billé est décédé début 2020. Un hommage lui a été rendu à Lyon le 13 février 2020 à l'occasion de la remise posthume de ses mélanges intitulés *Droit, humanité et environnement*, Bruxelles, Bruylant, 2020, 1247 pages.

19 Le questionnement théorique sur l'effectivité en droit est récent. Voir les thèses de V. Richard, *Le droit et l'effectivité, contribution à l'étude d'une notion*, Paris II, 2003 ; et de Y. Leroy, *L'effectivité du droit au travers d'un questionnement en droit du travail*, Nancy, LGDJ, 2011.

La création d'indicateurs juridiques doit permettre de concevoir, sur une base scientifique, un instrument d'identification et de mesure de l'application effective du droit de l'environnement et non de son application supposée à la seule lecture de la lettre de la loi.

On n'entrera pas ici dans le débat doctrinal qui oppose certains juristes et philosophes du droit sur la pertinence ou non de « mesurer » le droit[20]. En effet, la création d'indicateurs juridiques, comme celle de tous les indicateurs, a pour but de déboucher sur des « mesures » chiffrées qui permettent de visualiser et hiérarchiser des données brutes. Ces indicateurs juridiques sont simplement une source d'information pour mieux décider, mais en aucun cas ils ne peuvent avoir un effet juridiquement contraignant qui s'imposerait à un décideur ou à un juge. Il ne s'agit aucunement de préconiser une gouvernance par les nombres.

On ne tombera ni dans l'admiration béate pour les chiffres ni dans la croyance aveugle dans les mérites des bilans du *benchmarking* ou étalonnage de performance appliqués au droit, après avoir été appliqués au commerce et à la finance. On considèrera que l'existence d'indicateurs juridiques devrait permettre à l'avenir de remettre le droit à sa juste place comme un des facteurs essentiels conditionnant nécessairement les résultats de la politique environnementale.

On peut dès lors se rallier à l'appréciation du philosophe juriste Henri Lévy-Bruhl : « Notre connaissance des faits juridiques ne saurait, pas plus que celle des faits économiques, se passer de données numériques précises et méthodiquement établies »[21]. Pour le philosophe, mathématicien et homme politique Condorcet, les progrès de la quantification vont de pair avec le projet d'un droit uniforme et universel, et il doit être possible de calculer les règles applicables à toute l'humanité[22]. Nous nous rallierons d'autant plus facilement à cette opinion que le droit de l'environnement se distingue justement par son caractère fortement universaliste, du fait de son application à l'humanité tout entière.

Ce souci de revaloriser le droit de l'environnement vient à l'heure où, dans de nombreux pays, l'avalanche de textes en la matière conduit certains à critiquer une écologie dite « punitive » et à préconiser la suppression ou la simplification excessive des textes. Cela conduit dès lors à une régression par rapport

---

20 Alain Supiot, *La gouvernance par les nombres*, Paris, Fayard, 2015 ; Isabelle Pariente-Butterlin, *Le droit, la norme et le réel*, Paris, PUF, 2005.

21 H. Levy-Bruhl, « Note sur la statistique et le droit », in *La statistique, ses applications, les problèmes qu'elle soulève*, Paris, PUF, 1935, pp. 141–147.

22 Condorcet, *Observations sur le 29° livre de* L'esprit des lois, cité par A. Supiot, *op. cit.*, p. 153.

aux apports et ambitions des politiques de l'environnement des années 1970–1990[23]. Pour mesurer cette régression menaçante du droit de l'environnement, il est nécessaire de pouvoir rendre visibles les réussites et les progrès que le droit de l'environnement apporte.

Il se trouve que le droit de l'environnement, peut-être plus que d'autres droits, affiche souvent délibérément sa volonté et son souci d'effectivité comme si sa mise en œuvre apparaissait d'une urgente nécessité collective en raison de « l'urgence écologique ». On pourrait trouver de nombreux exemples de textes internationaux et nationaux qui proclament expressément leur volonté « d'effectivité ». À ce titre, le même souci d'exiger *a priori* l'effectivité de la norme se rencontre aussi dans le champ des droits de l'homme.

Or, à l'heure actuelle, les bilans officiels des politiques d'environnement, à travers des rapports et études sur « l'état de l'environnement », ne permettent de rendre compte ni de l'existence ni de l'effectivité des textes de droit de l'environnement[24]. En effet, dans ces documents, qu'ils soient nationaux, régionaux ou internationaux, on ne trouve que des indicateurs scientifiques, économiques ou sociaux. Il n'y a mention d'aucun indicateur juridique pour la bonne raison qu'ils n'existent pas encore[25]. On trouve rarement une mention d'un élément à contenu juridique. Si elle existe, elle ne fait l'objet d'aucune évaluation, ni qualitative, ni quantitative. Cette absence criante du droit dans les bilans de « l'état de l'environnement » conduit les décideurs politiques et l'opinion publique à sous-estimer ou à nier le poids du droit et son utilité. En réalité, faute de données sur le droit applicable, les décideurs agissent en aveugles. C'est pourquoi la création innovante d'indicateurs juridiques du droit de l'environnement peut être considérée comme une contribution essentielle à l'évaluation rigoureuse et documentée des politiques environnementales. À son tour, cette évaluation contribuera à aider les décideurs à attirer l'attention des élus et du

---

23 Sur le principe de non régression comme obstacle aux reculs du droit : M. Prieur et G. Sozzo (dir.), *La non régression en droit de l'environnement*, Bruxelles, Bruylant, 2012 ; M. Prieur, « The principle of non regression », in L. Krämer and E. Orlando (eds), *Principles of Environmental Law*, Elgar Encyclopedia of Environmental Law series, Edward Elgar Publishing, Vol. VI, 2018, p. 251.

24 Voir depuis 1992 les rapports de l'OCDE sur « l'examen des performances environnementales des États », où le droit de l'environnement, bien que mentionné, ne fait l'objet d'aucune évaluation approfondie, ni d'aucun mesurage.

25 Dans les listes d'indicateurs relatifs à l'environnement et au développement durable de l'ONU, de l'Agence européenne de l'environnement, de l'Union européenne et des divers États, on ne trouve aucun indicateur juridique tel que nous le préconisons.

public sur les lacunes et les régressions du droit. Enfin, sur un plan plus général, les indicateurs juridiques permettront au public et aux fonctionnaires chargés de l'application du droit d'être mieux informés sur la réalité de l'utilité du droit de l'environnement comme facteur de réussite ou d'échec des politiques environnementales.

Il est encourageant de relever que le sommet du G 7 à Bologne, les 11 et 12 juin 2017, lors de la réunion des ministres de l'environnement, a particulièrement souligné l'intérêt des indicateurs sur l'environnement en s'engageant à développer les capacités de mesure et de contrôle, en identifiant les « lacunes » et en développant d'éventuels « nouveaux indicateurs globaux, régionaux et nationaux ». Aussi notre proposition de « nouveaux indicateurs » d'ordre juridique vient à son heure et devrait trouver un soutien au sein du G 7[26].

Il est évident que les indicateurs juridiques ne sont pas une solution miracle pour combler les déficits d'application du droit de l'environnement qui sont hélas, à des degrés divers, le lot commun de tous les pays du monde. Mais ils doivent être considérés comme un moyen ayant pour effets de :

- rendre lisibles et visibles pour tous la place et le rôle du droit dans les politiques environnementales ;
- démontrer l'utilité du droit de l'environnement à l'heure de sa remise en cause ;
- évaluer, selon des indicateurs pertinents, de façon quantitative ou qualitative, le respect du droit de l'environnement ;
- donner au public une vision concrète de l'application effective du droit de l'environnement existant afin qu'il retrouve confiance dans les pouvoirs publics ;
- fournir aux décideurs politiques, parlements et gouvernements, des éléments d'appréciation sur l'application effective des conventions internationales et des lois nationales sur l'environnement en vue de la préparation des réformes ;
- permettre ultérieurement d'agréger les résultats des indicateurs juridiques avec des indicateurs scientifiques pour pouvoir évaluer l'efficacité des politiques d'environnement, c'est-à-dire l'adéquation entre les objectifs poursuivis et les résultats atteints.

---

26 G7 Bologna Environment Ministers' Meeting, *Communiqué*, 11–12 June 2017, annex "5-year Bologna roadmap", p. 13.

Ces plus-values tirées de la création d'indicateurs juridiques mesurant l'effectivité du droit de l'environnement seront d'autant plus appréciées que le coût de la non-application du droit existant est considérable.

On peut penser que la volonté des États de mieux prendre en compte l'évaluation des progrès du développement durable depuis la résolution de l'Assemblée générale des Nations Unies du 25 septembre 2015 relative aux ODD conduira à l'avenir à mieux prendre en compte les apports du droit de l'environnement. La tendance à multiplier les catégories d'indicateurs devrait permettre, sur la base de nos propositions, de pouvoir mesurer l'effectivité du droit de l'environnement. On pourrait alors inciter la Banque mondiale à enrichir son Atlas 2017 des ODD consistant à mesurer les indicateurs du développement durable en intégrant le droit, comme elle a pu dans le passé lancer la « mesure » du droit dans le droit des affaires avec le développement de la théorie *law and economics*. La nouvelle liste des indicateurs du développement durable proposée par le comité d'experts du Conseil économique et social des Nations Unies en 2017, qui continue à omettre les indicateurs juridiques, ne peut que nous encourager à multiplier les recherches sur la création de ces indicateurs[27]. Nos propositions devraient aussi contribuer à enrichir les travaux de la Commission de statistique des Nations Unies et ceux du Groupe d'experts des Nations Unies et de l'extérieur chargé des indicateurs relatifs au développement durable (*Inter-agency and Expert Group on Sustainable Development Goal Indicators*, IAEG-SDGs), afin de les convaincre qu'il n'est plus possible d'évaluer les progrès du développement durable en ignorant la présence et l'apport du droit de l'environnement. Les rencontres de ces deux instances continuent à ignorer les indicateurs juridiques sur l'environnement et renforcent l'objectif de notre projet visant à introduire de nouveaux indicateurs traduisant à la fois l'existence et l'utilité du droit de l'environnement[28]. Mais on notera avec intérêt qu'il a été désormais admis par ce groupe d'expert d'inclure une « dimension droits de l'homme » dans les indicateurs[29]. L'introduction de l'environnement et du développement durable dans les outils statistiques est bien reconnue parmi les

27 Rapport dans E/CN.3/2017/2, annexe III.

28 IAEG-SDGs, 5th meeting, Ottawa, 28–31 March 2017 (ESA/STAT/AC.333/L/3); UN Statistical Commission, 48th session, 7–10 March 2017 (E/2017/24-E/CN.3/2017/35).

29 Outcome of the Expert Group Meeting on the indicator framework for the post-2015 development agenda, New York, 25–26 February 2015: proposition entérinée par la Commission de statistique de l'ONU lors de sa 46° session, décision 1, 6 mars 2015.

principes fondamentaux de la statistique officielle[30]. Il doit en résulter l'introduction du droit de l'environnement, car là où il y a société, il y a droit.

On examinera successivement en six parties :

- l'exigence d'effectivité du droit de l'environnement ;
- le constat de l'inexistence de vrais indicateurs juridiques ;
- des indicateurs au service des objectifs de développement durable ;
- pourquoi créer des indicateurs juridiques en matière d'environnement ?
- comment construire des indicateurs juridiques à partir des critères d'effectivité du droit de l'environnement ?
- comment mesurer et représenter les indicateurs juridiques ?

---

30 Résolution de l'Assemblée générale des Nations Unies du 29 janvier 2014 (A/RES/68/261).

I. L'exigence d'effectivité du droit de l'environnement

Il est indispensable de clarifier le concept d'*effectivité*. Le substantif « effectivité » ne figure pas en tant que tel dans les dictionnaires. Il s'agit de caractériser ce qui est « effectif », c'est-à-dire ce qui est fait, ce qui a un effet réel et concret, ce qui existe dans les faits. Pour qu'un droit soit « effectif », on peut considérer qu'il doit se traduire dans les faits, donc dans la réalité. Autrement dit, l'effectivité du droit serait sa concrétisation dans les faits. Toutefois, il ne s'agit pas de la primauté du fait sur le droit mais de la traduction du droit en fait. C'est le droit « faisable », c'est-à-dire le droit concrètement applicable et appliqué. Autrement dit, c'est le droit mis en œuvre et qui devrait produire des effets. À côté du droit sur le papier ou droit formel, on s'intéresse au droit qui s'applique ou droit réel. L'effectivité pourrait être considérée, dans son acception juridique, comme la rencontre du droit et du fait, conduisant idéalement à l'unité du droit et du fait. Un droit vivant sera un droit qui s'applique effectivement. Un droit mort est un droit soit inadapté, il est alors désuet, soit ignoré, soit violé. Le droit vivant est celui qui est toujours en vigueur, parce qu'il est doté des moyens juridiques permettant son application, ainsi que des moyens juridiques permettant son contrôle et son éventuelle sanction. Aussi, l'effectivité du droit nécessite une chaîne de composantes permettant d'aller du droit, le texte, au fait, son application. L'effectivité du droit est finalement une exigence évidente et banale : le droit est fait pour être appliqué. Mais l'effectivité du droit implique d'abord que la règle existe, qu'elle est juridiquement applicable, qu'elle est légale, qu'elle est connue, qu'elle est comprise, qu'elle est respectée, qu'elle est utilisée, qu'elle est contrôlée et qu'elle est éventuellement sanctionnée par l'administration ou par le juge.

On distinguera d'abord l'effectivité en droit international et en droit interne ; puis on distinguera l'effectivité de l'efficacité ; on constatera ensuite l'intérêt croissant pour l'effectivité du droit ; on précisera enfin les composantes juridiques de l'effectivité au regard de l'ineffectivité.

A. Effectivité en droit international et en droit interne

On peut s'appuyer en droit interne sur la thèse précitée de Julien Bétaille soutenue à l'Université de Limoges en 2012. En droit international on se réfèrera à la thèse de Florian Couveinhes-Matsumoto, soutenue à l'Université de Paris II en

2011[31] et au cours donné à l'Académie de droit international de La Haye par le professeur R. Wolfrum en 1998[32]. Dès l'abord, on doit relever que le sens donné à l'effectivité n'est pas du tout le même en droit interne et en droit international. Dans une approche classique, on peut dire qu'en droit interne il s'agit d'un concept non juridique questionnant les conditions de l'application du droit. En droit international, il s'agit d'un critère juridique conditionnant l'application du droit international en identifiant les sujets de droit international et l'appropriation des territoires. On veut ici sortir « l'effectivité » du flou conceptuel qui l'entoure et lui donner un contenu juridique précis conduisant à élaborer des indicateurs juridiques qui en rendront compte, aussi bien en droit interne qu'en droit international.

La déclaration ministérielle du Forum politique de haut niveau pour le développement durable du 19 juillet 2017 sur les ODD se réfère à 16 reprises à *effective* et *effectiveness*[33]. En 2018, la déclaration adoptée par ce Forum en fait aussi état une douzaine de fois[34]. Ce souci de l'effectivité est également reflété de façon croissante dans les synthèses des examens nationaux volontaires présentés par les États au même Forum, avec 13 itérations dans celle de 2016[35], 18 dans celle de 2017[36], 29 dans celle de 2018[37] et 31 dans celle de 2019[38]. Cela confirme bien le souci actuel d'une application « véritable » des objectifs de développement durable, ce qui implique des instruments juridiques adéquats et appliqués réellement.

Il est évident que les conditions juridiques et le contexte socio-politique de l'application du droit interne ne sont pas les mêmes que celles qui existent en droit international public. Aussi n'est-il pas étonnant que l'effectivité n'ait pas, *a priori*, le même sens dans ces deux branches du droit. On cherchera néanmoins

---

31 Florian Couveinhes-Matsumoto, *L'effectivité en droit international*, Bruxelles, Bruylant, 2014, thèse dirigée par Denis Alland.

32 R. Wolfrum, « Means of ensuring compliance with and enforcement of international environmental law », *Recueil des cours de l'Académie de droit international*, vol. 272, 1999.

33 E/HLS/2017/1.

34 E/HLS/2018/1.

35 DESA, *Synthesis of Voluntary National Reviews 2016*, New York, 2016.

36 High-level Political Forum on Sustainable Development, *2017 Voluntary National Reviews Synthesis Report*, New York, DESA, 2017.

37 High-level Political Forum on Sustainable Development, *2018 Voluntary National Reviews Synthesis Report*, New York, DESA, 2018.

38 High-level Political Forum on Sustainable Development, *2019 Voluntary National Reviews Synthesis Report*, New York, DESA, 2019.

à appliquer au droit international les critères d'effectivité identifiés en droit interne en les adaptant. Mais, *in fine*, il faudra nécessairement distinguer la double effectivité du droit international : celle évaluée dans le cadre du droit international par les organes d'une convention internationale ou par un juge international et celle évaluée dans le cadre du droit interne par les institutions nationales et par un juge national. Cette distinction conduira à envisager en réalité quatre types d'évaluations de l'effectivité permettant de distinguer quatre catégories d'indicateurs :

- évaluation de l'application du droit international au regard des exigences du droit international ;
- évaluation de l'application du droit international au regard de sa transposition en droit national ;
- évaluation de l'application du droit national au regard des exigences du droit international ;
- évaluation de l'application du droit national au regard des exigences du droit national.

L'effectivité a fait l'objet d'une distinction intéressante formulée par Julien Bétaille[39]. Il y aurait une effectivité-état distincte d'une effectivité-action. L'effectivité-état est, selon cet auteur, ce qui existe dans le réel et l'effectivité-action ce qui produit un effet sur le réel. L'effectivité-état correspondrait au sens donné historiquement par le droit international à l'effectivité, à savoir la constatation et l'appréciation juridique d'un fait tel que l'occupation d'un territoire ou un blocus maritime. Le droit international constate un fait et en déduit une effectivité du fait constaté qui entraîne une qualification juridique ou une conséquence juridique. En droit international classique, c'est le fait qui crée le droit.

L'effectivité-action serait plus l'expression du droit en marche, à savoir les effets du droit sur le terrain qui se manifestent par l'obéissance au droit. Elle s'appliquerait au droit interne. Dans ce cas, l'effectivité « a une vocation pratique dans la mesure où elle vise à évaluer les degrés d'application du droit dans la société »[40]. L'écart entre droit et pratique était jusqu'alors mesuré uniquement par les sociologues. Notre propos consiste à y ajouter une mesure d'ordre

---

39 *Les conditions juridiques de l'effectivité de la norme en droit public interne : illustrations en droit de l'urbanisme et de l'environnement op. cit.*, p. 2.

40 F. Rangeon, « Réflexions sur l'effectivité du droit », in CURAPP, *Les usages sociaux du droit*, Paris, PUF, 1989, p. 128, cité par J. Bétaille, *op. cit.*, p. 15.

juridique par des indicateurs juridiques dont le rôle est d'appréhender, voire de mesurer avec des chiffres, le degré d'application d'une norme juridique sur la base de critères purement juridiques. On admettra dès lors que l'évaluation de l'application d'une règle juridique ne se réduit pas au simple constat de son respect ou de sa violation, mais que la réalité étant plus complexe, l'effectivité est susceptible de degrés et doit satisfaire aux exigences de plusieurs étapes qui constituent le processus d'application du droit. De ce fait, les indicateurs juridiques devront prendre en compte la réalité d'une effectivité toujours relative et variable, conduisant à une échelle d'effectivité en fonction du déroulement d'un processus.

En réalité, effectivité-état et effectivité-action sont les deux faces d'un même concept. Si la première permet de caractériser les formes historiques de l'effectivité en droit international, elle n'exclut pas l'effectivité-action pour caractériser le droit international. L'application du droit international nécessite, comme celle du droit national, d'évaluer à la fois les outils juridiques de mise en œuvre du droit international (*implementation*), les éléments relatifs au respect ou non-respect de la norme (*compliance*) et la relativité de l'application effective de la norme, qui est une application par degré.

L'identification des obstacles à l'application effective du droit est particulièrement complexe en droit de l'environnement en raison notamment de sa grande technicité. Il faut y ajouter un facteur psychologique dû au fait que ce qui est perçu comme compliqué est facilement ignoré, comme cela a été souligné en ce qui concerne la législation relative à la protection de la nature[41].

On retrouvera donc, aussi bien en droit international qu'en droit national, les mêmes questionnements relatifs à l'effectivité juridique. Pour chaque questionnement, il faudra créer des indicateurs spécifiques. Certains de ces indicateurs seront propres au droit international et d'autres propres au droit interne. Mais les questionnements sont les mêmes. Ils sont au nombre de six et serviront de trame pour la formulation des indicateurs juridiques dans les questionnaires adressés aux acteurs de l'application du droit :

1. La norme existe-t-elle, dans quel texte, avec quelle valeur juridique dans la hiérarchie des normes (constitution, loi, règlement en droit interne ; traité, coutume, principes généraux, *hard law*, *soft law* en droit international) ?
2. La norme est-elle valide (au regard de la constitution et de la loi) et donc applicable et quelles sont les requis juridiques pour son applicabilité ?

---

41 Lothar Gündling, *Legal obstacles to the application of nature conservation legislation*, Nature and environment, n° 89, Strasbourg, Conseil de l'Europe, 1997, p. 11.

3. La norme nécessite-t-elle un appareil institutionnel spécial doté de moyens humains et budgétaires appropriés ?
4. Quel est le contenu substantiel de la norme, comment chaque disposition de la norme est-elle mise en œuvre ?
5. La norme est-elle appliquée et contrôlée, comment et par qui – l'administration, le juge, le public ? – et/ou est-elle sanctionnable, comment et par qui ? La décision de justice est-elle appliquée ?
6. On devra ajouter des éléments non juridiques qui complèteront les questionnements juridiques en appréciant les obstacles socio-économico-politiques à la mise en œuvre des normes, tant il est vrai que le droit ne peut être évalué isolément hors du contexte sociétal. Si là où il y a une société, il y a du droit (*ubi societas ibi jus*), inversement, là où il y a du droit il y a une société. En effet, comme l'a écrit W. Friedmann, on ne peut mesurer l'effectivité d'un ordre normatif sans aborder des questions concernant la réalité politique et sociale rendant compte du contexte local de l'application du droit[42].

C'est pourquoi on proposera, en plus des indicateurs strictement juridiques, quelques indicateurs qualifiés de non juridiques, qui devraient être scientifiquement fondés par des sociologues et anthropologues. En effet, l'effectivité de la règle a nécessairement une dimension sociale, culturelle et géopolitique[43]. Aussi les évaluations s'efforceront d'être plus qualitatives que quantitatives.

Il sera important de prendre en compte, dans les éléments non juridiques de l'évaluation de l'effectivité, la place des cultures nationales particulièrement vivantes[44]. Dans certains cas, la coutume sera une source juridique comme en droit international ou dans certains pays.

Parmi les éléments non juridiques de l'évaluation, un facteur important de l'effectivité est la question de l'influence de la norme juridique sur les comportements du seul fait de l'existence et de la forte légitimité de la norme. Comme l'écrit F. Couveinhes-Matsumoto : « La capacité d'une norme à influer sur le comportement de ses destinataires est généralement renforcée par le respect

42 W. Friedmann, *Legal Theory*, London, Stevens and Sons, 1967, p. 278, cité par F. Couveinhes-Matsumoto, *op. cit.*. p. 90, note 353.

43 Philippe Auvergnon, « Une approche comparative de la question de l'effectivité du droit du travail », in Philippe Auvergnon (dir.), *L'effectivité du droit du travail, à quelles conditions ?* Bordeaux, Presses universitaires de Bordeaux, 2008, p. 17.

44 À propos du droit du travail face aux normes universelles de l'OIT, voir J. M. Servais, « Normes du droit universelles et cultures nationales », in *L'effectivité du droit du travail, à quelles conditions ?*, *ibid.*, pp. 363–385.

global dont elle fait déjà l'objet, l'assentiment durable de ses sujets, etc. de sorte que son effectivité actuelle est presque toujours favorable à son effectivité future. Le respect habituel et manifeste d'une règle juridique accentue en outre le sentiment qu'elle est légitime, multiplie les attentes des sujets de droit à l'égard de son respect à l'avenir, augmente la crainte des sanctions informelles ou juridiquement organisées en cas de violation et constitue ainsi une manière de garantie du respect à venir de la règle »[45].

On notera que la validité de la règle est une composante de l'effectivité. Mais à la différence de la question de la validité de la règle, qui se résout par oui ou non dans le cadre de l'appréciation de sa légalité par un juge, la question de l'effectivité ne peut être tranchée par oui ou non en raison de ses composantes complexes et de son caractère graduel. Le degré d'effectivité du droit a été bien analysé dans l'ouvrage de F. Couveinhes-Matsumoto, qui illustre l'importance de plusieurs variables[46]. Par exemple, l'évaluation de l'effectivité ne sera pas la même pour des actes généraux et pour des actes individuels, pour des principes généraux et pour des règles techniques, pour des normes juridiques et pour des décisions de justice.

B. Distinction de l'effectivité et de l'efficacité

Il est important de bien différencier *effectivité* et *efficacité* car les objectifs et les méthodes d'évaluation sont différents. L'efficacité d'une règle de droit est en général ce qui est le plus communément recherché. Une règle de droit est considérée comme pertinente si elle est efficace, et réciproquement, c'est-à-dire si elle est utile socialement en atteignant l'objectif qu'elle s'est fixé. Il s'agit de l'impact d'une règle sur la société. Cela signifie qu'elle doit contribuer à atteindre un résultat qui se situe à l'extérieur du système juridique. Alors que l'examen de l'effectivité du droit, lui, se situe à l'intérieur du système juridique. On évaluera donc l'efficacité au regard du but et de l'objectif poursuivi par la norme juridique. L'objectif de la norme, par exemple réduire la pollution, pourra être atteint partiellement ou totalement. La mesure de l'efficacité sera faite par des scientifiques évaluant le taux de dépollution.

Par contre, on évaluera l'effectivité au regard du déroulement du processus juridique d'application de la norme. Sa mesure sera faite par des juristes, acteurs de l'application juridique de la norme. L'efficacité, comme l'effectivité, sera jugée

45 F. Couveinhes-Matsumoto, *op. cit.*, p. 102.
46 *Ibid.*, p. 78.

comme totale ou partielle. La loi sur l'eau ou sur l'air, qui fixe des niveaux de dépollution à atteindre, sera efficace si le niveau de dépollution mesuré scientifiquement est totalement ou partiellement atteint. L'efficacité sera considérée comme totale ou relative. L'effectivité pourra aussi être absolue ou relative. Pour reprendre la distinction faite *supra*, on se réfère ici à l'effectivité-état : l'effet concret et matériel de la règle juridique évalué sur le terrain. L'efficacité mesure donc si la norme juridique a atteint ou non, totalement ou partiellement, son ou ses objectifs. On peut ainsi considérer que l'effectivité, qui est la mesure juridique de l'application du droit, est une condition nécessaire mais non suffisante de l'efficacité.

Les indicateurs de l'efficacité sont des indicateurs scientifiques avec des mesures tel le taux de dépollution de l'eau ou de l'air ou le nombre d'espèces protégées. Dans les documents officiels sur l'état de l'environnement au niveau national ou international, on trouve une série d'indicateurs chiffrés du niveau de pollution ou de dépollution atteint ou de l'état de la biodiversité. Ce sont des indicateurs d'efficacité, dits aussi de performance. Mais ces mesures sont le plus souvent données en tant que telles et non pas comme le résultat de l'application d'un texte juridique particulier. Un premier progrès serait déjà de mettre en parallèle les chiffres relatifs à la dépollution avec les textes juridiques qui imposent des normes de dépollution, ce qui n'est pas fait à l'heure actuelle. Actuellement, la mesure de l'efficacité du droit de l'environnement ne rend pas compte de la façon dont le droit a été appliqué, contrôlé et respecté. On ne constate qu'un résultat (bon état ou mauvais état de l'environnement), sans évaluer le processus juridique qui conduit à ce résultat et a pu être plus ou moins bien respecté. L'objectif des indicateurs juridiques est précisément d'évaluer ce processus juridique en mesurant une batterie de facteurs qui contribuent à l'effectivité de la règle juridique dans un domaine précis et conduisent à atteindre un résultat : la diminution de la pollution. Il s'agit de pouvoir démontrer que ce résultat est directement ou non le fruit d'une application rigoureuse et effective de la règle de droit.

Si on considère que l'utilité du droit consiste à répondre à la question « le droit a-t-il servi à quelque chose ? », cela implique qu'on réponde en évaluant à la fois l'efficacité du droit par rapport à ses objectifs et l'effectivité du droit par rapport aux étapes de sa mise en œuvre.

Notre propos est de ne rechercher ici que ce qui concerne l'évaluation de l'effectivité de la règle de droit appliquée à l'environnement, sans se préoccuper de l'efficacité de cette règle. En effet, la recherche de l'efficacité implique le recours aux sciences exactes pour mesurer scientifiquement le degré de pollution ou le niveau de perte de biodiversité. Au contraire, la mesure de l'effectivité nécessite une analyse juridique et sociojuridique fine des multiples facteurs qui contribuent au processus de l'application d'une règle de droit. C'est aux juristes de pouvoir décomposer et identifier les diverses phases de mise en œuvre de la loi après son adoption. L'évaluation de l'effectivité étant l'évaluation d'un « processus », on sera conduit à recenser les instruments procéduraux, substantiels, institutionnels et financiers qui permettent effectivement l'application du droit.

C. L'effectivité du droit de l'environnement selon McGrath

Dans son intéressant ouvrage au titre provocateur : *Does Environmental Law Work ?* (Le droit de l'environnement sert-il à quelque chose ?)[47], l'auteur propose une méthode d'évaluation de l'effectivité du droit de l'environnement. Cette méthode, qu'il teste sur le changement climatique et ses effets sur la grande barrière de corail de l'Australie, s'appuie sur la méthode d'évaluation de l'environnement *Pressure-State-Response* (PSR) mise au point par l'OCDE. Il s'agit d'évaluer successivement dans une relation causale : les pressions humaines sur le milieu naturel ; l'état des éléments de l'environnement et les réponses apportées par le droit ; les politiques et les financements. Cette méthode, privilégiée par l'auteur après avoir passé en revue d'autres méthodes, est en réalité inadaptée[48]. La méthode *Driving Force-Pressure-State-Impact-Response* (DPSIR) de l'Agence européenne de l'environnement et du PNUE ne rend pas plus compte du rôle du droit. L'objectif de ces méthodes est l'évaluation de l'état de l'environnement et cet état est présenté non pas comme le résultat *in fine* de l'évaluation mais comme la deuxième ou troisième étape du processus d'évaluation (*state*). Il y a de ce fait dans les méthodes PSR et DPSIR un manque de logique évident. Il conviendrait de choisir entre deux modèles :

- soit commencer par l'évaluation de l'état actuel de l'environnement, qui est objectivement mesurable comme point zéro, puis examiner les pressions humaines et naturelles et, enfin, évaluer les réponses existantes et les réponses proposées ; ce serait alors le modèle SPR ;
- soit commencer par l'état actuel de l'environnement, puis l'examen des pressions existantes, puis l'évaluation des réponses données, mais en ajoutant l'évaluation de l'effectivité des réponses du droit par rapport à un état souhaité de l'environnement en fonction des objectifs fixés et/ou à fixer (*goals*) ; ce serait alors le modèle SPRG. Les objectifs de développement

47 C. McGrath, *op. cit.*, p. 1.

48 *Ibid.*, p. 109.

durable à l'horizon 2030 (ODD) impliquent des évaluations de ce type pour apprécier si l'état de l'environnement et les réponses juridiques données permettent ou non d'atteindre les objectifs fixés.

Quel que soit le processus d'évaluation choisi, le plus important pour nous est l'évaluation de la « réponse », car c'est là que le droit de l'environnement a sa place. Malheureusement, bien que mentionnant la nécessité d'indicateurs de l'environnement (pp. 112–116), McGrath ne fait jamais état de la nécessité d'« indicateurs juridiques ». Il ne fait que décrire la réponse juridique, intégrant bien à la fois le droit international et le droit national, mais sans jamais se poser la question de la façon dont on pourrait « mesurer » l'effectivité du droit comme élément essentiel de la réponse.

En réalité, cet auteur conçoit « l'effectivité » du droit de l'environnement non pas comme la recherche de la façon dont il est applicable et appliqué, mais dans le sens que nous avons donné *supra* à « l'efficacité ». Sa seule préoccupation est de chercher à savoir si le droit de l'environnement contribue ou non à améliorer l'environnement[49]. Nous avons expliqué en quoi la question de l'efficacité ne peut être abordée qu'après avoir examiné les conditions et le processus de l'effectivité juridique.

Ce que l'on peut néanmoins tirer comme conclusion de la recherche de McGrath, c'est que la « réponse » juridique dans les rapports sur l'état de l'environnement est très faible ou inexistante, parce que ces rapports sont rédigés par des scientifiques, en l'absence de juristes[50]. Mais McGrath n'en tire pas comme conclusion que si la réponse juridique est inexistante, c'est aussi parce qu'il n'existe pas d'instruments permettant de mesurer l'application effective du droit.

D. L'intérêt croissant pour l'effectivité du droit, particulièrement en droit de l'environnement

Il est important de remarquer que le thème de l'effectivité du droit rencontre un intérêt croissant de la part des chercheurs et des décideurs. On constate la tendance récente à un début de « juridification » de l'exigence d'effectivité des règles juridiques, qui se traduit à la fois par une attention particulière aux procédures spécifiques de contrôle ou de promotion des normes ou de dispositifs tendant à la réalisation de situations conformes, et aussi par l'usage de mots

---

49 *Ibid.*, p. 16.
50 *Ibid.* p. 240.

insistant sur le rôle de l'effectivité, devenu une composante du discours juridique[51].

Il est étonnant que le programme du PNUE sur le droit de l'environnement n'ait pas plus mis en avant le besoin d'effectivité du droit en distinguant celle-ci de l'efficacité. Dans l'examen à mi-parcours du 4e Programme de Montevideo de droit de l'environnement, s'il existe bien un développement sur « l'efficacité » du droit de l'environnement, on y traite (sans faire la distinction) de l'effectivité en réclamant « un respect et une application effective » du droit de l'environnement[52].

Une recommandation de la réunion de hauts responsables gouvernementaux spécialisés dans le droit de l'environnement, tenue lors de la 2e Assemblée des Nations Unies pour l'environnement en mai 2016, a préconisé d'« établir des critères pour aider les États à évaluer l'efficacité du droit de l'environnement », sans préciser ni la nature ni le contenu de ces critères[53].

Le 5e Programme de Montevideo de droit de l'environnement, adopté par la 4e Assemblée des Nations Unies pour l'environnement à Nairobi le 15 mars 2019, est beaucoup plus clair : il s'agit de proposer aux pays « des pratiques optimales ainsi que des indicateurs modèles pour un développement et une application *effective* du droit de l'environnement »[54].

Probablement du fait de la création permanente de nouvelles règles juridiques, l'opinion et les juristes eux-mêmes s'inquiètent de l'inflation non maîtrisée du droit de l'environnement. On dit souvent : trop de droit tue le droit. En effet, au niveau de la connaissance de la règle comme de son application effective, l'accroissement quantitatif du droit pose problème. Il en résulte mécaniquement que ce droit nouveau est peu ou mal appliqué. À cet égard, le droit de l'environnement est particulièrement vulnérable, étant un droit nouveau devenu très rapidement un droit abondant, aussi bien au plan international que national. Ce trop-plein nuit, à l'évidence, à la bonne application du droit de l'environnement. Aussi n'est-il pas étonnant que l'attention se porte désormais sur l'application du droit de l'environnement et non plus, comme il y encore dix ans, sur sa création. Devenu un droit adulte, le droit de l'environnement

---

51 Antoine Jammeaud, « Le concept d'effectivité en droit », in Philippe Auvergnon (dir.), *L'effectivité du droit du travail, à quelles conditions ? op. cit.*, pp. 45–46.

52 *Examen à mi-parcours du 4° Programme pour le développement et l'examen périodique du droit de l'environnement*, UNEP/EA.2/13, 14 mars 2016, § 4.

53 UNEP/EA.2/13, Annexe, § 3-c-iii.

54 Résolution adoptant le Programme de Montevideo V : UNEP/EA.4/Res.20 ; texte du Programme de Montevideo V : UNEP/EA.4/19, Annexe 1, § 4-a.

doit justifier son existence, à la fois quant à son efficacité et à son effectivité. Les bibliographies des deux thèses précitées montrent bien le nombre important de livres et d'articles consacrés désormais au thème de l'effectivité du droit, en particulier du droit de l'environnement[55].

Les textes de droit de l'environnement, eux aussi, se réfèrent expressément au besoin d'effectivité. Alors que d'habitude la règle de droit ne se soucie pas de son application en dehors des dispositions relatives aux sanctions, on constate que plusieurs textes sur l'environnement utilisent le mot « effectivité » pour bien montrer le souci des décideurs d'adopter des textes qui auront une application « effective », c'est-à-dire véritable. On peut ainsi donner comme exemples de mention expresse d'« effectivité » ou « effectif » : dans l'alinéa 5 du préambule et les alinéas a) et b) de la 7° orientation de la Déclaration sur un programme d'action sur la protection de l'environnement global du 2 septembre 1991[56] ; dans l'objectif de la partie A, l'objectif et les activités b) et d) de la partie B, la stratégie et l'activité a)ii de la partie C du Programme pour le développement et l'examen périodique du droit de l'environnement pour les années 1990, adopté le 21 mai 1993[57] ; dans la Convention d'Aarhus de 1998 : « recours *effectif* » (art. 9-4) et « participation *effective* » (art. 6-3 et 8-a) ; dans *L'avenir que nous voulons* de Rio+20 en 2012, « effectif » n'apparaît qu'une fois, mais le paragraphe 38 reconnaît le besoin d'élargir les « mesures de progrès » du développement durable afin de mieux informer les décideurs politiques et en charge pour ce faire la Commission de statistique de l'ONU ; dans *Le programme du développement durable à l'horizon 2030*, on le trouve deux fois et les indicateurs sont préconisés huit fois en tant qu'indicateurs de « progrès du développement durable »[58]. La décision 1/CP21 et l'Accord de Paris sur les changements climatiques du 12 décembre 2015 se réfèrent 21 fois à l'effectivité en relation avec l'exigence d'une mise en œuvre effective et accompagnent cette exigence par un recours répété

55 Voir les références de 12 ouvrages sur l'effectivité du droit de l'environnement entre 1998 et 2009 dans F. Couveinhes-Matsumoto, *op. cit.*, note 560, p. 154, et les 60 pages de bibliographie dans la thèse de Julien Bétaille, *op. cit.*

56 Reproduit dans M. Prieur et S. Doumbé-Billé (dir), *Recueil francophone des traités et textes internationaux en droit de l'environnement*, Bruxelles, Bruylant, AUPELF-UREF, coll. Universités francophones, 2e éd., 2012, pp. 94–95.

57 *Ibid.*, pp. 37–51.

58 Résolution 70/1 du 25 septembre 2015, Assemblée générale des Nations Unies, A/RES/70/1.

34 fois à des indicateurs qui restent non juridiques, tellement l'habitude a été prise de ne concevoir que des indicateurs scientifiques et économiques[59].

Dans la déclaration de Rio de 1992, le principe 10 vise le « recours *effectif* à la justice » ; selon le principe 11, les « États doivent promulguer des mesures législatives efficaces en matière d'environnement » ; et le principe 15 sur la précaution mentionne les « mesures *effectives* ». Il convient de noter que, dans l'Agenda 21 adopté à Rio en 1992, l'effectivité est une obsession significative. On trouve l'adjectif « effectif » ou le substantif « effectivité » 231 fois sur 349 pages, soit pratiquement dans tous les paragraphes, visant aussi à cette occasion les « indicateurs » à 34 reprises, en particulier dans les chapitres 8 et 39. Mais les indicateurs « juridiques » sont ignorés. On peut citer le § 8-6 : « élaborer des systèmes de surveillance et d'évaluation des progrès accomplis en adoptant des indicateurs » ; le § 8-16-a : « *making laws and regulations more* effective » ; le § 8-17 : « renforcer l'efficacité des lois et règlements » ; le § 8-21 : « faire respecter [les] lois et réglementations [et] évaluer périodiquement l'efficacité des programmes visant à persuader ou à contraindre de respecter les lois » ; le § 8-44 : « favoriser [...] l'emploi d'indicateurs du développement durable » ; le § 39-2 : « évaluer et [...] promouvoir l'efficacité du droit » ; le § 39-3-b : « accroître l'efficacité du droit international » ; le § 39-5 : « évaluer [...] l'efficacité des accords internationaux ».

On remarquera au plan linguistique que la version anglaise de l'Agenda 21 parle de *effectiveness*, qui est traduit dans la version française par « efficacité ».

La Déclaration mondiale sur l'état de droit environnemental, adoptée à Rio de Janeiro le 29 avril 2016 par le congrès mondial de l'UICN à l'initiative de sa Commission mondiale de droit de l'environnement, montre bien que les juges et la communauté des juristes de l'environnement sont aujourd'hui convaincus que l'avenir du droit de l'environnement dépend de son effectivité. Dans cette déclaration, l'application « effective » du droit est réclamée sept fois dans un texte de quatre pages. Outre une application effective des lois et règlements, elle appelle à la reconnaissance « *d'outils juridiques novateurs* pour une mise en conformité et en œuvre *effective* à tous les niveaux de gouvernance ». Reconnaître des indicateurs juridiques, en tant que nouveaux outils juridiques, répond tout à fait à cette invitation.

La Déclaration ministérielle du Forum politique de haut niveau pour le développement durable du 19 juillet 2017 utilise à 16 reprises les mots *effective*

59 Conférence des Parties, 21e session, *Adoption de l'Accord de Paris*, FCCC/CP/2015/L.9.

et *effectiveness*[60]. Cela confirme bien le souci actuel d'une application « véritable » des objectifs de développement durable, ce qui implique des instruments juridiques adéquats et appliqués réellement.

Florian Couveinhes-Matsumoto note avec justesse un paradoxe : bien souvent, ce sont les textes les moins contraignants qui invoquent les exigences de l'effectivité, alors que les traités, qui sont par nature contraignants, sont rares à le faire. Afficher un objectif d'effectivité du droit serait révélateur de branches du droit s'efforçant de modifier des pratiques courantes de non-respect ou d'ignorance[61]. Tel est le cas du droit de l'environnement et des droits de l'homme.

On sait que la Cour européenne des droits de l'homme de Strasbourg n'a de cessé de répéter que son rôle est de « protéger les droits non pas théoriques et illusoires, mais concrets et effectifs »[62]. La Charte sociale européenne de 1961, révisée en 1996, qui a valeur juridique de traité international, insiste dans chacun de ses articles sur l'engagement des États d'assurer « un exercice *effectif* » des divers droits concernés. « *Effectif* » est utilisé 31 fois, soit dans chacun des 31 articles de la Charte. Il devrait en être de même pour le droit à l'environnement, devenu aussi un droit de l'homme.

En l'absence d'un juge international sur l'environnement s'appropriant ce message, notre proposition d'indicateurs juridiques de l'environnement a pour objectif, comme la Cour européenne des droits de l'homme, de parvenir à des droits concrets et effectifs dans le domaine de l'environnement.

À l'occasion du projet français de Pacte mondial pour l'environnement, le rapport du Secrétaire général de l'ONU sur les lacunes du droit international de l'environnement de décembre 2018 fait état de l'exigence d'effectivité, en mettant en lumière les lacunes relatives à la mise en œuvre et à l'efficacité du droit international de l'environnement[63]. Ce rapport insiste, comme il se doit, sur le contrôle du respect du droit et la mise en œuvre effective du droit international de l'environnement (§§ 86, 92 et 100). Le mot *implementation* y est mentionné cent fois ! La recommandation du groupe de travail spécial sur le projet de Pacte mondial est encore plus insistante sur la question de l'application effective du droit, tant national qu'international. Cette recommandation, adoptée par la

---

60 Déclaration ministérielle du Forum politique de haut niveau pour le développement durable organisé sous les auspices du Conseil économique et social en 2017 sur le thème intitulé « Éliminer la pauvreté et promouvoir la prospérité dans un monde en mutation », E/2017/L.29-E/HLPF/2017/L.2.

61 F. Couveinhes-Matsumoto, *op. cit.*, p. 156 et note 570.

62 CEDH, 7 octobre 1979, *Airey c. République d'Irlande*.

63 A/73/419, 10 décembre 2018, §§ 85 et s.

résolution 73/333 de l'Assemblée générale des Nations Unies du 30 août 2019, souligne tout particulièrement la nécessité de renforcer l'application effective du droit de l'environnement. En seulement deux pages, le mot *effective* est utilisé deux fois et le besoin de « renforcer » ou de « favoriser » « l'application » (*implementation*) du droit international de l'environnement et des textes applicables est mentionné quinze fois ![64]

E. L'effectivité au regard de l'ineffectivité

Mesurer l'effectivité du droit, c'est évidemment mesurer en même temps, en creux, son ineffectivité. Quand le droit n'est pas appliqué ou est mal appliqué, on le considère souvent comme inutile. Or, si l'inapplication du droit est un fort signal d'ineffectivité, cela ne rend pas forcément le droit totalement inutile. Combien de fois faudra-il constater la violation ou l'ignorance d'une règle pour la qualifier d'ineffective ? L'ineffectivité d'un droit n'entraîne ni son inexistence, ni son inutilité, ni son caractère non-juridique. Des règles bien qu'inappliquées ou mal appliquées peuvent être quand même utiles, ne serait-ce que du fait de leur existence par rapport à des hypothèses d'inexistence. C'est alors leur « degré » d'effectivité ou d'ineffectivité qui est en cause. Même partiellement ineffectives, les règles de droit constituent un socle de l'état de droit. Elles jouent un rôle moral de garde-fou, car elles ont toujours vocation à être utilisées. Des règles ineffectives peuvent contribuer à jouer un rôle symbolique et remplir certaines fonctions sociales[65].

Le professeur Maurice Kamto, pionnier du droit de l'environnement en Afrique, a eu des propos sévères mais réalistes. Présentant l'ensemble du droit africain de l'environnement, il considère que le droit de l'environnement en Afrique est un « droit dormant » et que la faiblesse de l'idée de droit en Afrique « induit la faiblesse des règles juridiques et, partant, leur ineffectivité »[66]. Mais cet éminent auteur ajoute : « Mieux valent des normes inappliquées qu'un univers a-juridique. L'expression du processus démocratique en cours sur le continent africain a montré comment un droit dormant finit par se réveiller lorsque la nécessité d'une régulation normée des rapports sociaux vient à se saisir de la conscience d'une communauté »[67].

---

64 A/RES/73/333, Suite à donner au rapport du groupe de travail spécial, 5 septembre 2019, en particulier les §§ 3, 4, 6, 7, 8, 10, 14, 15, 16, 17, 18.

65 F. Couveinhes-Matsumoto, *op. cit.* p. 183.

66 Maurice Kamto, *Droit de l'environnement en Afrique*, préface de Michel Prieur, Paris, AUPELF-UREF, EDICEF, 1996, p. 18.

67 *Ibid.*

La création d'indicateurs juridiques de l'effectivité du droit de l'environnement pourra être un élément important contribuant au réveil de ce droit dormant. En effet, grâce à ces indicateurs d'un type nouveau, les divers acteurs de la société disposeront d'un outil rendant visible le niveau d'ineffectivité et les carences dans la mise en œuvre du droit existant. C'est pourquoi on essaiera de déterminer des indicateurs qui seront à la fois des signaux d'effectivité et d'ineffectivité, selon l'interprétation qu'on en donnera et les comparaisons que l'on fera. Constater par exemple qu'il y a un inspecteur de l'environnement pour 1000 entreprises polluantes pourra être un indice positif d'effectivité des capacités de contrôle dans un État, mais sera considéré au contraire comme un indice d'ineffectivité par comparaison avec un autre État, comme la France, où il existe un inspecteur pour 320 installations[68].

Les composantes juridiques de l'évaluation de l'effectivité sont nombreuses. On peut tenter d'en dresser une liste, qui devra être soumise à un panel de juristes expérimentés et de praticiens du droit afin de la compléter ou de la modifier. Une fois qu'elle sera arrêtée, l'étape ultérieure consistera à pondérer chacune de ces composantes en leur donnant une valeur chiffrée sous forme d'un pourcentage. Une combinaison de valeurs quantitatives et qualitatives devra être introduite avant de déboucher, si possible et avec l'aide de mathématiciens, sur un modèle.

En s'appuyant sur la thèse précitée de Julien Bétaille, on a identifié en théorie 127 indicateurs juridiques, qu'il conviendra de tester puis de valider, pour leur donner ensuite une valeur. Les étapes d'évaluation du processus de mise en application d'une norme juridique recoupent les questionnements communs au droit international et au droit interne présentés *supra*. Ces étapes sont les composantes juridiques de l'effectivité représentées par des indicateurs juridiques se rattachant à une série de critères représentants chacun une étape du processus complexe qui permet l'application d'un texte juridique et, en même temps, une des conditions juridiques de l'effectivité. On peut ainsi décomposer le processus d'application effective d'un texte en plusieurs éléments, qui sont autant d'indicateurs juridiques :

- existence de la règle ;
- validité de la règle ;
- entrée en vigueur de la règle ;
- invocabilité de la règle ;
- conscience de la règle ;

---

68 M. Prieur *et al.*, *Droit de l'environnement*, Paris, Dalloz, 8e éd., 2019, p. 716.

- substance de la règle ;
- progrès ou régression de la règle ;
- précision de la règle ;
- contrôle administratif de la règle ;
- contrôle juridictionnel de la règle ;
- sanction de la règle ;
- application des sanctions.

II. Le constat de l'inexistence de vrais indicateurs juridiques

Selon Antoine Jeammaud, juriste de droit du travail, les indicateurs « sont des données, des variables au sens des mathématiques, servant à identifier ou mesurer un phénomène, ou permettant de prévoir sa survenance ». Les indicateurs permettent « de rendre compte de manière systématique et stylisée ce que "font" ou "ont fait" les instruments composant le droit [...] »[69]. Il s'agit pour cet auteur d'indicateurs relatifs à l'impact du droit social, donc d'indicateurs d'efficacité. Mais l'auteur évoque en même temps l'effectivité du droit du travail en recherchant les facteurs de mise en œuvre et de respect. La grande difficulté sera toujours de pouvoir bien dissocier les deux catégories d'indicateurs : d'efficacité ou d'effectivité. Précisant sa pensée, cet auteur écrit : « Les juristes pensent volontiers que la mesure de l'effectivité des règles de droit, l'explication de leur éventuelle (trop fréquente) ineffectivité et la recherche des moyens propres à assurer une plus grande effectivité, constituent les tâches premières d'une sociologie juridique »[70]. On peut déduire implicitement de ce constat que l'heure est venue pour que les juristes s'emparent de la question de l'effectivité pour rechercher des indicateurs de nature juridique. Ce même auteur prolonge sa réflexion sur l'effectivité du droit en relation avec le contenu des normes : « Le concept même d'effectivité d'une règle de droit s'avère faussement simple. Ne serait-ce que parce que les règles de droit ne sont pas toutes et pas fondamentalement, malgré des définitions routinières, des prescriptions ou des interdictions de conduite auxquelles il s'agirait d'obéir en adoptant une conduite déterminée ou en s'abstenant d'un comportement déterminé. Par ailleurs, le degré de conformité des conduites, situations, opérations et autres choses aux modèles idéels que constituent les règles juridiques ne révèle que partiellement l'incidence de celles-ci sur les actions ».

Il est plus sensé de s'attacher à l'usage par les acteurs des dispositions dont on souhaite savoir ce qu'elles « font en pratique »[71]. Cette dernière réflexion nous conforte dans l'idée selon laquelle les indicateurs juridiques ne peuvent à eux

---

69 Antoine Jeammaud, *Le concept d'impact des normes sociales européennes, quels indicateurs ?*, CRDS (IETL), Université de Lyon 2, étude pour la Commission européenne, 2005, p. 60.

70 *Ibid.*, p. 63.

71 *Ibid.*, p. 70.

seuls rendre compte de toute l'effectivité du droit. Ils doivent être complétés par des indicateurs sociaux rendant compte des comportements et des usages qui facilitent ou font obstacle à l'application d'une règle, que l'on qualifiera d'indicateurs non juridiques.

De nombreux auteurs, surtout anglo-saxons, ont réfléchi sur la question de savoir si on pouvait mesurer le droit[72]. Peut-on mesurer le non mesurable ? Dans sa réflexion, Mathias M. Siems montre qu'en dehors des indicateurs de performance (*benchmarking*), on peut combiner trois types d'indicateurs : les indicateurs fonctionnels par rapport à un problème posé à examiner en droit comparé ; les indicateurs mesurant la qualité des institutions ou des systèmes judiciaires ; et les indicateurs relatifs à la perception des conditions d'application du droit. Ce dernier type d'indicateurs implique de recueillir la perception des entreprises, du public et de l'administration. Mais le niveau d'application du droit nécessiterait à la fois le calcul des performances et les données issues des perceptions. Ainsi l'approche de « droit comparé numérique » (*numerical comparative law*) serait devenue aujourd'hui incontournable[73].

Le droit positif fait-il état d'indicateurs juridiques ? Il y a peu de textes en droit de l'environnement qui évoquent la nécessité d'indicateurs. Ainsi, en droit international de l'environnement, on peut citer le Protocole sur la gestion intégrée des zones côtières en Méditerranée de 2008, dont l'article 18-4 impose aux États de définir des « indicateurs » afin d'évaluer l'efficacité des stratégies, plans et programmes. Faute de précision, on pourrait considérer que ces indicateurs pourraient être aussi bien scientifiques que juridiques. L'Accord international sur les bois tropicaux du 27 janvier 2006 mentionne, dans son préambule (§ g), le besoin de « promouvoir et d'appliquer des critères et *indicateurs* comparables pour la gestion durable des forêts en tant qu'outils importants permettant aux membres d'évaluer, de suivre et de promouvoir les progrès accomplis en vue d'une gestion durable de leurs forêts »[74]. Là encore, la porte est ouverte à des indicateurs scientifiques, économiques et/ou juridiques, mais les rédacteurs du

---

72 Voir la bibliographie citée dans Mathias M. Siems, "Measuring the immeasurable: How to turn law into numbers", in M. Faure and J. Smits (eds), *Does Law Matter? On Law and Economic Growth*, Cambridge, Intersentia, 2011, p. 115.

73 Selon Mathias M. Siems, le terme *numerical comparative law* a été introduit par lui en 2005 dans "Numerical comparative law: Do we need statistical evidence in order to reduce complexity?", *Cardozo Journal of International and Comparative Law*, vol. 13, p. 521.

74 Accord international sur les bois tropicaux, dans M. Prieur et S. Doumbé-Billé, *op. cit.*, p. 353.

texte n'ont pensé qu'à des indicateurs non juridiques. En réalité, comme on l'a souligné plus haut, les indicateurs existants sont tous des indicateurs d'efficacité et non des indicateurs d'effectivité.

On constate dans la doctrine et dans la pratique l'absence actuelle d'indicateurs juridiques en tant qu'expression du processus effectif d'application du droit. Cependant, on constate aussi que bon nombre des exemples donnés utilisent bien le droit comme un indicateur en se référant parfois à des textes juridiques. Mais le seul fait de faire état d'un texte juridique, dans un ensemble d'indicateurs, ne conduit pas à disposer de véritables indicateurs juridiques. En effet, le droit n'est visé que par rapport à des questions quantitatives (combien avez-vous de lois sur l'environnement, combien de traités sur l'environnement ont été ratifiés ?). Il ne s'agit alors pas d'évaluer l'application de ces textes, mais seulement leur existence théorique sur le papier.

On examinera dans un esprit critique, par rapport à ce que nous préconiserons plus tard, les indicateurs proposés par la doctrine et par certaines institutions. On abordera d'abord ceux qui portent occasionnellement sur l'environnement, puis ceux qui sont spécifiquement consacrés à l'environnement. Enfin, on verra que les indicateurs relatifs aux droits de l'homme sont les plus développés. À chaque fois, on constatera que si le droit apparaît en tant qu'indicateur, ce n'est jamais pour évaluer son effectivité réelle en tant que processus juridique complexe, mais seulement en tant que donnée brute et statistique.

A. Les indicateurs portant occasionnellement sur l'environnement

On trouve de plus en plus d'indicateurs portant directement ou indirectement sur des questions juridiques, comme le droit des affaires, l'état de droit, la gouvernance ou la justice. Ils peuvent à l'occasion traiter de questions d'environnement. Mais ce ne sont pas pour autant des indicateurs juridiques.

1. Les indicateurs relatifs au poids économique du droit : *Doing Business Index (Law and Economics)*

Il faut dès l'abord écarter de notre étude la question classique et largement documentée des indicateurs destinés aux investisseurs sur la base du droit des affaires[75]. Initiée par la Société financière internationale du groupe Banque

75 Par exemple, Tor Krever, "Quantifying law: Legal indicator projects and the reproduction of neoliberal common sense", *Third World Quarterly*, vol. 34, n° 1, 2013,

mondiale et s'appliquant au droit des affaires, elle consiste à mesurer le coût du droit. Cette analyse économique du droit vise à démontrer que le droit est un instrument de mise en valeur du calcul économique en vue de satisfaire un univers concurrentiel dans un contexte néo-libéral. Ces travaux ont fait l'objet d'une analyse critique de la Mission droit et justice du ministère français de la Justice[76]. On pourrait tout à fait envisager d'appliquer une telle méthodologie au droit de l'environnement, mais ce n'est pas notre propos et cela impliquerait des travaux relevant de la science économiques[77]. Si l'on voulait qualifier notre recherche sur les indicateurs juridiques pour l'opposer à ces travaux, on pourrait, en paraphrasant *Law and Economics*, la qualifier de *Law and Ecology*.

2. Les indicateurs d'évaluation de la perception psychologique du droit

On écartera également les travaux utilisant les méthodes psychométriques pour mesurer la perception psychologique que les gens peuvent avoir du droit et de la justice. Ainsi par exemple, en se référant aux ODD 16-3 et 16-6, une étude de 2018 mesure la perception et les attitudes d'une population vis-à-vis de la justice civile sur la base de 35 questions soumises à un panel de 1061 adultes[78]. Cette méthodologie peut aider à comprendre l'ineffectivité du droit en révélant les causes psychologiques et comportementales des gens, mais elle ignore l'analyse du contenu de la règle et de ses mécanismes juridiques de mise en œuvre.

3. Les indicateurs relatifs à la gouvernance : *Worldwide Governance Indicators*

On trouve dans les indicateurs élaborés par la Banque mondiale depuis 1996 sur la gouvernance mondiale (*Worldwide Governance Indicators* ou WGI) des éléments intéressant l'environnement et le droit à propos des données et des critères retenus. Ils concernent l'état de droit *(Rule of Law)*, l'effectivité du gouvernement (*government effectiveness)*, la qualité de la réglementation *(regulatory*

---

pp. 131–150; R. Cooter and T. Ulen, *Law and Economics*, Boston, Addison Wesley Longman, 6th ed., 2012.

76 Bertrand du Marais (dir.), *Des indicateurs pour mesurer le droit ? Les limites méthodologiques des rapports* Doing Business, Paris, La Documentation française, 2006.

77 M. Faure, *Analyse économique du droit de l'environnement*, préface de Michel Prieur, Bruxelles, Bruylant, 2006.

78 P. Pleasance and N. Balmer, « Measuring the Accessibility and Equality of Civil Justice », *Hague Journal on the Rule of Law*, 10/2018, pp. 255–294.

quality), le contrôle de la corruption, la stabilité politique et l'absence de violence, et la reddition de comptes. Concernant la *government effectiveness*, on trouve comme indicateurs l'eau potable et l'assainissement ainsi que la gestion des dépôts de déchets. Concernant la *Rule of Law*, on trouve l'accès à l'eau en agriculture. Enfin, concernant la *regulatory quality*, un des indicateurs est « la rigueur des réglementations environnementales » *(stringency of environmental regulations)*. Toute la méthode utilisée se prévaut de rendre compte non pas d'éléments factuels sur la gouvernance, mais de traduire en chiffres « la perception » que les divers acteurs ont de la question étudiée. Si les auteurs de ce travail ont bien conscience de la nécessité de distinguer le droit tel qu'il est écrit et le droit tel qu'il est appliqué, ils n'évaluent que la perception de l'application du droit et non pas les modalités juridiques de cette application. Les sources utilisées combinent des informations recueillies dans 30 organisations spécialisées, des réponses à des centaines de questions posées à des entreprises, des citoyens et des experts. On trouve ainsi ce type de questions qui ne rendent compte que d'une perception très générale : est-ce que les libertés civiles et les droits politiques sont respectés ? Est-ce que le processus judiciaire est équitable ? Est-il facile de démarrer une entreprise ? Le pouvoir judiciaire est-il indépendant ?[79] Aussi doit-on considérer que les indicateurs retenus sont la mesure d'une évidente subjectivité, alors que les indicateurs juridiques que nous proposons prétendent rendre compte de la place véritable de chaque étape de l'application du droit dans l'effectivité de la règle de droit. Le rapport 2019 couvre plus de 200 pays et territoires[80]. La méthodologie utilisée est présentée de façon succincte dans un rapport de 2010[81].

De façon générale, les indicateurs de gouvernance on fait l'objet d'analyses et d'études critiques par Christiane Arndt[82]. Cette auteure reproche aux indicateurs leur opacité, l'absence de comparaison dans le temps, les biais dans l'échantillonnage, la perception subjective, l'absence de prise en compte des erreurs de mesures, la non communication au public des données des enquêtes.

---

79 World Bank, *A decade of measuring the quality of governance: governance matters 2007. Worldwide governance indicators 1996–2007*, Washington, 2007, p. 16.

80 *Worldwide Governance Indicators 2019*, https://info.worldbank.org/gouvernance/wgi.

81 D. Kaufman, A. Kraay and M. Mastruzzi, *The Worldwide Governance Indicators : Methodology and Analytical Issues*, Policy Research Paper 5430, The World Bank, septembre 2010.

82 Ch. Arndt et Ch. Oman, *Les indicateurs de gouvernance : usages et abus*, Paris, Centre de développement de l'OCDE, 2006 ; Ch. Arndt., *Governance Indicators*, Dissertation, Maastricht University, 2009.

4. L'indice de gouvernance des ressources naturelles

L'institut américain sur la gouvernance des ressources naturelles (Natural Resource Governance Institute ou NRGI) a publié en français en 2017 une liste d'indicateurs mesurant la qualité et l'efficacité de la gouvernance dans le domaine de l'exploitation du pétrole, du gaz et des ressources minières[83]. 150 experts répondent à 149 questions et utilisent des données recueillies dans 10 000 documents. Les résultats font l'objet d'une notation sur 100 et conduisent à des tranches de performance entre les 81 États concernés : bon si supérieur à 74, satisfaisant entre 60 et 74, insuffisant entre 45 et 59, médiocre entre 30 et 44, défaillant si inférieur à 30. Les composantes des indicateurs sont divisées en trois groupes : réalisation de la valeur, qui a une sous-composante environnementale ; gestion des revenus ; et conditions générales de gouvernance. Les sous-composantes de la gouvernance intègrent directement des éléments juridiques, en reprenant les qualificatifs et la méthodologie des *Worldwide Governance Indicators* présentés *supra*. Là encore, la volonté de mesurer l'application des cadres juridiques existants se heurte à l'impossibilité d'une telle mesure en l'absence de véritables indicateurs relatifs à l'effectivité du droit appliqué.

5. Les indicateurs de l'indice Ibrahim de la gouvernance en Afrique *(Ibrahim Index of African Governance)*

La fondation Mo Ibrahim réalise depuis 2007 un rapport annuel sur des indicateurs exclusivement consacrés à l'Afrique. Les partenaires principaux sont la Banque africaine de développement, la Commission économique des Nations Unies pour l'Afrique et l'*African Peer Review Mechanism* (APRM), qui est une agence de l'Union africaine. Cette fondation, dont le siège est à Londres avec un bureau à Dakar, a publié 11 rapports annuels dont le dernier est de 2018, mettant en avant des évolutions ou des reculs depuis 11 ans dans 54 pays africains. Cet indice est composé de 102 indicateurs, avec 14 sous-catégories dans quatre domaines : sécurité et état de droit ; participation et droits humains ; développement économique durable ; développement humain. Bien que n'abordant pas directement le thème de l'environnement, ces rapports sont néanmoins des contributions intéressantes pour notre recherche car ils prennent en compte des éléments d'ordre juridique à travers l'état de droit, la participation et les droits de l'homme. Dans le rapport 2007 figurait un indicateur de vulnérabilité

---

83 *2017 Resource Governance Index. Measuring the quality of governance in the oil, gas and mining sectors of 81 countries*, www.resourcegovernanceindex.org.

écologique dans la catégorie « développement économique durable ». Cet indicateur a disparu en 2016. On trouve seulement, sous « infrastructure », « accès à l'eau ». Dans la rubrique « protection sociale » de 2016, on trouve à la fois « durabilité environnementale » et « politique environnementale ». Le droit de l'environnement n'est jamais abordé en tant que tel.

Un inventaire des indicateurs de gouvernance avait été réalisé en 2003. Il comportait à l'époque 47 références de mesures de la gouvernance dans le monde avec des indicateurs, dont six en Afrique[84] :

- *Africa Competitivness Report*, par le World Economic Forum ;
- *Afro-Barometer: Population Attitudes to Democracy*, par l'Institute for Democracy in South Africa ;
- Centre d'études et recherches sur le développement international (CERDI) de l'Université d'Auvergne ;
- Indice de développement et d'insertion internationale (IDIA) concernant sept États africains et Madagascar ;
- *Nationwide Study Monitoring Progress toward Good Governance in Ghana* (Ghana et 13 autres États africains) ;
- Commission économique des Nations Unies pour l'Afrique, *Striving for Good Governance in Africa*.

Dans cette liste de 47 références, le seul instrument de mesure de la bonne gouvernance évoquant les questions d'environnement est le *Compendium of Sustainable Development Indicators* réalisé par l'International Institute for Sustainable Development (IISD)[85].

En 2019, la fondation Ibrahim a publié *African Governance Report* qui fait une synthèse des objectifs fixés en 2015 par les Nations Unies pour les ODD 2030, en parallèle avec l'agenda de l'Union africaine à l'horizon 2063 approuvé par celle-ci en 2013 à l'occasion du cinquantenaire de l'Organisation de l'unité africaine[86].

84 Marie Besançon, *Good Governance Rankings: The Art of Measurement*, Somerville, World Peace Foundation, 2003.

85 https://www.iisd.org/library/compendium-sustainable-development-indicator-initiatives.

86 Mo Ibrahim Foundation, *African Governance Report 2019. Agendas 2063 and 2030: Is Africa on Track?* 2019.

6. Les indicateurs de la gouvernance du Groupe de Praia

L'État africain du Cap-Vert a pris l'initiative de créer au sein du Conseil économique et social des Nations Unies un groupe dit de Praia afin d'étudier des instruments statistiques relatifs à la gouvernance, qui a été lancé en 2014[87]. Ses travaux ne portent pas directement sur l'environnement. Mais ils se rapportent à des champs concernant l'environnement, notamment au plan juridique : la qualité de la démocratie, la justice et les droits de l'homme, la corruption, l'accès à la justice. Ils envisagent aussi d'apporter leur concours à l'ODD 16 sur l'accès à la justice et des institutions efficaces. En 2015, le Groupe Praia a présenté un premier rapport au Conseil économique et social des Nations Unies, examiné en mars 2016[88]. Il est certain que, là encore, des indicateurs juridiques devront être introduits. Une édition 2020 de ce rapport est accessible en ligne[89].

7. Les indicateurs sur l'état de droit des Nations Unies : *Rule of Law Index*

Les Nations Unies ont publié en 2012 un rapport intitulé *Indicateurs de l'état de droit des Nations Unies : guide d'application et outils de gestion de projet*[90]. Bien que portant sur l'évaluation subjective de l'application du droit, ce rapport propose en réalité une méthodologie intéressante qui pourrait s'appliquer en partie à une évaluation de l'effectivité juridique. L'objet de ce modèle d'indicateurs est cependant bien circonscrit. Il s'agit de suivre les changements et le fonctionnement de la justice pénale dans les situations de conflits et suite à un conflit. Les indicateurs proposés ne sont pas, pour la plupart, des indicateurs juridiques. Ils visent à mesurer l'efficacité de trois institutions : la police, la justice et les prisons. Bien que l'ensemble repose sur les droits de l'homme et la justice pénale, il ne s'agit pas de mesurer le respect des droits de l'homme, mais d'apprécier, pour chacune des trois institutions considérées, dans quelle mesure elles sont performantes, intègres, transparentes, redevables et capables d'agir en moyens

---

87 Conseil économique et social, Commission de statistique, 46e session, *Rapport de Cabo Verde sur les statistiques de la gouvernance, de la paix et de la sécurité*, E/CN.3/2015/17, 9 décembre 2014.

88 Conseil économique et social, Commission de statistique, 47e session, *Rapport du Groupe de Praia pour l'étude des statistiques sur la gouvernance*, E/CN.3/2016/16, 17 décembre 2015.

89 Praia City Group, *Handbook on Governance Statistics*, 2020, https://paris21.org/news-center/news/new-praia-city-group-handbook-governance-statistics.

90 New York, Nations Unies, 1e éd., 2012.

humains et matériels. Ces questionnements, qui relèvent d'une recherche de l'efficacité plutôt que de l'effectivité, aboutissent à formuler 135 indicateurs regroupés en 25 « paniers » comportant chacun deux à neuf indicateurs. Ceux-ci font l'objet d'une notation entre 1 et 4, 4 étant le résultat le plus performant. Pour aboutir à ces notations, des enquêtes doivent être réalisées auprès du public et d'experts. À chaque question posée, les enquêtés doivent répondre, selon les cas, par « très efficace » (note 4), « efficace » (note 3), « inefficace » (note 2), « très inefficace » (note 1) ; ou bien « approuve totalement », « approuve en partie », « n'approuve pas », « n'approuve pas du tout ».

D'autres résultats sont donnés en pourcentages pour permettre des comparaisons, par exemple entre le nombre de prisonniers et le nombre de médecins dans les prisons. Si la plupart des indicateurs proposés reflètent le contenu d'une norme juridique, ils ne traduisent pas directement le processus d'application de la règle, mais rendent seulement compte de la réalité institutionnelle et sociale et du rôle respectif des trois institutions évaluées. Cette expérience nous conforte dans l'idée selon laquelle notre projet d'indicateurs juridiques devra nécessairement s'adjoindre des indicateurs non juridiques, dans la mesure où ils conditionnent l'application effective du droit.

À la suite de cette publication, le Secrétaire général des Nations Unies a présenté à l'Assemblée générale un rapport le 16 mars 2012 intitulé *Rendre la justice : programme d'action visant à renforcer l'état de droit aux niveaux national et international*. Selon ce rapport : « Les États Membres souhaiteront peut-être aussi réfléchir aux moyens de **mesurer** efficacement les progrès accomplis en vue de la réalisation des objectifs qui auront été arrêtés en matière d'état de droit »[91]. Puis l'Assemblée générale des Nations Unies a approuvé, le 24 septembre 2012, la Déclaration de la réunion de haut niveau de l'Assemblée générale sur l'état de droit aux niveaux national et international, en abordant la question de l'état de droit de façon générale, mais sans se référer à des indicateurs pour évaluer le respect de l'état de droit[92].

8. Les indicateurs mondiaux de l'état de droit : *World Justice Project*

Cet indice de l'état de droit, ou *Rule of Law*, existe depuis 2006. Il a pour origine une initiative de l'American Bar Association, qui s'est transformée en une

91 A/66/749, § 56.
92 A/RES/67/1.

ONG indépendante localisée à Washington au sein du *World Justice Project*[93]. L'édition de 2016 procède à un classement de 113 pays en évaluant leurs performances de respect des principes de l'état de droit. Il s'agit de mesurer, non pas la règle écrite, mais comment la règle de droit et la pratique sont perçues par le public en général et par des professionnels du droit en particulier, grâce à des sondages (1000 personnes par pays) et des enquêtes auprès d'experts du droit (24 par pays). Le sondage comporte des questions fondées sur la « perception » (123) ou sur l'« expérience » (213). Les indicateurs retenus sont divisés en neuf entrées (ou facteurs), subdivisées en sous-facteurs aboutissant à un total de 47 indicateurs de performance. Les neuf entrées sont : le pouvoir de gouverner ; l'absence de corruption ; la gouvernance ouverte ; les droits fondamentaux ; l'ordre et la sécurité ; l'application des règles ; la justice civile ; la justice criminelle ; la justice informelle.

L'édition de 2020 porte sur 128 pays, comporte 53 indicateurs et utilise les mêmes critères que l'édition précédente[94]. Les réponses aux questionnaires ont été données par sondage par 130 000 ménages et par enquêtes par 4000 experts juristes.

Les indicateurs les plus proches de nos préoccupations sont relatifs à « la gouvernance ouverte » avec l'information et la participation, les droits fondamentaux et, surtout, « l'application des règles ». Ce dernier facteur est divisé en cinq indicateurs très généraux : effectivité de l'application des règlements ; application des règlements sans influence fâcheuse (telle que la corruption) ; procédures administratives sans délais excessifs ; respect des procédures ; pas d'expropriation sans compensation. La protection de l'environnement est évoquée comme domaine d'application dans certaines questions sur l'effectivité et sur le respect des procédures, mais aucun indicateur particulier ne détermine les conditions juridiques de l'application du droit de l'environnement. Deux illustrations peuvent être données.

5-1. Les règlements du gouvernement sont-ils effectivement appliqués ? Sur ce thème, les cinq questions-indicateurs sur l'environnement sont les suivantes :

- quelle est la situation en général ? a) les entreprises respectent la loi (soit volontairement, soit suite à des injonctions des tribunaux, des amendes ou

93 *World Justice Project*, www.worldjusticeproject.org; Juan Botero and Alejandro Ponce, *Measuring the Law*, World Justice Project, Working Paper Series 1, November 2011.

94 *WJP Rule of Law Index 2020*, https://worldjusticeproject.org/our-work/research-and-data/wjp-rule-law-index-2020.

autres sanctions) ; b) les entreprises paient des pots-de-vin ou influencent les autorités pour cacher la violation de la loi ; c) absolument rien n'arrive ;
- quelle probabilité y a-t-il pour qu'une entreprise moyenne soit inspectée par les autorités de protection de l'environnement suite à une plainte du voisinage pour pollution ? très probable (1) ; probable (0,667) ; improbable (0,333) ; très improbable (0) ;
- quelle probabilité y a-t-il pour qu'une entreprise moyenne soit régulièrement inspectée par les autorités de protection de l'environnement ? très probable (1) ; probable (0,667) ; improbable (0,333) ; très improbable (0) ;
- quelle probabilité y a-t-il pour que les autorités de protection de l'environnement imposent des sanctions si des violations sont détectées ? (mêmes réponses) ;
- supposez que les autorités de protection de l'environnement notifient à un industriel qu'il pollue la rivière au-delà de ce qui a été autorisé, qu'arrivera-t-il ? L'entreprise se mettra en conformité avec la loi ? L'entreprise paiera un pot-de-vin ou influencera l'autorité pour ignorer la violation ? Ou bien rien ne se passera ?

5-2. Les règlements du gouvernement sont mis en œuvre et appliqués sans influence excessive (*without improper influence*) ? Sur ce thème sont formulées trois questions relatives à l'environnement qui, curieusement, reprennent les formulations précédentes, qui ne sont pas toujours adaptées à la spécificité des questions environnementales.

En dépit de l'intérêt comparatif de cet exercice, entre pays et dans le temps, on doit considérer qu'il ne répond pas à notre objectif pour plusieurs raisons. Outre qu'il ne repose que sur des données qualitatives et subjectives toujours discutables, il ignore : l'impact du droit international ; le rôle des moyens institutionnels et des ressources disponibles ; l'écriture du droit en ne prenant en considération que le droit appliqué en fait ; et le processus juridique conduisant à l'effectivité du droit. Le droit de l'environnement n'est envisagé que de façon très anecdotique, à travers les seules pollutions industrielles. Néanmoins, des éléments de la méthodologie utilisée et des conclusions générales sur l'état de droit pourront être exploités avec profit dans nos propositions. On notera que les quatre États retenus dans l'ouvrage publié en 2018 figurent parmi les États expertisés : Bénin, Cameroun, Madagascar et Tunisie[95].

---

95 *Supra*, note 17.

9. Les critères de l'état de droit de la Commission de Venise du Conseil de l'Europe

La Commission européenne pour la démocratie par le droit ou Commission de Venise, instituée au sein du Conseil de l'Europe, a approuvé le 18 mars 2016 une liste de critères qui pourraient être considérés comme des indicateurs de nature juridique[96]. Ils proposent ainsi des critères pour chacun des éléments relatifs à l'état de droit : légalité, sécurité juridique, prévention des abus de pouvoir, égalité devant la loi et non-discrimination, accès à la justice. Pour répondre aux questions formulées pour chaque critère, ils recourent au droit international, aussi bien au droit dur qu'au droit mou. Bien que n'abordant pas les questions d'environnement et bien que ne visant que des critères passifs (en fonction de la lettre des textes), cette liste est illustrative de ce que pourraient être de vrais indicateurs juridiques. Les critères énumérés peuvent être considérés comme autant d'indicateurs juridiques, en particulier ceux concernant la légalité et l'accès à la justice. Cette liste a été entérinée par la résolution 2187 de l'Assemblée parlementaire du Conseil de l'Europe le 11 octobre 2017 et a servi à évaluer la crise de l'état de droit en Pologne et en Hongrie.

La Commission européenne pour l'efficacité de la justice au sein du Conseil de l'Europe a évalué à l'aide d'indicateurs l'efficacité des divers systèmes judiciaires[97].

10. La perception de la justice au Brésil

On peut évoquer une expérience nationale intéressante liée à un aspect de l'évaluation de l'état de droit concernant la perception de la justice au Brésil. Il s'agit d'un travail réalisé par la fondation G. Vargas sur l'indice de confiance en la justice à travers le mesurage de la perception par le public de l'administration de la justice[98].

---

96 https://www.coe.int/fr/web/portal/rule-of-law.

97 European Commission for the Efficiency of Justice, *European Judicial System: Efficiency and Quality of Justice*, CEPEL Studies 11, Strasbourg, Conseil de l'Europe, 2008.

98 Luciana Gross Cunha, Fabiana Luci de Oliveira, Rubens Eduardo Glezer, "Brazilian Justice Confidence Index. Measuring Public Perception on Judicial Performance in Brazil", *Revista Colombiana de Derecho Internacional*, n° 25, 2014, pp. 445–472.

11. Les indicateurs de la justice du *Vera Institute of Justice*

Cet institut, localisé à New York avec l'appui du World Justice Project et de l'American Bar Association, étudie l'état de droit aux États-Unis à l'aide d'indicateurs de la justice (*Justice Indicators*). Il a réalisé en 2008 une expérience pilote sur l'état de droit dans quatre villes en Inde, au Nigéria, au Chili et à New York à l'aide de 60 indicateurs. La méthodologie appliquée utilise les indicateurs du World Justice Project présentés *supra*[99]. Depuis lors, cet institut se concentre sur les droits humains des migrants, des prisonniers et des victimes du corona virus de 2020 (Covid-19).

12. Les indicateurs de mesure de l'accès à la justice

Le Tilburg Institut à Anvers a développé une méthode intéressante de mesure du coût et de la qualité de l'accès à la justice[100]. Il s'agit de mesurer la perception qu'ont les plaideurs de leur expérience judiciaire. Sont questionnés les usagers de la justice au moyen de trois indicateurs de base : le coût de la procédure, la qualité de la procédure et le résultat de la procédure. Chaque indicateur de base est subdivisé en plusieurs sous-indicateurs qui permettent de préciser la perception des gens tant au plan matériel, juridique que psychologique. Le *Justice Index* de 2016 comporte 112 indicateurs[101]. La méthode est largement expliquée. Elle est susceptible de s'appliquer à la justice en général ou à un secteur particulier[102]. On pourrait l'appliquer à l'accès à la justice en matière d'environnement.

Utilisant cette méthode, le Canada l'applique à l'accès à la justice administrative depuis 2014, avec un système de pondération des divers indicateurs non linéaire mais reposant sur trois évaluations ayant comme valeur 1, 5 ou 10 selon l'importance perçue de la question posée[103].

Peter Chapman a proposé au nom de l'ONG *Open Society Justice Initiative* le 25 février 2020 à la Commission de statistique de l'ONU un indicateur complémentaire à l'ODD 16 en ce qui concerne l'accès à la justice. Il s'agit de « la

---

99 J. Parsons *et al.*, *Developing Indicators to Measure the Rule of Law: A Global Approach*, Vera Institute of Justice and Altus Global Alliance, 2008.

100 A. Gramatikov *et al.*, *A Handbook for Measuring the Cost and Quality of Access to Justice*, Antwerpen, Maklu and Tilburg Institute for Interdisciplinary Studies of Civil Law and Conflict Resolution Systems, 2009.

101 *The Justice Index 2016*, https://justiceindex.org.

102 https://justiceindex.org/methodology/general-methodology/#site-navigation.

103 Susan Mc Donald, « Élaboration de l'indice de l'accès à la justice pour les entités administratives fédérales du Canada », 2017, www.justice.gc.ca.

proportion de la population qui a eu un procès dans les deux dernières années et qui a pu résoudre son problème formellement ou informellement »[104]. On pourrait appliquer ce même indicateur à des litiges relatifs à l'environnement.

13. Les indicateurs relatifs aux rapports sur le développement humain du PNUD

Le PNUD présente chaque année depuis 1990 un rapport, à la fois bilan et prospective, accompagné d'une série d'indicateurs visant à classer les États à l'aide d'un indice de développement humain (IDH). Cet indice a l'ambition de mesurer et d'agréger trois dimensions : la santé, le savoir et le niveau de vie décent. Chaque année un thème spécifique est choisi en lien avec l'actualité internationale. Bien entendu, depuis 1992, l'environnement et le développement durable ont fait leur entrée dans ces rapports. On doit toutefois constater que cette entrée est relativement limitée et désordonnée.

Selon les années, les tableaux statistiques retiennent certains facteurs de l'environnement, mais le droit de l'environnement est presque toujours ignoré… faute d'indicateurs juridiques disponibles, puisque le PNUD s'appuie sur des statistiques et données existantes. Cependant, on est frappé de constater que, dans le rapport lui-même, le PNUD n'hésite pas à se référer au rôle de certains droits. Ainsi, le rapport de 2004 (tableau 30) mentionne les textes relatifs aux droits de l'homme, mais n'en tire aucune conséquence en termes d'indicateurs. C'est surtout le rapport « durabilité et équité » de 2011 qui, au chapitre 5 intitulé « Relever les défis politiques » (pp. 99–104), développe sur plusieurs pages la reconnaissance constitutionnelle du droit à un environnement sain qui favorise l'équité et évoque des « droits environnementaux explicites »[105]. Hélas, ces données ne sont ensuite pas exploitées pour mesurer la réalité de ces droits sous forme d'indicateurs juridiques.

Ce même rapport de 2011 laisse entendre que « les normes internationales définissent les bonnes pratiques », ce qui leur reconnaît une certaine utilité, et que la durabilité peut être mesurée « de façon normative » (p. 58). Traitant des migrations environnementales, ce rapport va jusqu'à estimer que « les

---

104 Cet indicateur est devenu 16-3-3 lors de la 51e session de la Commission de statistique : *Tier Classification for Global SDG Indicators as of 17 April 2020*, p. 37, https://unstats.un.org/sdgs/files/Tier%20Classification%20of%20SDG%20Indicators_17%20April%202020_web.pdf.

105 PNUD, *Rapport sur le développement humain. Durabilité et équité : un meilleur avenir pour tous*, New York, 2011.

contraintes juridiques limitent les déplacements et rendent les migrations plus risquées » (p. 78). Le droit n'est donc pas absent. Toutefois, la seule trace du mot « droit » dans un tableau d'indicateurs est dans l'indice des indicateurs du rapport de 2004, avec « droits de douane » ! Néanmoins, le PNUD n'a pas hésité à consacrer tout le tableau 15 de ses rapports de 2016 et 2018 à « l'état d'avancement des traités sur les droits humains fondamentaux ». Mais il s'agit d'un tableau relatif à 11 conventions internationales sur les droits de l'homme qui se contente de donner pour chaque pays l'année de ratification. Le rapport de 2004 présente un indicateur sur la ratification de quatre conventions internationales sur l'environnement (tableau 21). C'est là un premier pas. On attend un tableau de toutes les conventions universelles et régionales sur l'environnement, accompagné d'indicateurs sur leur mise en œuvre nationale et ne se limitant pas à une vision statique, avec comme unique donnée l'état des ratifications, ignorant l'application effective des conventions au-delà de leur seule ratification formelle.

Les indicateurs touchant à l'environnement qui ont été retenus par le PNUD dans les rapports annuels sur le développement humain sont par exemple :

- en 2004[106], le tableau 7, « Eau, conditions sanitaires, nutrition » (p. 160), et le tableau 21, « Énergie et environnement » (p. 207) : émission de dioxyde carbone ;
- en 2011, on constate une réelle avancée de l'intégration de l'environnement. Trois tableaux sur 11 lui sont consacrés : tableau 6, « Durabilité environnementale », avec comme indicateurs l'empreinte écologique, la performance environnementale, le dioxyde de carbone, les espèces menacées ; le tableau 7, « Impact des menaces environnementales sur le développement humain », avec les catastrophes naturelles et les décès pour cause de pollution ; le tableau 8, « Perception en matière de bien-être, de liberté et d'environnement », avec les résultats d'un sondage mondial sur le réchauffement climatique, la participation à un groupe de protection de l'environnement, la satisfaction sur la qualité de l'eau et de l'air, les actions de protection de l'environnement ;
- en 2014[107], deux des 16 tableaux sont consacrés à l'environnement : le tableau 14, « Environnement », avec l'approvisionnement en combustible, le taux

106 PNUD, *Rapport mondial sur le développement humain 2004. La liberté culturelle dans un monde diversifié*, Paris, Economica, 2004.

107 PNUD, *Rapport sur le développement humain 2014. Pérenniser le progrès humain : réduire les vulnérabilités et renforcer la résilience*, New York, 2014.

d'électrification, les émissions de dioxyde de carbone par habitant, l'épuisement des ressources naturelles, la surface forestière, les prélèvements d'eau douce, la population vivant sur des terres dégradées, l'impact des catastrophes naturelles ; le tableau 16 reproduit les sondages sur la perception du bien-être et de l'environnement ;

- en 2016[108], deux des 15 tableaux concernent l'environnement : le tableau 14, sur la perception du bien-être, et le tableau de bord 2, sur le développement durable, qui comporte trois groupes d'indicateurs sur la durabilité économique, la durabilité sociale et la durabilité environnementale. Cette vision réduit l'environnement à une portion congrue en ne traitant que des énergies renouvelables, des émissions de dioxyde de carbone, des surfaces forestières et des prélèvements d'eau douce.
- en 2018[109], la « durabilité environnementale » regroupe des données statistiques sur la part d'énergie fossile et d'énergie renouvelable, sur les émissions de carbone, sur la surface forestière et sur le taux de mortalité attribué à la pollution de l'air et de l'eau. Le tableau 14 sur les perceptions du bien-être (pp. 74–77) donne, par pays, le pourcentage de personnes satisfaites des actions de l'État pour la préservation de l'environnement. Le constat général est ainsi énoncé : « la dégradation de l'environnement et de l'atmosphère, alliée à une diminution importante de la biodiversité [...] menace le développement humain des générations présentes et futures » (p. 12).
- en 2019[110], le rapport comporte un chapitre 5 particulièrement développé et argumenté (pp. 175–196), intitulé « Les changements climatiques et les inégalités dans l'anthropocène », qui détaille les manifestations de la crise environnementale, y compris le développement des catastrophes. Le tableau 4 sur la durabilité environnementale (p. 308) en donne un aperçu par pays.

Parmi les rapports sur l'état du développement humain du PNUD, l'un portant spécifiquement sur l'Afrique est axé sur la parité des genres[111].

---

108 PNUD, *Rapport sur le développement humain 2016. Le développement humain pour tous*, New York, 2016.

109 PNUD, *Indices et indicateurs de développement humain 2018. Mise à jour statistique*, New York, 2018.

110 PNUD, *Rapport sur le développement humain 2019. Au-delà des revenus, des moyennes et du temps présent : les inégalités de développement humain au XXIe siècle*, New York, 2019.

111 PNUD, *Rapport sur le développement humain en Afrique 2016. Accélérer les progrès en faveur de l'égalité des genres et de l'autonomisation des femmes en Afrique*, New York, 2016.

Dans aucun de ces rapports, l'effectivité du droit de l'environnement n'est vraiment abordée.

14. Les indicateurs de l'Organisation internationale du travail[112]

Le droit du travail a souvent fait l'objet d'une évaluation de son efficacité, qui mélange les indicateurs d'effectivité et les indicateurs de résultat établis sur la base des rapports des États. Chaque année est publié le rapport de la Commission de l'application des normes (conventions et recommandations) de l'OIT. Dans le rapport du 16 juin 2017, le mot « indicateur » ne figure que deux fois[113]. Bien que la Convention n° 169 sur les peuples autochtones, qui concerne largement l'environnement, soit fondée sur l'application des droits fondamentaux, le guide de sa mise en œuvre n'évoque aucunement les méthodes d'évaluation. Néanmoins, de nombreux travaux de l'OIT s'appuient sur des indicateurs juridiques, qualifiés expressément de *legal indicators*, associés à des indicateurs de résultat. On peut citer le rapport sur les indicateurs relatifs au travail décent en Afrique (*Decent Work Indicators in Africa*) de 2012 ; le rapport *Employment Protection Legislation : Summary Indicators* de 2015 ; le rapport *Legal Framework Indicators* de 2012 ; le rapport *Table on Legal Indicators for Combining Work, Family and Personal Life by Country and Region* de 2010. Le rapport « Inspection du travail et autres mécanismes de conformité dans le secteur du travail domestique. Guide d'introduction » de 2016 proclame : « l'efficacité de la législation sur le travail domestique peut être encore renforcée par la mise en place d'indicateurs juridiques et par des présomptions légales » (p. 29). L'OIT fait le lien avec les ODD et contribue à l'approbation d'indicateurs spéciaux au titre de l'ODD 8, qui sont ensuite validés par le groupe d'experts des Nations Unies et de l'extérieur chargé des indicateurs relatifs aux ODD[114].

L'OIT introduit de plus en plus les exigences juridiques parmi ses indicateurs. La 19° Conférence des statisticiens du travail a souligné la « nécessité

112 OIT, www.ilo.org.

113 OIT, Commission de l'application des normes de la Conférence, *Extrait du compte rendu des travaux*, Genève, 2017, §§ 35 et 105.

114 OIT, Résolution concernant la méthodologie de l'indicateur ODD 8.8.2 sur les droits des travailleurs, 20e Conférence internationale des statisticiens du travail, Genève, 2018. ; Méthodologie proposée pour l'indicateur 8.b.1 de l'ODD 8 : « Existence d'une stratégie nationale de promotion de l'emploi des jeunes, qu'il s'agisse d'une stratégie à part entière ou d'une composante d'une stratégie nationale de promotion de l'emploi, et application de cette stratégie», 20e Conférence internationale des statisticiens du travail, Genève, 2018.

d'interpréter les indicateurs statistiques de dialogue social dans le cadre juridique national »[115]. Cela ne s'est toutefois pas traduit par la mise en place de véritables indicateurs juridiques d'effectivité. Cependant, depuis 2013, parallèlement à des indicateurs quantitatifs purement statistiques, figurent des indicateurs qualitatifs appelés « indicateurs du cadre juridique » (*legal framework indicators*). Ils sont au nombre de 21 et ont été institués à propos des indicateurs relatifs au travail décent[116]. Ces indicateurs du cadre juridique sont basés sur le droit national applicable et les standards juridiques internationaux. Ils concernent par exemple : l'administration chargée du droit du travail, le travail des enfants, le travail forcé, la liberté d'association, le droit de négociation collective, la consultation tripartite, le salaire légal minimum. Pour chacun de ces 21 indicateurs du cadre juridique, outre la référence à des textes et la description de leur contenu, figure une rubrique « ratification des conventions de l'OIT », qui est purement descriptive. Mais on trouve aussi la rubrique « preuve de l'effectivité de l'application », qui se réfère aux plaintes et commentaires des organes de contrôle du respect des conventions internationales. Il s'agit là d'un effort certain pour évaluer l'effectivité du droit, mais en ignorant le déroulement du processus juridique national d'application ou de non application.

L'environnement n'est pas ignoré. Dans le « Programme et budget 2018–2019 » de l'OIT, bien que les indicateurs soient toujours quantitatifs, ils semblent pondérés par des éléments plus qualitatifs. Par exemple, l'indicateur 3.1, « nombre d'États qui ont adopté des stratégies ou cadres juridiques de protection sociale pour étendre la couverture sociale », est accompagné de quatre critères de réussite, dont le critère 3.1.4 est « avoir tenu compte de la durabilité environnementale ou du changement climatique » (p. 25). Dans le même document, l'indicateur 8.2, « protection contre les formes de travail inacceptables », est complété par un critère de réussite : « mesure prise pour protéger les travailleurs contre la dégradation de l'environnement et les catastrophes naturelles » (p. 46).

L'OIT souhaite à l'avenir intégrer davantage l'environnement, dont elle fait l'un de ses quatre éléments transversaux pour l'élaboration des politiques sur le travail sous l'intitulé : « transition juste vers la durabilité environnementale », comme contribution à la mise en œuvre des ODD : « La durabilité

115 19e Conférence internationale des statisticiens du travail, Rapport général de la Conférence, Genève, 11 octobre 2013, § 56.

116 ILO, *Decent work indicators: guidelines for producers and users of statistical and legal framework indicators*, ILO Manual, Second version, Geneva, 2013.

environnementale est une condition préalable du développement durable, des emplois décents et de la justice sociale. Pour progresser vers la réalisation des ODD et la concrétisation du travail décent pour tous, il est impératif que les sociétés commencent à adopter des modes de consommation et de production durables et s'emploient à préserver l'environnement naturel »[117].

15. Les indicateurs de transparence de la *Global Transparency Initiative*

La *Global Transparency Initiative* (GTI)[118] est un réseau d'organisations de la société civile créé pour faire la promotion de la transparence dans les institutions financières internationales telles que la Banque mondiale, le FMI, la BERD et les banques régionales de développement. Son secrétariat est en Afrique du Sud, à l'Institut pour la démocratie en Afrique du Sud (Le Cap). Parmi les membres de ce réseau figurent le Centre pour le droit et la démocratie (*Center for Law and Democracy*) à Halifax (Canada) et l'*Access to Information Network* (ATIN) basé aux Philippines. Ce réseau a lancé en 2007 une « Charte de la transparence pour les institutions financières internationales : revendiquons notre droit de savoir »[119]. S'appuyant sur l'article 19 de la Déclaration universelle des droits de l'homme, ce document comporte neuf principes. Alors qu'il ne se réfère pas à l'environnement, il a été néanmoins revu en 2017 à la lumière des principes de la Convention d'Aarhus sur l'accès à l'information, la participation du public au processus décisionnel et l'accès à la justice en matière d'environnement, en se basant sur des « indicateurs » de transparence relatifs au droit d'accès, à la divulgation automatique, à l'accès à la prise de décision, au droit de demander une information, à la limitation des exceptions et aux appels.

16. La corruption et *Transparency International*

Le réseau de Transparency International publie régulièrement des indicateurs liés à la corruption depuis 1995[120]. L'indice de perception de la corruption en

117 OIT, *Programme et budget pour la période biennale 2018-19*, Genève, 2017, § 189, p. 60.
118 https://eyeonglobaltransparency.net/global-transparency-initiatiive-archive.
119 http://www.freedominfo.org/wp-content/uploads/GTI-charter.pdf.
120 www.transparency.org.

2019[121] fait un classement de 180 pays, sur une échelle de 0 à 100, comparant les progrès dans la lutte contre la corruption selon les États. Il traite notamment du financement des élections et du processus de décision publique, sans aborder l'environnement. Le classement est fondé sur 13 sources de données et 12 instituts indépendants. Il prend en compte les lois éventuelles sur les conflits d'intérêt, l'accès à l'information et les lanceurs d'alerte. Un baromètre régional sur la corruption, publié en 2019, concerne l'Afrique, l'Amérique latine et les Caraïbes, le Moyen-Orient et l'Afrique du Nord. Ce baromètre repose sur des sondages et des interviews. Transparency International s'intéresse toutefois, depuis 2020, à la corruption dans la lutte contre le changement climatique, ce qui devrait la conduire à prendre en considération le droit y afférent. Un rapport spécial sur le Brésil, publié en 2019, sans se référer à des indicateurs mais s'appuyant sur des sondages et interviews, fait le point des reculs récents dans la lutte juridique et institutionnelle contre la corruption.

B. Les indicateurs consacrés à l'environnement

On doit constater l'existence d'un grand nombre d'indicateurs en matière d'environnement faisant l'objet d'une abondante littérature. La majorité de ces indicateurs sont scientifiques ou économiques, surtout avec les objectifs du Millénaire pour le développement (OMD), puis avec les objectifs de développement durable. Alors que ceux-ci sont universels et engagent tous les pays du monde, les huit OMD ne concernaient que les pays en développement et n'étaient assortis que de 21 cibles, qui se mesuraient par rapport à 60 indicateurs seulement[122]. La résolution approuvant les ODD par l'ONU en 2015 ne précise pas la nature des indicateurs à mettre en place. Mais il y est clairement énoncé que les cibles des ODD seront examinées à l'aide d'indicateurs mondiaux, complétés par des indicateurs régionaux et nationaux (§ 75). De plus, les États et les parlements nationaux sont encouragés « à procéder à des examens réguliers et inclusifs, dirigés et contrôlés par les pays, des progrès accomplis »

---

121 https://transparency-france.org/actu/indice-de-la-perception-de-la-corruption-2019-de-transparency-international-il-y-a-urgence-pour-la-france-a-relancer-la-lutte-contre-la-corruption/#.Xt-2piOF5T4.

122 Nations Unies, *Objectifs du Millénaire pour le développement. Rapport 2015*, New York, 2015. La liste officielle des indicateurs associés aux OMD ne comprend pas d'indicateurs juridiques à proprement parler : http://mdgs.un.org/unsd/mdg/Resources/Attach/Indicators/OfficialList2008_fr.pdf.

(§ 79). Plusieurs expériences mettent plus ou moins en avant les données juridiques incontournables des politiques d'environnement.

On n'abordera pas les documents qui, dans certains États, recensent l'ensemble des mesures prises pour contrôler l'activité des entreprises polluantes. Il ne s'agit pas là d'indicateurs, mais de statistiques toutefois utiles pour apprécier aussi l'effectivité du droit[123].

Certains États donnent aux indicateurs environnementaux une place importante et un accès facile. À titre d'exemple, on peut citer l'Espagne qui dispose d'une « banque publique d'indicateurs environnementaux » rattachée au ministère de l'Agriculture et de l'Environnement. Elle comporte 16 thèmes et 68 indicateurs[124]. Aucun ne concerne directement le droit. Après avoir examiné les indicateurs au sein de l'Union européenne, on présentera une série d'indicateurs qui prennent plus ou moins en considération des questions d'environnement.

1. Les indicateurs de l'Union européenne

a) Du 7° programme d'action au programme de surveillance du respect du droit de l'environnement

Dans son 7° programme d'action pour l'environnement à l'horizon 2020, en vigueur depuis 2014, l'Union européenne fait le constat d'une « mise en œuvre insuffisante de la législation de l'Union » et prévoit que les progrès accomplis fassent l'objet d'une évaluation au moyen d'indicateurs[125]. Le projet de la Commission prévoyait même des indicateurs pour contrôler la mise en œuvre de la législation sur l'environnement[126]. Cette approche prouve bien l'actualité du présent ouvrage.

---

123 Par exemple, le système ECHO (*Environmental Compliance History Online*) de l'Agence américaine pour l'environnement (*Environmental Protection Agency*, EPA) recense, pour 800 000 entreprises, les autorisations données, les cas de violations, les mesures de contrôle et les sanctions pénales infligées.

124 Gobierno de España, Ministerio de Agricultura y Pesca, Alimentación y Medio Ambiente, *Calidad y Evaluación Ambiental*, http://origin.magrama.gob.es/es/calidad-y-evaluacionambiental/temas.

125 Décision n° 1386 du 20 novembre 2013, annexe, § 6.

126 Proposition de décision du 29 novembre 2012, COM (2012) 710 final, § 102.

L'Union européenne dispose de plusieurs séries d'indicateurs en lien avec l'environnement : les indicateurs structurels, les indicateurs relatifs à la stratégie Europe 2020, les Euro-indicateurs et les indicateurs de développement durable.

Le Conseil européen de Lisbonne a demandé qu'un ensemble d'indicateurs structurels soit utilisé pour étayer l'analyse du rapport annuel de printemps permettant d'évaluer les progrès accomplis. Ces indicateurs adoptés en 2002 couvrent six domaines, dont l'environnement. Ils abordent à ce titre le changement climatique, les transports écologiquement viables, les risques pour la santé publique et la gestion des ressources naturelles, à travers six indicateurs : émission des gaz à effet de serre ; intensité énergétique de l'économie ; volume du transport par rapport au PIB ; répartition par mode de transport ; qualité de l'air en milieu ambiant ; déchets municipaux ; part de l'énergie renouvelable. La liste des indicateurs évolue d'une année à l'autre[127]. C'est ainsi que pour 2004, sur 14 indicateurs, une seule entrée concerne l'environnement : l'émission des gaz à effet de serre. Les indicateurs suivants devaient être développés ultérieurement : consommation de substances chimiques toxiques, espérance de vie en bonne santé, indice de biodiversité, productivité des ressources, taux de recyclage de certains matériaux, production de déchets dangereux[128].

La stratégie Europe 2020, adoptée par le Conseil européen le 17 juin 2010, recense neuf indicateurs clés, dont un seul sur l'environnement : changement climatique et énergie. Dans un avis de 2015, le Conseil économique, social et environnemental français a critiqué cette situation en réclamant une diversification des indicateurs en matière d'environnement (p. 27) et un indice d'environnement sain (p. 30)[129]. Un bilan a été publié en 2019[130].

Les Euros-indicateurs ne concernent pas directement l'environnement. Ce sont les principaux indicateurs économiques européens, complétés par les indicateurs relatifs au marché du travail.

---

127 Communication de la Commission, *Indicateurs structurels*, COM (2002) 551 final, 16.10.2002.

128 Communication de la Commission, *Indicateurs structurels*, COM (2003) 585 final, 8 octobre 2003.

129 A. Delmas, *Perspectives pour la révision de la stratégie Europe 2020*, Conseil économique, social et environnemental, *JORF*, 6 juillet 2015.

130 Eurostat, *Smarter, greener, more inclusive? Indicators to support the Europe 2020 strategy*, 2019 edition, European Union, September 2019.

Les indicateurs de développement durable de l'Union européenne ont été décidés dans une communication de 2016 traçant les prochaines étapes pour un avenir européen durable[131]. Ils sont régulièrement actualisés[132].

Il est certain que l'Union européenne, qui dispose pourtant d'un corpus juridique important en droit de l'environnement, n'a pas encore pris conscience de l'urgence d'une évaluation de l'effectivité du droit applicable qui aille au-delà du système des rapports. Celui-ci, pourtant devenu bien sophistiqué, aurait pu être l'occasion de concevoir des indicateurs juridiques d'évaluation de la mise en œuvre des directives de l'Union européenne.

La Commission européenne procède depuis longtemps à un examen systématique de l'application par les États membres de chaque directive sur l'environnement. Sont ainsi publiés, par pays, les rapports sur le « contrôle de la mise en œuvre » élaborés dans des *Commission Staff Working Documents.* Puis des synthèses sont réalisées sur l'ensemble de la politique environnementale.

Le souci d'une plus grande effectivité du droit européen de l'environnement est présent dans tous les documents relatifs à l'application de ce droit en 2007 et en 2008[133]. Le rapport de 2008 consacré au droit de l'environnement préconise des études sur le respect effectif des normes communautaires. Dans les lignes directrices pour une meilleure réglementation de 2015, on trouve de nombreuses évocations des indicateurs pour mesurer la performance et les progrès et pour mesurer la transposition, la mise en œuvre et l'application effective du droit communautaire[134].

Depuis 2017, la Commission a mis en place une procédure nouvelle de suivi de l'application effective du droit communautaire. La communication COM (2016) 316 final a lancé un nouvel outil pour déterminer les causes du déficit de mise en œuvre du droit de l'environnement et proposer des remèdes, sans pour autant renoncer à déclencher les procédures en manquement si nécessaire. Il s'agit d'une procédure parallèle aux éventuelles sanctions intitulée : « examen

131 Communication de la Commission, *Prochaines étapes pour un avenir européen durable*, COM (2016) 739 final, 22 novembre 2016.

132 Eurostat, *EU SDG Indicators set 2020. Result of the review in preparation of the 2020 edition of the EU SDG monitoring report*, European Commission, Final version of 16/01/2020.

133 Communications de la Commission : *Pour une Europe des résultats – Application du droit communautaire*, COM (2007) 502 final, 5 septembre 2007 ; *Application du droit communautaire de l'environnement*, COM (2008) 773 final, 18 novembre 2008.

134 Commission Staff Working Document, *Better Regulations Guidelines*, SWD (2015) 111 final, 7 July 2017, pp. 22, 30, 47.

de la mise en œuvre de la politique environnementale » (*Environnemental Implementation Review* ou EIR)[135]. Chacun des États doit fournir un rapport tous les deux ans sur la façon dont il applique le droit et les difficultés rencontrées. Il en résulte un échange d'informations entre la Commission et les États membres, une présentation des bonnes pratiques par des contacts entre experts de plusieurs pays et une assistance donnée aux États. Le premier rapport sur l'examen de la mise en œuvre date du 3 février 2017[136]. Il comporte les rapports nationaux et la synthèse de la Commission, proposant 17 actions pour remédier aux causes d'ineffectivité du droit. Le 2° rapport a été publié le 4 avril 2019[137]. En annexe de ce rapport figure, pour chaque secteur de l'environnement, une liste des actions prioritaires en vue d'une meilleure mise en application des politiques de l'environnement. Ces actions prioritaires sont des actions de gestion pratique, mais ne mettent pas en avant les liens directs avec des obligations juridiques spécifiques. Il en résulte un mélange de conseils de toutes natures, aussi bien matériels, économiques, pratiques, institutionnels ou juridiques. Afin de motiver les États à mieux appliquer les règles, plusieurs réunions et échanges entre experts sont régulièrement organisés. Elles ont pour but de rechercher, en commun, comment mieux appliquer effectivement le droit de l'environnement.

Parallèlement, a été mise en place en 2018 une nouvelle politique proposant aux autorités publiques des moyens visant à promouvoir, contrôler et faire respecter les règles de droit de l'environnement. Il s'agit du programme de surveillance du respect de l'environnement (*Environmental Compliance Assurance*)[138]. Les divers aspects de ce programme sont énoncés dans l'annexe 4 du document, à savoir : promotion du respect par une communication aux parties prenantes sur l'importance de respecter le droit pour protéger l'environnement et la santé, par l'élaboration de guides pour expliquer comment respecter les règles, par l'incitation à l'autocontrôle et aux audits ; contrôle du respect en identifiant les causes de non-respect, en contribuant à obliger au respect, en organisant des inspections planifiées et régulières ; suivi de l'obligation de respecter : mettre fin au non-respect, dresser des procès-verbaux, engager des poursuites, publier dans la presse les cas de non-respect, appliquer le principe pollueur-payeur. Le

---

135 Communication de la Commission, *Procurer les avantages des politiques environnementales de l'UE à travers un examen régulier de leur mise en œuvre*, COM (2016) 316 final, 27 mai 2016.

136 COM (2017) 63 final.

137 COM (2019) 149 final.

138 Commission Staff Working Document, *Environmental Compliance Assurance – scope, concept and need for EU actions*, SWD (2018) 10 final, 18 January 2018.

programme met l'accent sur la formation des contrôleurs, la place des sanctions administratives et pénales et leur utilisation, en insistant sur le concept de crime environnemental, notamment en matière de déchets. L'accès à la justice en matière d'environnement a aussi sa place, avec des actions en lien avec la Convention d'Aarhus. Un plan d'action a été adopté à cette fin, avec la création d'un groupe d'experts appelé Forum pour le respect et la gouvernance de l'environnement[139]. Un programme de travail 2020–2021, diffusé le 4 février 2020, prend en compte la nouvelle politique communautaire relative à l'engagement vert ou *Green Deal.*

Ces efforts pédagogiques sont louables. Mais les constats de la mauvaise application des règles restent superficiels faute d'un véritable instrument scientifique de mesure des dysfonctionnements. Si la nécessité et l'urgence de mieux appliquer les règles est bien à l'ordre du jour, la Commission n'a pas encore exprimé le besoin d'accompagner sa nouvelle stratégie d'outils propres à mieux connaître les raisons qui font obstacles à l'effectivité du droit.

Nous sommes confortés dans l'idée de promouvoir des indicateurs juridiques en raison de l'appel fait à Istanbul aux experts universitaires de produire des informations basées sur des faits concrets grâce à de nouveaux indicateurs sur l'environnement capables de promouvoir une gouvernance de qualité et d'améliorer le processus démocratique[140].

b) Les indicateurs de l'Agence européenne pour l'environnement

Le statut de l'Agence européenne pour l'environnement limite son intervention dans le domaine du droit. Aussi dispose-t-elle de nombreux indicateurs scientifiques et économiques, mais d'aucun indicateur juridique. On trouve un grand nombre d'indicateurs, soit dans les rapports annuels « signaux environnementaux », soit dans des rapports ou études spécifiques[141]. L'Agence utilise 122 indicateurs couvrant 13 domaines de l'environnement. Chaque secteur scientifique de l'environnement dispose de ses indicateurs sectoriels. Pour l'Agence, un indicateur est une mesure généralement quantitative qui permet d'illustrer

---

139 Communication de la Commission, *Actions de l'Union européenne destinées à améliorer le respect de la législation environnementale et la gouvernance environnementale,* COM (2018) 10 final, 18 janvier 2018.

140 Commission européenne, OCDE, PNUD et Banque mondiale, 2° Forum mondial de l'OCDE sur les statistiques, la connaissance et l'action publique, Istanbul, 2007.

141 Agence européenne pour l'environnement, *L'environnement en Europe – État et perspectives 2020* ; *Environmental Indicators Report*, EEA, n° 19, 2018.

et de communiquer simplement sur des phénomènes environnementaux complexes, en montrant les tendances et les progrès. Les indicateurs sont répartis en cinq catégories : type A, indicateurs descriptifs ; type B, indicateurs de performance – est-ce qu'on atteint les objectifs, mesure le progrès ? ; type C, indicateurs d'efficacité (*efficiency*), traduisant par des taux les relations entre forces motrices et pressions subies ; type D, indicateurs d'efficacité des politiques ou des mesures (*policy effectiveness*) ; type E, indicateurs de bien-être – se sent-on mieux ?[142]. On notera la distinction en anglais entre *efficiency* et *effectiveness* qui aurait pu conduire à prendre en compte les mesures juridiques pour évaluer leur effectivité juridique. Il n'en est rien. Le type D est illustré par la production et la consommation de substances réduisant la couche d'ozone ou par l'utilisation de fuel plus propre. Lorsque l'indicateur choisi peut s'appuyer sur un texte juridique concernant les aires marines protégées, l'indicateur choisi ne rend compte que de leur nombre et de leur surface.

Il est vraiment dommage que la capacité d'évaluation de l'Agence ne soit pas directement au service du respect de chacune des directives sur l'environnement et des traités internationaux sur l'environnement auxquels l'Union européenne a adhéré.

c) Le réseau des agences pour l'environnement[143]

L'Agence européenne pour l'environnement a créé à Copenhague en 2003 un réseau des responsables d'agences nationales pour l'environnement (*Network of the Heads of European Environment Protection Agencies*). Ce réseau a approuvé à Oslo en 2008 la déclaration d'Oslo (*Oslo statement*) mettant l'accent sur l'effectivité du droit de l'environnement (*Improving the Effectiveness of European Union Environmental Regulation : A Future Vision*). L'approche qui y est faite de l'effectivité est plus orientée vers la fabrication du droit que vers son application. Dans cet esprit, un groupe de travail porte sur l'amélioration de la réglementation (*Better Regulation Programme*). Néanmoins, ce réseau a ressenti le besoin d'un suivi efficace de l'application du droit puisque, dans un rapport de janvier 2007 intitulé *Barriers to Good Environmental Regulation*, une des questions posées mentionnait expressément les « indicateurs » : « Est-ce que des *indicateurs pour mesurer* la mise en œuvre de la réglementation ont été prévus

---

142 European Environmental Agency, *Digest of Environmental European Agency Indicators*, Technical Report n° 8, 2014.

143 European Environmental Agency, *PBE and Enviro Windows*, http://pbe.eea.europa.eu.

et sont-ils adéquats ? ». Si la réponse était négative, les auteurs de ce rapport en concluaient à la nécessité d'entreprendre une telle action... sans toutefois préciser comment.

d) Le réseau européen IMPEL[144]

Le réseau pour la mise en œuvre et le contrôle de l'application du droit de l'environnement (*Implementation and Enforcement of Environmental Law* ou IMPEL) a été créé en 1992. Il regroupe, en 2020, 55 membres dans 37 pays, dont les 27 de l'Union européenne. Les membres sont la Commission européenne et des représentants des autorités nationales de contrôle et d'inspection des États membres et des États candidats. Le secrétariat est assuré par la direction générale de l'environnement à Bruxelles. Il s'agit d'une structure informelle d'échange d'informations, de bonnes pratiques et de réflexion en vue d'une application « effective » du droit de l'environnement de l'Union européenne. L'objectif est donc bien un meilleur respect du droit applicable. On s'attendait à ce que cet instrument d'incitation à une application effective du droit de l'environnement débouche sur la création d'indicateurs juridiques. Toutefois, l'objectif n'était pas directement l'examen et l'évaluation critique et systématique des conditions du respect de la chaîne du droit, mais plutôt l'examen de l'adéquation des mécanismes techniques et administratifs de contrôle administratif. On peut néanmoins s'étonner que les juristes de l'environnement soient aussi peu associés aux travaux du réseau, qui reste pour l'essentiel un réseau d'experts scientifiques et d'ingénieurs. Aussi, parmi les nombreux travaux réalisés ou financés par IMPEL, on trouve peu de travaux juridiques[145]. IMPEL a été à l'origine du manuel d'inspection pour les contrôles environnementaux, qui a donné lieu à une recommandation officielle des instances européennes du 4 avril 2001 (2001/331/CE, JO, L. 118 /41).

Le réseau IMPEL a présenté un rapport en 2006 sur la création d'une liste de contrôle (*checklist*) des éléments pouvant servir à évaluer l'application pratique

---

144 European Union Network for the Implementation and Enforcement of Environmental Law, IMPEL, www.impel.eu.

145 À l'exception de *Aspect pénal de l'application du droit de l'environnement dans l'Union européenne* (décembre 2000) et du rapport confié au Conseil européen du droit de l'environnement (CEDE) présidé par A. Kiss sur *Les recours des justiciables et l'accès à la justice pour les questions d'environnement* (mai 2000). Cette étude a été reprise et complétée sous la direction de J. Ebbeson, *Access to Justice in Environmental Matters in the EU*, Kluwer Law International, 2002.

et le respect (*practicability and enforceability*) de la législation environnementale.

On peut noter comme critères retenus d'applicabilité : la définition des termes utilisés dans les textes, les délais donnés pour appliquer les textes, les ressources nécessaires. Les critères de mise en œuvre proposés sont la capacité d'utiliser les instruments juridiques existants, le niveau des sanctions, l'inspection et le contrôle. On se rend bien compte que ces rapports sont encore bien loin de procéder à des évaluations juridiques sérieuses de l'effectivité s'appuyant à la fois sur un vocabulaire juridique adéquat et sur une utilisation satisfaisante et exhaustive des procédures existantes.

Le programme de travail du réseau pour 2016–2020 se réfère à une étude réalisée en mars 2015, intitulée *Challenges in the Practical Implementation of EU Environmental Law and How IMPEL Could Overcome Them*. Dans ce document est enfin évoquée, pour la première fois, la nécessité de « développer des instruments d'évaluation et des *indicateurs* pour mesurer les progrès de mise en œuvre du droit » (p. 18). Ainsi peut-on penser que le réseau IMPEL serait intéressé par les indicateurs juridiques.

L'objectif d'IMPEL étant de contribuer à combler le déficit de mise en œuvre (*implementation gap*) du droit de l'environnement, la création d'indicateurs juridiques ne peut que faciliter les actions de contrôle.

Dans cette étude de 2015, un questionnaire a été adressé aux membres d'IMPEL. L'une des questions posées est : quelles sont les principales raisons qui expliquent les problèmes rencontrés pour satisfaire aux exigences de la législation environnementale ? Six choix de réponse sont proposés, mais aucun n'aborde directement l'effectivité du droit. Pour 60 % des réponses, c'est l'insuffisance des moyens des autorités de contrôle qui est invoquée. On est loin d'une évaluation des causes complexes de non-respect du droit, alors que, par ailleurs, le même rapport met en avant le nombre de procédures d'infractions au droit communautaire de l'environnement : 481 en 2008 ; 334 en 2013 ; 276 en 2015 ; 269 en 2016. Ce nombre, bien qu'important, ne traduit toutefois pas l'effectivité dans l'application du droit, car le non-respect est toujours supérieur au nombre des infractions relevées.

2. Les indicateurs de l'OCDE : indicateurs de l'environnement, indicateurs environnementaux pour l'agriculture et indicateurs de bien-être

L'OCDE a entrepris depuis longtemps de nombreux travaux sur les indicateurs de l'environnement[146]. Un groupe de travail sur l'information environnementale (*Working Party on Environmental Information*, WPEI) est chargé de la coordination et de la diffusion des statistiques et des indicateurs sur l'environnement. Dès 1991, l'OCDE a préconisé la multiplication d'indicateurs sur l'environnement, sans toutefois faire le lien entre droit et indicateurs[147]. Les études les plus pertinentes qui comportent une partie sur le droit de l'environnement sont consacrées à « l'examen des performances environnementales des États ». Il s'agit d'une évaluation systématique des politiques des États grâce à des statistiques sur l'environnement et à des évaluations de terrain par des tiers experts. Mais ce type d'évaluation reste classique et subjectif, sans comporter d'indicateurs juridiques. On notera qu'un État africain a fait l'objet d'une telle évaluation : l'Afrique du Sud en 2013. L'action relative à la croissance verte a publié en 2014 des indicateurs de croissance verte[148].

L'OCDE diffuse trois séries de données sur l'environnement : les indicateurs clés de l'environnement, au nombre de 10 à 13 ; les indicateurs principaux de l'environnement, au nombre de 40 à 50 ; et les indicateurs sectoriels de l'environnement. Le droit est pratiquement toujours inexistant. Les objectifs poursuivis par ces indicateurs sont de suivre les progrès et d'examiner les performances.

L'OCDE a en effet cherché à développer des « indicateurs de performance » à propos de l'environnement, dont certains sont parfois fondés, plus ou moins directement, sur une analyse juridique. Un document de 2005 mérite d'être signalé dans ce contexte : *Funding Environmental Compliance Assurance : Lessons Learned from International Experience.*

Le rapport *Faire respecter les normes environnementales : tendances et bonnes pratiques*[149] est un document essentiel pour notre

146 *Indicateurs d'environnement, étude pilote*, OCDE, 1991 ; *Indicateurs clés de l'environnement*, OCDE, 2008 ; *Perspectives de l'environnement de l'OCDE à l'horizon 2050 : les conséquences de l'inaction*, OCDE, 2012 ; *Environment at a Glance: OECD indicators*, OECD, 2015.

147 Recommandation de l'OCDE sur les indicateurs et les informations concernant l'environnement, C(90) 165/final, 31 janvier 1991.

148 OCDE, *Green Growth Indicators*, Paris, 2014.

149 OCDE, 2009.

étude[150]. Ce rapport sur le respect des normes environnementales aborde directement l'enjeu de la mise en application du droit de l'environnement, considéré comme partie intégrante de la réglementation. Il fait le constat du désintérêt des États pour évaluer le respect des dispositions juridiques sur l'environnement et note les disparités nationales en matière d'application du droit. Pour améliorer l'efficacité des normes, il préconise l'élaboration d'indicateurs « utilisables à des fins d'évaluation comparative internationale » (p. 16).

Les instruments relatifs au respect des règles (*compliance*) sont divisés en trois piliers, qui constituent des séquences utiles pour concevoir des indicateurs différents (p. 24) :

- promotion du respect par des actions visant à inciter au respect sans utiliser de sanctions (par l'information, l'assistance technique, l'incitation financière) ;
- contrôle du respect en recueillant des informations sur le respect (via des inspections, des audits, l'autocontrôle ou le contrôle par le public) ;
- réponse au non-respect par le déclenchement d'actions de l'administration et/ou du public visant à obliger au respect au moyen de sanction (rapport, procès-verbal, réclamation, dépôt de plainte).

Mais ce rapport publié en 2009 n'ose pas encore évoquer précisément la nécessité de véritables indicateurs juridiques d'effectivité. Il suggère toutefois l'utilisation d'outils d'évaluation de la conformité et la mise au point d'une liste restreinte d'indicateurs de performance, en développant les données sur le mode de fonctionnement des services de contrôle. Ce rapport reste néanmoins limité dans son champ de réflexion puisqu'il ne porte pas sur tout le droit de l'environnement, mais uniquement sur la réglementation en matière de prévention et de réduction de la pollution dans le secteur industriel. De plus, il se limite aux questions d'application du droit national sans aborder vraiment l'application du droit international dans les États. Deux publications ultérieures sont venues compléter ce rapport[151].

À la suite du programme de l'OCDE sur la croissance verte, deux publications de 2015, *Vers une croissance verte* et *Indicateurs de croissance verte pour*

---

150 Il a été repris et développé par Ana Barreira, *Environmental Rule of Law: An Analysis of Data Availability*, Green Growth Knowledge Platform, 2019.

151 *Outcome Performance Measures of Environmental Compliance Assurance: Current Practices, Constraints and Ways Forward*, OECD, 2010; *Environmental Enforcement in Decentralized Governance Systems: Towards a Nationwide Level Playing Field*, OECD, 2011.

l'agriculture, incluent parmi leurs 25 indicateurs une entrée « réglementation et méthode de gestion ». Malheureusement, ce dernier indicateur est mentionné comme restant « à concevoir » ...[152] Quant aux ouvrages intitulés *Green Growth Indicators* (2017) et *Environment at a Glance* (2020), ils ignorent totalement le rôle du droit dans les politiques environnementales.

En 2014, l'OCDE a publié un compendium d'indicateurs agro-environnementaux. Cet ouvrage basé sur 18 indicateurs statistiques vise à présenter les performances environnementales des 35 États membres. Sont pris en compte l'eau, l'air, le sol, la biodiversité et les paysages, avec des données chiffrées sur la production agricole et l'agriculture biologique, le bilan azote et phosphore, la vente des pesticides, l'énergie, l'érosion, les prélèvements d'eau, les émissions d'ammoniac et des gaz à effet de serre, les populations d'oiseaux. Mais ces données quantitatives ne sont pas reliées aux réalités juridico-politiques, bien que soit évoqué le modèle cause agissante-état-réponse, c'est-à-dire le lien de causalité entre action publique, facteurs agricoles, effets sur l'environnement et impact sur le bien-être humain. Mais cette chaîne de causalité n'est pas analysée en intégrant le droit. Aucun indicateur ne cherche à mesurer le lien entre la règle de droit applicable, les conditions effectives de son application et ses effets sur l'environnement.

Des indicateurs environnementaux pour l'agriculture ont été développés depuis 1999 dans trois ouvrages[153]. L'OCDE dispose depuis lors d'une base de données sur « les indicateurs environnementaux pour l'agriculture » qui permet de trouver, en ligne, des données statistiques à partir de 1990[154].

Depuis 2011, l'OCDE publie tous les deux ans un indicateur de bien-être. Dans l'édition 2017 en français, sont abordés les thèmes suivants : les inégalités, les immigrés, la gouvernance[155]. Dans l'édition 2020 en anglais, à côté de la santé, le logement et la qualité du travail, on trouve un chapitre sur l'environnement qui donne des statistiques dans trois domaines : la pollution de l'air, l'accès aux espaces verts urbains et les inégalités environnementales[156].

---

152 *Indicateurs de croissance verte pour l'agriculture*, OCDE, 2015, p. 24.

153 OCDE, *Indicateurs environnementaux pour l'agriculture. Concepts et cadre d'analyse*, vol. 1, Paris, 1999 ; OCDE, *Indicateurs environnementaux pour l'agriculture. Questions clés et conception*, Le séminaire de York, vol. 2, 1999 ; OCDE, *Indicateurs environnementaux pour l'agriculture. Méthodes et résultats*, vol. 3, Paris, 2001.

154 http://www.oecd.org/fr/croissanceverte/agriculture-durable/indicateurs-agro-environnementaux.htm.

155 OCDE, *Comment va la vie ? Mesurer le bien-être*, Paris, 2017.

156 OECD, *How's life? 2020. Measuring Well-being*, Paris, 2020.

3. Les indicateurs pour combattre les crimes contre la vie sauvage et les forêts

Le Consortium international de lutte contre la criminalité liée aux espèces sauvages (*International Consortium on Combating Wildlife Crime*, ICCWC) a pour but de lutter contre les infractions visant la faune et la forêt. Il regroupe le secrétariat de la CITES, Interpol, l'Office des Nations Unies contre la drogue et le crime (ONUDC), la Banque mondiale et l'Organisation mondiale des douanes. Ils ont publié en 2016 un cadre d'indicateurs pour la lutte contre la criminalité liée aux espèces sauvages et aux forêts[157], dont l'objectif est d'analyser l'effectivité des réponses actuelles, juridiques et administratives, pour combattre au niveau national les crimes affectant la vie sauvage. Il s'agit d'évaluer la capacité et l'effectivité des réponses juridiques et institutionnelles existantes, en vue de suggérer des réformes et adaptations. Pour ce faire, 50 indicateurs sont proposés, répartis en huit entrées. Cette méthodologie combine des indicateurs de performance et des indicateurs d'effectivité du droit appliqué. Elle repose, pour 2/3 des indicateurs, sur une évaluation qualitative donnée par un groupe d'experts qui se mettent d'accord sur des réponses quantifiées de 0 à 3. D'autres réponses sont basées sur des données brutes (nombre d'infractions) ou sur le constat de l'existence ou non de textes ou de procédures *ad hoc*.

4. L'indice de performance environnementale

L'indice de performance environnementale (*Environmental Performance Index*, EPI) est une batterie de 32 indicateurs de performance pour 180 pays et concernant 11 secteurs de l'environnement : santé, air, eau potable et assainissement, ressources en eau, agriculture, forêts, pêche, biodiversité et habitat, climat et énergie, services écosystémiques, métaux lourds[158]. Les résultats pour 2016 peuvent être comparés à l'évolution des scores depuis 1950. Ces travaux sont pour l'essentiel l'œuvre du Centre de droit et de politique de l'environnement de l'Université de Yale aux États-Unis, du Centre international sur l'information relative aux sciences de la terre de l'Université de Columbia et du Forum économique mondial de Davos.

---

157 *Cadre d'indicateurs de l'ICCWC pour la lutte contre la criminalité liée aux espèces sauvages et aux forêts. Un cadre d'auto-évaluation à usage national. Lignes directrices pour l'évaluation*, juillet 2016.

158 https://epi.yale.edu.

Le rapport de 2016 évoque dans certains des commentaires la présence du droit, mais de façon statique et sans formuler d'indicateurs spécifiques, sinon quantitatifs, comme le nombre d'aires protégées. Sont aussi mentionnées les conventions sur la diversité biologique, le droit de la mer et le droit des pêches[159]. Il est regrettable qu'un tel exercice piloté par deux centres américains de droit de l'environnement n'ait pas mieux valorisé l'apport du droit et de son effectivité à la qualité de l'environnement. Le rapport de 2018 regroupe les données autour de deux objectifs politiques : la santé environnementale, pour 40 % de la performance, et la vitalité écologique pour 60 %[160]. Les mêmes pourcentages de retrouvent dans le rapport de 2020[161].

5. Les normes de performance de la Société financière internationale

La Société financière Internationale, organe chargé des investissements dans le secteur privé au sein du groupe de la Banque mondiale, a approuvé le 1er janvier 2012 des normes de performance en matière de durabilité environnementale et sociale, qui s'imposent à ses clients pour les accords de prêts. Outre l'obligation de respecter le droit national et international applicable en matière d'environnement, les entreprises bénéficiaires doivent aussi se conformer à ces normes de performance, qui sont autant de directives de bonnes pratiques. Un contrôle du respect de ces normes est prévu.

Si elles n'apparaissent pas formellement sous forme d'indicateurs, chacune de ces normes de performance équivaut en réalité à un indicateur. Il conviendrait dès lors de les reformuler en ce sens. Il s'agit bien dans ce document de veiller au respect de l'effectivité du droit de l'environnement, mais on ne sait pas comment. Il faudrait y ajouter les références au respect des droits humains. Parmi les huit normes de performance, on peut notamment citer :

- Norme 1 : évaluation et gestion des risques et impacts environnementaux et sociaux ;
- Norme 3 : utilisation rationnelle des ressources et prévention de la pollution ;

---

159 EPI, *Global Metrics for the Environment*, 2016, https://epi.envirocenter.yale.edu.

160 EPI, *Environmental Performance Index, 2018 Release,* https://sedac.ciesin.columbia.edu/data/set/epi-environmental-performance-index-2018.

161 EPI, *Environmental Performance Index 2020. Global metrics for the environment: Ranking country performance on sustainability issues*, https://epi.yale.edu/downloads/epipolicymakersummaryr9.pdf.

- Norme 6 : conservation de la biodiversité et gestion durable des ressources naturelles vivantes ;
- Norme 8 : patrimoine culturel.

6. Le PNUE et les indicateurs

C'est le comité scientifique du PNUE sur les problèmes de l'environnement qui a entrepris l'élaboration d'indicateurs quantitatifs globaux. L'ouvrage *Vers une économie verte*, publié en 2011, mentionne à plusieurs reprises des indicateurs essentiellement scientifiques et économiques, ignorant totalement l'existence du droit de l'environnement[162]. Dans le tableau 1 sur les indicateurs potentiels de mesure des progrès vers une agriculture verte, on trouve la distinction entre indicateurs d'action et indicateurs de résultats. Le premier indicateur d'action est le « nombre de mesures politiques adoptées ». Il eut été opportun d'écrire « nombre de textes juridiques sur… ». Le PNUE reconnaît que l'information sur la réglementation est de nature qualitative « et pas toujours facile à évaluer »[163]. Ce constat renforce l'utilité et l'urgence de créer des indicateurs juridiques.

Le PNUE a soutenu l'initiative de l'IFDD en contribuant à la publication de notre ouvrage sur les indicateurs juridiques en 2018 ainsi qu'au séminaire sur l'évaluation de l'effectivité du droit de l'environnement à Yaoundé en février 2018[164].

Dans son ouvrage « L'état de droit environnemental » (*Environmental Rule of Law*) publié en 2019[165], le PNUE promeut, comme future direction, l'évaluation régulière de l'effectivité du droit de l'environnement au moyen d'indicateurs, en faisant référence à notre ouvrage susmentionné sur les indicateurs juridiques (p. 236). Il s'agit bien de réclamer à l'avenir des indicateurs permettant d'évaluer la réalité de la primauté du droit.

7. Les indicateurs de la Convention de Barcelone pour la Méditerranée

La stratégie méditerranéenne de développement durable (SMDD), élaborée par la Commission méditerranéenne du développement durable (CMDD) et approuvée par les Parties à la Convention de Barcelone et à ses protocoles, est

162 PNUE, *Vers une économie verte : pour un développement durable et une éradication de la pauvreté*, Nairobi, 2011.

163 UNEP, *Measuring Progress towards an Inclusive Green Economy*, Nairobi, 2012, p. 25.

164 M. Prieur, *Les indicateurs juridiques, outils d'évaluation de l'effectivité du droit de l'environnement*, *op. cit.*

165 UNEP, *Environmental Rule of Law. First Global Report*, 2019.

accompagnée d'un tableau d'indicateurs de suivi[166]. Une proposition de 49 indicateurs a été faite par la 17° réunion de la CMDD à Athènes en juillet 2017 pour le suivi de la SMDD 2016–2025, comme suite aux travaux du Plan Bleu[167]. Le suivi de la SMDD s'appuyait depuis 2005 sur 34 indicateurs. Sur les 49 indicateurs proposés en 2017, il est intéressant de noter la présence de sept indicateurs juridiques. Certains sont factuels (nombre d'aires protégées, nombre d'espèces menacées dans des documents juridiques, nombre de ratifications) ; d'autres impliquent l'usage d'un ensemble de facteurs et de données qui ne sont pas formulés (niveau de mise en conformité, mécanismes de participation du public). Un compendium de « fiches indicateurs » est progressivement mis en ligne sur le site web du tableau de bord du développement durable destiné au suivi de la mise en œuvre de la SMDD[168]. Dans ces « fiches indicateurs », on trouve plusieurs renvois à des questions juridiques : Convention d'Aarhus ; sites inscrits UNESCO (annexe 3) ; mise en œuvre de la Convention de Barcelone (annexe 4). Comme on peut le constater, ces indicateurs sont purement quantitatifs et statiques, mais ils sont un premier pas vers une prise en compte de la place du droit dans la SMDD. La cartographie qui les accompagne est une plus-value importante. Il serait nécessaire de prendre en considération de véritables indicateurs juridiques d'effectivité pour disposer d'un outil d'évaluation du suivi de la SMDD. Ces indicateurs seraient en partie différents des outils d'évaluation de l'effectivité de la Convention elle-même et de ses protocoles, en distinguant bien les exigences juridiques qui relèvent du droit international et du droit national.

Il faut noter que le texte de la Convention de Barcelone est particulièrement soucieux du rôle que le droit doit jouer dans sa mise en œuvre. Selon son article 14-1, les « Parties contractantes adoptent les lois et règlements appliquant la Convention et les Protocoles ». Selon l'article 26, les rapports des Parties contractantes doivent porter à la fois sur « les mesures juridiques, administratives ou autres » prises en application de la Convention, des Protocoles et des recommandations adoptées par les réunions des Parties, ainsi que sur l'efficacité de ces mesures et sur les problèmes rencontrés dans l'application des instruments en question. Il s'agit bien de veiller à la lettre des textes d'application,

---

166 En vertu de l'art. 4-2 de la Convention sur la protection du milieu marin et du littoral de la Méditerranée de 1976, amendée en 1995, « les Parties contractantes tiennent pleinement compte des recommandations de la Commission méditerranéenne du développement durable créée dans le cadre du Plan d'action pour la Méditerranée ».

167 UNEP/DEPI/MED WG.441/Inf.3 et 441/6.

168 http://obs.planbleu.org/fr.

mais aussi aux conditions de mise en œuvre incluant, à la fois, les conditions juridiques, institutionnelles, budgétaires et matérielles. Ce sera le rôle dévolu au Comité de respect des obligations institué, en application de l'article 27 de la Convention sur le respect des engagements, par la décision IG 17/2 adoptée le 18 janvier 2008 lors de la 15° Conférence des Parties à Almeria (Espagne).

Lors de la 21° Conférence des Parties à la Convention de Barcelone et à ses Protocoles (Naples, 2–5 décembre 2019), pour la première fois au monde dans le cadre d'une convention internationale sur l'environnement, une prise en compte d'indicateurs juridiques a été officiellement réclamée. Ainsi, le rapport de la présidente du Comité de respect des obligations a, à trois reprises, évoqué la question[169] :

- au § 16 : « Dans ce contexte le Comité de respect des obligations a également débattu de l'élaboration d'indicateurs de l'environnement juridique qui mesureraient l'efficacité de la Convention de Barcelone et de ses protocoles, un domaine qui devrait être exploré à l'avenir » ;
- dans le programme de travail 2020–2021, au § 6 : « Développer des indicateurs juridiques spécifiques, à la fois qualitatifs et quantitatifs, pour une mise en œuvre efficace et une possible simplification du format du rapport » ;
- dans les recommandations visant à promouvoir le respect de la Convention et de ses Protocoles et à améliorer leur mise en œuvre, on lit au § 20 : « Élaborer des indicateurs visant à évaluer l'efficacité des stratégies, plans et programmes » relatifs à la gestion intégrée des zones côtières.

En outre, dans le rapport sur l'état de l'environnement et le développement durable, le message 1 sur la mise en application préconise : « Développer et tester un ensemble d'indicateurs associés pour évaluer le respect des obligations »[170].

Enfin, le rapport final du secrétariat sur la 21° réunion des Parties indique : « Entre-temps, une meilleure évaluation de l'efficacité de la Convention et de ses protocoles, qui était cruciale pour la pertinence continue du système, a appelé au renforcement des indicateurs juridiques et autres, avec l'aide de partenaires tels que le Centre international de droit comparé de l'environnement »[171].

---

169 UNEP/MED IG 24/22, 21° Conférence des Parties, Naples, 2–5 décembre 2019.
170 UNEP/MED/IG.24/22, p. 236.
171 UNEP/MED IG.24/22, § 90, p. 19.

La même préoccupation figure dans le discours de Yann Wehrling, ambassadeur français chargé de l'environnement : « Si nous voulons maximiser l'impact de nos engagements, donnons-nous les moyens d'évaluer l'application effective de la Convention de Barcelone. Nous avons des indicateurs scientifiques et économiques, mais il nous manque des indicateurs juridiques. Le Centre international de droit comparé de l'environnement a fait un travail considérable et solide sur le sujet, il est ici présent, et se tient prêt à travailler avec nous pour que nous élaborions ensemble ces indicateurs, afin de renforcer l'évaluation de la mise en œuvre de nos engagements au titre de la Convention »[172]. Aussi un évènement parallèle a-t-il eu lieu le 5 décembre 2019 sur ce sujet, sous le patronage du ministère de la Transition écologique et solidaire français et du Centre international de droit comparé de l'environnement, accrédité comme partenaire du Plan d'Action pour la Méditerranée (PAM) auprès de la Convention de Barcelone.

8. Les indicateurs de *Global Environment Outlook* du PNUE, en particulier en Afrique

Le programme *Global Environment Outlook* (GEO) du PNUE sur l'état de l'environnement mondial a été lancé en 1995. Le premier rapport mondial date de 1997. Pour évaluer l'environnement dans le monde, il fait nécessairement appel à des données statistiques et à des indicateurs. Ces derniers sont pour l'essentiel scientifiques et économiques. Les données juridiques sont rarement évoquées. Cependant, il est parfois fait état de la nécessité de « suivre de près le déroulement des politiques suivies afin d'améliorer leur mise en œuvre et le respect des règles »[173]. Des données juridiques sont parfois fournies, telles qu'un tableau des ratifications des principales conventions multilatérales sur l'environnement, en précisant qu'il convient de « renforcer la conformité aux traités et améliorer leur respect, notamment au plan national »[174].

Le rapport GEO 5, présenté à l'occasion de la Conférence de Rio+20 en 2012, reconnaît l'insuffisance des indicateurs existants (p. 20). Le rapport *Measuring Progress*[175] qui accompagne GEO 5 exprime bien l'idée que la source des objectifs poursuivis par les politiques de l'environnement repose sur les accords internationaux, en soulignant que l'évaluation ne prend pas en considération

172 UNEP/MED IG.24/22, p. 818.
173 *GEO 3*, 2002, p. 17.
174 *GEO 4*, 2007, figure 15.
175 UNEP, *Measuring Progress towards an Inclusive Green Economy*, *op. cit.*

le fait que l'objectif est ou non juridiquement contraignant. Cette approche, qui est la nôtre, justifie de prendre en considération, dans l'évaluation de l'effectivité du droit international de l'environnement, aussi bien les textes de *hard law* que de *soft law*. Mais le manque de données pour évaluer l'application des accords sur l'environnement a été à nouveau souligné en novembre 2012 par le PNUE[176].

L'intérêt pour le droit de l'environnement en Afrique s'est manifesté au plan international au sein du PNUE et de la Commission économique pour l'Afrique de l'ONU. Cette dernière a par exemple organisé en 1981 un séminaire de juristes sur le développement du droit de l'environnement en Afrique[177]. Il en est ressorti à la fois le besoin d'une application renforcée du droit (§ 63) et la nécessité d'un contrôle plus effectif (§ 66).

Dans le cadre des sessions de la Conférence ministérielle africaine sur l'environnement (CMAE), organisées par le PNUE tous les deux ans depuis 1985, ont été élaborés des rapports sur *L'avenir de l'environnement en Afrique* (AEO). Le 1er rapport, publié en 2002, est particulièrement intéressant, car son chapitre 5 traite de l'apport du droit international et national en matière d'environnement et laisse entendre les limites du droit, sans toutefois envisager une évaluation scientifique de son effectivité[178]. Par la suite, d'autres rapports consacrés à l'environnement en Afrique ont été diffusés[179].

Suite à la résolution 757 (XXVIII) du 4 mai 1993 de la Conférence des ministres de la Commission économique pour l'Afrique des Nations Unies, a été mise en place la Conférence des ministres africains responsables du développement durable et de l'environnement (CAMSDE), qui a tenu sa première réunion à Addis Abeba en mars 1996. Cette instance faisait toutefois quelque peu double emploi avec la CMAE[180]. Cette dernière continue à se réunir régulièrement : sa

---

176 PNUE, *État de l'environnement et contribution du Programme des Nations Unies pour l'environnement à la recherche de solutions aux grands problèmes de l'environnement*, UNEP/GC.27/3, 29 novembre 2012, § 53.

177 Economic and Social Council, Economic Commission for Africa, *Report of the Seminar for Lawyers on Development of Environmental Protection Legislation in the ECA Region*, E/CN.14/784, 21 October 1980.

178 PNUE, *L'avenir de l'environnement en Afrique. Le passé, le présent et les perspectives d'avenir*, 2002 ; voir chapitre 5, « Intervention des pouvoirs publics et appel en faveur d'une action ».

179 *AEO 2*, 2006 ; *AEO 3*, 2013.

180 *Rapport de la première session de la Conférence des ministres africains responsables du développement durable et de l'environnement*, E/ECA/CAMSDE/16, 9 mars 1996.

16° session a eu lieu à Libreville au Gabon en juin 2017 et sa 17° session à Durban en Afrique du Sud en novembre 2019.

Des GEO spécifiques à six régions ont été diffusés en 2016[181]. L'évaluation régionale pour Afrique[182] consacre une partie du chapitre 2 aux « Facteurs d'efficacité des politiques » (pp. 94–102). On pouvait s'attendre à y trouver des données concernant le droit de l'environnement en Afrique qui, dans ce domaine, a été souvent une pionnière (par exemple : droit de l'homme à l'environnement dans la Charte africaine des droits de l'homme et des peuples de 1981 ; introduction du principe de non régression dans la législation de Côte d'Ivoire en 2014). Mais il ne mentionne que rapidement le contexte juridique (figure 2-5-4, p. 101), le droit des études d'impact et quelques conventions internationales. Le rapport régional de l'Afrique sur les objectifs de développement durable fait état du suivi et de l'évaluation et rappelle l'importance du choix des indicateurs[183]. On devrait également introduire des indicateurs juridiques dans les évaluations sur les aspects institutionnels et stratégiques du développement durable[184]. Il est donc impératif que le prochain GEO 7 sur l'Afrique intègre systématiquement des données sur la contribution du droit international et des droits nationaux africains à la protection de l'environnement, grâce à des indicateurs juridiques.

9. La Charte africaine de la statistique

Dans le cadre de l'Union africaine, un traité portant Charte africaine de la statistique a été signé en 2009 et est entré en vigueur en 2015. Ce traité organise le droit applicable aux statistiques afin de doter l'Afrique d'instruments de mesure et d'évaluation fiables. Son article 1er se réfère à son application dans le domaine de l'environnement et de la gouvernance. Du 3 au 5 juillet 2017, à Libreville (Gabon), s'est tenu un atelier sur le thème : « L'environnement institutionnel robuste, la coopération, le dialogue et les partenariats pour la production et l'utilisation des indicateurs des ODD », organisé par la Commission économique pour l'Afrique des Nations Unies. Il convient de sensibiliser les États Parties à la Charte et la Commission de l'Union africaine chargée de mettre en

181 *Summary of the Sixth Global Environment Outlook Regional Assessments: Key Findings and Policy Messages*, UNEP/EA.2/INF/17, 22 May 2016.

182 *L'avenir de l'environnement mondial : GEO-6, évaluation régionale pour l'Afrique*, 2016.

183 CEA, *Rapport régional de l'Afrique sur les ODD*, Addis Abeba, 2015.

184 CEA, *Rapport sur les cadres institutionnels et stratégiques pour le développement durable en Afrique*, Addis Abeba, 2012.

application cette Charte sur l'urgence d'introduire des indicateurs juridiques dans l'évaluation des progrès dans la protection de l'environnement.

10. Les indicateurs de l'environnement de la CEPAL et de l'ILAC en Amérique du Sud

La Commission économique des Nations Unies pour l'Amérique latine et les Caraïbes (CEPAL) a entrepris une des premières recherches sur des indicateurs de l'environnement intégrant des données juridiques[185]. Les résultats de cette étude au Brésil ont été diffusés en 2007 : indicateurs de l'application et du respect de la norme environnementale pour l'air, l'eau et la végétation au Brésil[186]. Ce rapport a utilisé la méthode du réseau INECE-OECD adopté à Paris lors d'un workshop de 2003 (cité *supra*). Il y est considéré que des indicateurs sur l'application et le respect du droit de l'environnement seraient des instruments indiscutables pour l'amélioration de la gestion de l'environnement. À l'unanimité, les personnes sondées ont déclaré qu'un système d'indicateurs favoriserait l'efficacité dans le respect des normes environnementales. Il en est résulté, à l'initiative de l'ONG brésilienne « Droit pour une planète verte », la création d'un groupe de travail au sein du Conseil national pour l'environnement du Brésil visant à établir des directives générales pour la définition et la mise en place d'indicateurs d'application et de respect des normes environnementales, comportant des indicateurs d'entrée avec la référence aux règles juridiques.

La CEPAL a publié en 2009 un guide méthodologique pour le développement d'indicateurs sur l'environnement[187]. Mais il ne traite que de la construction d'outils statistiques traditionnels, en ignorant le rôle du droit dans l'environnement. Ne sont évoqués, sans développement, que l'aspect budgétaire et le respect des normes en matière de déchets dangereux, sans préciser comment évaluer ce respect.

Par ailleurs, et parallèlement, après la création en 2002 de l'Initiative de l'Amérique latine et des Caraïbes pour le développement durable (ILAC),

---

185 Étude pour l'Institut de la Banque mondiale et la CEPAL initiée en 2003 pour le Brésil, l'Argentine et le Mexique sur le respect et l'application de la norme environnementale.

186 https://www.cepal.org/pt-br/publicaciones/3607-indicadores-aplicacao-cumprimentonorma-ambiental-ar-agua-vegetacao-brasil.

187 Rayén Quiroga Martínez, *Guía metodológica para desarrollar indicadores ambientales y de desarrollo sostenible en países de América Latina y el Caribe*, CEPAL, Santiago de Chile, 2009.

rattachée au PNUE, la 13° réunion du Forum des ministres de l'environnement à Panama en 2003 a mis en place, par sa décision n° 6, un groupe de travail sur les indicateurs de l'environnement (*Grupo de trabajo en indicadores ambientales*, GTIA). Parmi les six thèmes retenus, une fois encore, le droit de l'environnement ne figure pas en tant que tel. Mais on y trouve les aspects institutionnels. Le droit apparaît parfois au sein des autres thèmes.

Dans le rapport sur les indicateurs régionaux de 2011 figure, parmi les indicateurs sur la diversité biologique, le nombre d'aires protégées, sans préciser leur statut et l'existence de lois ou décrets sur l'accès aux ressources génétiques. Parmi les indicateurs institutionnels, on trouve le rapport sur l'état de l'environnement et l'existence d'un conseil national du développement durable[188].

Le rapport 2015 du groupe de travail sur les indicateurs au sein de l'ILAC encourage les évaluations nationales sur la base d'un programme de travail[189]. La XX° réunion du Forum des ministres de l'environnement d'Amérique latine et des Caraïbes en Colombie en mars 2016 reconnaît les progrès réalisés par le groupe de travail sur les indicateurs environnementaux dans la décision 2. Elle propose d'élaborer de nouveaux indicateurs, notamment à l'interface sciences et politique, sans toutefois mentionner les indicateurs juridiques. La XXI° réunion de ce Forum à Buenos Aires en octobre 2018 demande au groupe de travail sur les indicateurs environnementaux de poursuivre la recherche sur des indicateurs pertinents pour la région.

Un rapport chilien de 2016 sur les indicateurs du développement durable en lien avec les ODD 2030 omet également les indicateurs juridiques[190]. Toutefois, il fait état d'indicateurs à développer à propos des règlements et des institutions (p. 170).

11. Les indicateurs de respect de l'environnement de l'INECE

Le Réseau international sur l'application et le respect des règles sur l'environnement (*International Network for Environmental Compliance and Enforcement,*

---

188 UNEP-ILAC, *Regional Indicators Revision 2011*, Latin American and Caribbean Initiative for Sustainable Development, www.geodatos.org.

189 UNEP, Intersessional Meeting of the Forum of Ministers of Environment for Latin America and the Caribbean, *Working Group on Environmental Indicators of the Forum of Ministers of Environment of Latin America and the Caribbean*, UNEP/LAC-IC.1.2015/7, 17–19 November 2015.

190 Secrétariat de l'environnement et Greenlab UC, *Implementación de indicadores relacionados con los objetivos de desarollo sustentable y otras iniciativas in Chile*, Informe final, 15 décembre 2016.

INECE) regroupe 4000 membres, praticiens, gouvernements et ONG de plus de 150 pays. Il fut fondé en 1989 par les agences de l'environnement des États-Unis et des Pays-Bas. Il est soutenu notamment par le PNUE, la Banque mondiale, la Commission européenne et l'OCDE. Le président et le directeur exécutif sont à la tête de l'Institut de droit de l'environnement (*Environmental Law Institute*, ELI) de Washington. Les objectifs de l'INECE sont d'attirer l'attention sur l'importance du respect et de la mise en œuvre, de développer un réseau pour la coopération en faveur du respect et de renforcer les capacités requises en matière de respect et de mise en œuvre, à travers des séminaires de formation et moyennant des recherches. Ces objectifs correspondent entièrement à nos critères de l'effectivité du droit de l'environnement. L'intérêt de l'approche de l'INECE est qu'elle envisage le respect du droit de l'environnement à tous les niveaux, de l'international au local.

L'Afrique fait partie des continents étudiés, surtout l'Afrique anglophone[191]. En réalité, l'INECE étudie tous les moyens d'assurer la bonne application du droit de l'environnement, les indicateurs n'étant qu'un moyen parmi d'autres. La création d'indicateurs juridiques devrait venir compléter les indicateurs préconisés par l'INECE. La déclaration de Marrakech adoptée le 15 avril 2005 lors de la 7° conférence de l'INECE, valant plan stratégique pour 2012–2017, préconise au § 17 de développer des indicateurs qui mesurent la conformité et l'application des normes environnementales et enjoint à l'INECE de continuer de développer les projets d'indicateurs de performance. Dans sa déclaration finale, la 8° conférence tenue au Cap le 11 avril 2008 encourage les mesures de performance, y compris les indicateurs de l'effectivité du respect et de la mise en œuvre du droit de l'environnement (§ f). Un intérêt certain existe en faveur d'une approche mixte d'analyse des conditions de mise en œuvre du droit, qui soit à la fois quantitative et qualitative, à l'occasion d'études de cas[192].

Les méthodes utilisées sur la base de termes de référence élaborés par l'Institut de la Banque mondiale ont fait l'objet d'une rencontre à l'OCDE en 2003[193]. À la suite des travaux d'un groupe de travail sur les indicateurs, un guide a été

191 Voir toutefois le rapport du juge Nihunu Sama, *Criminal Law and Environment: Prosecutors, Inspectors and NGOs in Cameroon*, 9 avril 2005 ; Mamann-Sani Issa, *Controlling Hazardous Waste in Cotonou (Benin) Port: What is Needed?* 2 October 2011.

192 Joy Anna S. Hopper, *A Mixed-Methods Approach to Analyzing Environmental Enforcement in the American States*, SAGE Research Methods Cases, 2019.

193 INECE-OECD, *Workshop on Environmental Compliance and Enforcement Indicators: Measuring What Matters*, Paris, 2004.

publié en 2008[194]. On doit toutefois constater et regretter que, parmi les nombreux travaux de l'INECE, aucun n'aborde de front la question des indicateurs juridiques[195].

On notera la création à Rabat, en 2006, d'un réseau régional de l'INECE au Maghreb, le *Network for Environmental Compliance and Enforcement in the Maghreb* (NECMA), dans le but d'améliorer les capacités à faire respecter les lois sur l'environnement. Ce réseau publie un bulletin en français.

12. L'indice de la démocratie environnementale

Depuis 1999 un réseau international, *The Access Initiative* (TAI), regroupe 250 ONG de 60 pays, dont 12 États d'Afrique comprenant le Bénin, le Cameroun et Madagascar. Un des programmes de la TAI concerne la Tunisie : l'*Open Government Partnership* (OGP) concernant des plans d'action sur les ressources naturelles. L'objectif du réseau TAI est de développer la démocratie environnementale en diffusant le principe 10 de la Déclaration de Rio de 1992. Le secrétariat de TAI est assuré par le *World Resources Institute* (WRI) à Washington. Il s'agit de former et développer l'accès au droit et à la justice en matière d'environnement grâce à l'information et à la participation. Parmi les programmes de TAI, on trouve la réflexion sur les normes régionales pour la démocratie environnementale et l'indice de la démocratie environnementale (*Environmental Democracy Index*, EDI) lancé en 2015 pour évaluer le droit et la pratique en la matière. On y trouve, pour 70 pays, 75 indicateurs juridiques et 24 indicateurs pratiques[196]. Ils reposent sur les normes juridiques internationales et les lignes directrices de Bali du PNUE de 2010. Ces indicateurs ont été validés par 140 juristes dans le monde. La dernière version de l'EDI date de 2017. Selon l'EDI, les indicateurs juridiques mesurent la force du droit et les indicateurs pratiques mesurent les conditions de sa mise en œuvre. Ces données devraient contribuer à mobiliser des actions de défense de l'environnement (*advocacy*) et aider les décideurs à déterminer les réformes prioritaires.

---

194 *Performance measurement guidance for compliance and enforcement practitioners*, INECE, 2nd ed., 2008.

195 Rapports évoquant la question : *Performance Measurement*, webinar, 5 February 2017; E. Messina, *Next Generation Compliance Measurement Technique*, February 2017; Shelley H. Mertzenbaum, *Environmental Compliance and Enforcement: Why, What and How?* 19–29 March 2015.

196 *Environmental Democracy Index*, www.environmentaldemocracyindex.org.

Un exemple d'indicateur juridique pour l'accès à la justice est : « dans quelle mesure la loi prévoit un large accès à la justice en matière d'environnement ? ». Un exemple d'indicateur pratique est : « est-ce que les mesures de la pollution de l'air dans votre capitale sont accessibles directement en ligne ? ». À chaque indicateur juridique correspond une échelle de notation de 0 (valeur la plus basse) à 3 (valeur la plus haute), en fonction des réponses à la question posée par l'indicateur. Pour les indicateurs pratiques, trois réponses sont possibles : oui, un peu, non.

Il est important de noter que les travaux du WRI et de la TAI qualifient certains indicateurs « d'indicateurs juridiques ». Aussi, on pourrait s'inspirer de leur expérience sur la base de la note technique publiée en 2015[197].

13. Les indicateurs de la pêche de la FAO

Pour faciliter l'application du Code de conduite pour une pêche responsable approuvé par la FAO dans la résolution 4/95 du 31 octobre 1995, une étude a été réalisée en 2001 sur *Les indicateurs pour le développement durable des pêcheries marines*. Cet intéressant travail présente pour nous l'intérêt de ne pas ignorer les facteurs juridiques qui accompagnent l'exercice de la pêche. L'objectif est de créer des instruments qui permettent de surveiller la contribution des pêches au développement durable, en intégrant à la fois les données écologiques et les données institutionnelles. Aussi, une partie des indicateurs proposés traduit la dimension administrative, avec des facteurs d'ordre juridique tels que le régime de mise en œuvre, les droits de propriété, la transparence et la participation, la capacité d'aménagement (voir l'annexe 4 : critères réglementaires/institutionnels). L'intérêt méthodologique de ce rapport est qu'il envisage territorialement les trois niveaux : mondial, régional et national, ce qui est également notre projet (voir l'appendice A de l'annexe 4 : « exemples de critères et indicateurs réglementaires »).

14. Les indicateurs fonciers

Depuis 2012, un réseau a été mis en place sous le nom de « Initiative mondiale sur les indicateurs fonciers » (*Global Land Indicators Initiative* ou GLII)[198]. Il regroupe, autour du Millenium Challenge Corporation, de la Banque mondiale

---

197 Jesse Werker and Lalanath de Silva, *The Environmental Democracy Index*, Technical Note, World Resources Institute, 2015.

198 *GlobalLandIndicatorsInitiative*,http://gltn.net/global-land-indicators-initiative-glii.

et de ONU Habitat, près de 50 institutions internationales et nationales, publiques et privées. Cette initiative a été renforcée depuis le nouveau programme urbain d'Habitat III de 2016. L'objectif est de développer une méthodologie pour des indicateurs comparables comme aide à la décision publique. Ainsi, ont été formulés 15 indicateurs nationaux comparables, qui se rattachent depuis 2017 aux indicateurs des ODD 2030 relatifs au foncier : les ODD 1, 5, 11 et 15, en plus de l'ODD 16, qui est transversal. Le droit foncier et l'environnement ont nécessairement leur place. On trouve ainsi des questions relatives au droit des femmes de gérer la terre et d'en hériter, aux droits fonciers des peuples indigènes, à l'accès à l'information sur le foncier, à la durée et au coût des transactions foncières, à la planification urbaine et rurale, à l'efficacité des services administratifs fonciers, à l'utilisation durable des terres[199]. Une expérimentation visant à traduire dans 17 pays l'élaboration de l'indicateur nécessaire pour satisfaire à l'ODD 1.4.2 a été publiée en 2017. Il s'agit toujours du résultat de l'examen de données statistiques et juridiques officielles, d'interviews et d'évaluations d'experts, sans jamais évaluer l'effectivité juridique réelle des instruments juridiques mentionnés[200].

La FAO a publié en 2018 un ouvrage qui se réfère expressément aux indicateurs juridiques à propos des droits fonciers des femmes[201]. Il vise à contribuer au processus d'évaluation de l'indicateur 5.a.2 de l'ODD 5. Bien que le droit soit au cœur de cette initiative, il s'agit de recenser, avec un expert juriste et à partir d'un questionnaire, les sources du droit et non la réalité de l'effectivité du droit. Devant mentionner les références exactes du droit applicable, la méthode envisagée couvre bien le droit national, international et la coutume, mais exclut la jurisprudence.

---

199 UN Habitat, *Proposed Global Land Indicators. Status Report on GLII Indicator Formulation, Disaggregation, Data Sources and Methodology*, GLII Working Paper n° 3, Nairobi, 2015; UN Habitat, *Sourcebook for Operationalisation of Global Land Indicators*, GLII Working Paper n° 4, Nairobi, 2016; Everlyne Nairesiae, *Reflexions on GLII Achievements and Plans*, GLTN, GLII, 2018.

200 UN Habitat, *A Multy-Country Capacity Assessment of National Statistical Offices Preparedness to Report on SDG Indicator 1.4.2*, GLII, Working Paper n° 7, Nairobi, 2017.

201 FAO, *Realizing women's rights to land in the law. A guide for reporting on SDG indicator 5.a.2*, Rome, 2018.

15. Les indicateurs de sécheresse, de désertification et de pastoralisme

L'Organisation météorologique mondiale et le Partenariat mondial pour l'eau ont publié en 2016 un manuel technique sur des indicateurs et indices de sécheresse[202]. Dans le cadre de la Convention sur la lutte contre la désertification, une coopération a été instituée entre l'Initiative mondiale sur les indicateurs fonciers (GLII) et le Comité de la science et de la technologie de la Convention sur la lutte contre la désertification. Le réseau d'institutions et d'ONG *Rangelands Initiative*[203] participe à cette action. Il s'agit de développer des indicateurs mondiaux sur la sécheresse, qui ont un contenu beaucoup plus scientifique que les précédents et se présentent comme des indicateurs de performance et non comme une évaluation du rôle du droit dans la désertification. Cent-deux États Parties à la Convention ont communiqué 408 indicateurs de sécheresse, dont 63 sont de nature socio-économique[204]. Un programme de travail conjoint a été décidé lors de la COP 14 de New Delhi (3–6 septembre 2019) au titre de l'Interface science-politique du Comité de la science et de la technologie[205]. Il s'agit d'harmoniser les indicateurs fonciers mondiaux pour mieux mesurer la sécurité foncière et les progrès dans le domaine de la neutralité en matière de dégradation des terres.

Le pastoralisme a fait aussi l'objet de travaux d'évaluation en vue d'une meilleure gouvernance, en particulier dans un ouvrage publié en 2016, intitulé *Améliorer la gouvernance des terres pastorales*[206]. Y sont suggérés, notamment dans la partie 3 définissant les cadres politiques et juridiques du pastoralisme, des indicateurs juridiques s'inspirant des droits de l'homme et du droit de

---

202 OMM-GWP, *Manuel des indicateurs et indices de sécheresse*, Programme de gestion intégrée des sécheresses, Genève, 2016.

203 http://rangelandsinitiative.org.

204 Convention sur la lutte contre la désertification, *Analyse préliminaire – Objectif stratégique 3 : Atténuer les effets de la sécheresse, s'y adapter et les gérer, afin d'améliorer la résilience des populations et des écosystèmes vulnérables. Note du secrétariat*, ICCD/CRIC (17) /5, 21 janvier 2019.

205 Convention sur la lutte contre la désertification, *Programme de travail de l'Interface science-politique (2020–2021). Note du secrétariat*, ICCD/COP (14) /CST/6, 27 juin 2019 ; *Recommandations pratiques issues de la coopération avec d'autres groupes et organismes scientifiques intergouvernementaux. Rapport du Secrétaire exécutif*, ICCD/COP (14) CST/4, 5 juillet 2019.

206 FAO, *Améliorer la gouvernance des terres pastorales*, Guide technique pour la gouvernance des régimes fonciers 6, Rome, 2016.

l'environnement et trouvant leurs sources à la fois dans le droit national et dans le droit international.

C. Les indicateurs relatifs aux droits de l'homme

Il est rare qu'une convention internationale sur les droits de l'homme se préoccupe d'évaluer des données. On peut citer l'article 31 de la Convention relative aux droits des personnes handicapées qui prévoit des statistiques et la collecte de données afin d'évaluer la façon dont les États s'acquittent de leurs obligations et d'identifier les obstacles rencontrés. Les droits de l'homme sont probablement le domaine juridique qui a fait le plus l'objet d'études sur la possibilité de mesurer un droit grâce à des indicateurs. Six travaux, plus ou moins parallèles, ont été entrepris par : le Haut-Commissariat des Nations Unies aux droits de l'homme, la Commission interaméricaine des droits de l'homme, la norme humanitaire fondamentale, l'Agence des droits fondamentaux de l'Union européenne, le Conseil de l'Europe et le Cato Institute aux États-Unis.

1. Le Haut-Commissariat des Nations Unies aux droits de l'homme

L'idée de concevoir des indicateurs pour mesurer l'application et la mise en œuvre progressive du Pacte international relatif aux droits économiques, sociaux et culturels émane du rapporteur spécial Danilo Turk dans un rapport de 1990[207], qui reprit l'idée en 1993[208], année où un séminaire fut consacré à ce sujet[209]. Il est intéressant de noter que durant ce séminaire fut exprimée l'idée qu'il existe des principes inviolables tels que le « droit à un environnement salubre » (§ 26). Selon les conclusions de ce séminaire, la priorité devrait être de mieux identifier et préciser la teneur des différents droits et obligations au préalable, pour ensuite élaborer d'éventuels indicateurs. Selon une proposition, il serait bon d'évaluer trois situations distinctes : l'absence de lois ou de règles, l'existence de lois qui restent lettre morte et l'application discriminatoire ou non des textes (§ 30).

207 Economic and Social Council, Human Rights and Disability, Written Statement Submitted by Human Rights Advocates, a Non-Governmental Organization in Consultative Status, E/CN.4.Sub.2/1990/19.

208 Selon Judith V. Welling, "International indicators and economic, social and cultural rights", *Human Rights Quarterly*, vol. 30, 2008, p. 934.

209 Conférence mondiale sur les droits de l'homme, Comité préparatoire, 4e session, *Rapport du Secrétariat*, A/CONF.157/PC/73, 20 avril 1993.

La Conférence mondiale sur les droits de l'homme à Vienne a approuvé le 25 juin 1993 une déclaration et un programme d'action dont le § 98 recommande la création d'indicateurs pour évaluer les progrès des droits contenus dans le Pacte international relatif aux droits économiques, sociaux et culturels[210]. « Mesurer » les droits de l'homme fut à l'époque une source de questionnements méthodologiques et théoriques[211]. Il faudra attendre une initiative lancée en 2005 lors de la réunion annuelle intercomités des organes créés en vertu d'instruments relatifs aux droits de l'homme du Haut-Commissariat aux droits de l'homme des Nations Unies à Genève. Une réunion d'experts fut organisée en Finlande, à Turku, du 10 au 13 mars 2005 sur les indicateurs des droits de l'homme. Il en est résulté le « Rapport sur l'utilisation d'indicateurs pour la surveillance de l'application des instruments internationaux relatifs aux droits de l'homme », qui a été examiné en juin 2006[212]. Ce rapport a été complété et validé lors de la réunion des présidents des organes créés en vertu d'instruments internationaux des droits de l'homme et de la réunion intercomités de ces organes en juin 2008[213]. Après un travail complémentaire fut publié en 2012 un « guide pour mesurer et mettre en œuvre les indicateurs des droits de l'homme »[214].

L'objectif est de disposer d'indicateurs quantitatifs pour mieux surveiller l'application par les États des conventions internationales sur les droits de l'homme notamment à l'occasion de la présentation des rapports nationaux. Aussi le recours aux statistiques doit-il faire l'objet, en lui-même, d'une attention particulière en ce qui concerne la collecte des données[215]. Ont été testés pour commencer quatre droits non sans lien avec l'environnement : le droit à la vie, le droit à une nourriture suffisante, le droit à la santé et le droit au contrôle

---

210 Conférence mondiale sur les droits de l'homme, *Déclaration et programme d'action de Vienne*, A/CONF.157/23.

211 Russell L. Barsh, "Measuring human rights: Problems of methodology and purpose", *Human Rights Quarterly*, vol. 15, 1993, pp. 87–121.

212 Instruments internationaux relatifs aux droits de l'homme, *Rapport sur l'utilisation d'indicateurs pour la surveillance de l'application des instruments internationaux relatifs aux droits de l'homme*, HRI/MC/2006/7, 11 mai 2006.

213 Instruments internationaux relatifs aux droits de l'homme, *Rapport sur l'utilisation d'indicateurs pour la surveillance de l'application des instruments internationaux relatifs aux droits de l'homme*, HRI/MC/2008/3, 16 mai 2008.

214 Haut-Commissariat aux droits de l'homme, *Les indicateurs des droits de l'homme*, www.ohchr.org/Fr/issues/indicators.

215 Haut-Commissariat aux droits de l'homme, *Une approche des données fondée sur les droits de l'homme. Ne laisser personne de côté dans le Programme de développement durable à l'horizon 2030*, Genève, 2018.

juridictionnel de la détention. Il ne s'agissait pas de procéder à un classement des États du type *benchmarking*, contrairement à l'indicateur du développement humain examiné *supra*[216]. La méthodologie appliquée a consisté à procéder par étape au niveau conceptuel :

- déterminer les caractéristiques majeures du droit étudié, à savoir en recherchant l'essence et le sens du contenu normatif d'un droit. On doit pouvoir ne retenir que trois à cinq caractéristiques pour chaque droit examiné ;
- formuler des indicateurs correspondants à chacune des caractéristiques retenues, en recherchant l'intention des Parties de mettre en œuvre les traités.

Sont alors distinguées trois catégories d'indicateurs traduisant les engagements et les efforts de mise en œuvre des droits :

a) les indicateurs structurels (ou engagements – *commitments*) : ratification du traité, adoption de textes nationaux, nature des textes nationaux applicables, instruments institutionnels de base, documents et stratégie de politique publique, pratiques coutumières ;
b) les indicateurs de méthode ou de processus (ou efforts) : accompagnement de la politique publique, efforts entrepris par les détenteurs de devoirs, mesures prises par les États, moyens budgétaires, surveillance et contrôles, effets individuels ;
c) les indicateurs de résultat : état de la réalisation du droit (ou effets globaux).

Les sources des indicateurs sont les statistiques existantes, notamment celles établies par les tribunaux, les documents administratifs, les enquêtes d'opinion et de perception, les avis d'experts.

Les critères de sélection des indicateurs sont : être pertinents, légitimes, fiables, simples, peu nombreux ; et permettre des ventilations selon le sexe, l'âge, le groupe vulnérable.

Une distinction importante doit être faite entre les indicateurs sectoriels, pour chaque droit de l'homme, et les indicateurs communs à l'ensemble des droits de l'homme. Cette distinction sera essentielle en ce qui concerne le droit de l'environnement.

De même, une attention particulière doit être portée à la distinction entre indicateurs qui ont une pertinence universelle et ceux qui sont propres à un État.

---

216 Pour des méthodes d'établissement d'indices par pays, voir Dipak K. Gupta *et al.*, "Creating a composite index for assessing country performance in the field of human rights: Proposal for a new methodology", *Human Rights Quarterly*, vol. 16, 1994, pp. 131–162.

Le guide des indicateurs des droits de l'homme de 2012 propose des exemples d'indicateurs dans 14 tableaux et 16 fiches de métadonnées relatives aux indicateurs sélectionnés[217].

Les rapporteurs spéciaux du Conseil des droits de l'homme n'ont pas manqué de réclamer, chacun dans son domaine, l'élaboration d'indicateurs sectoriels pour chacun des droits de l'homme. On peut citer par exemple Anand Grover, le rapporteur spécial sur le droit qu'a toute personne de jouir du meilleur état de santé physique et mentale possible, dans son rapport de 2012[218].

Le plus remarquable en ce qui nous concerne est que le rapporteur spécial des Nations Unies sur le droit à l'environnement (alors expert indépendant) a lui aussi fait état de la place croissante des indicateurs sur l'environnement ayant un lien direct avec le droit de l'environnement. C'est ainsi que, dans son rapport de 2015 sur les bonnes pratiques, il mentionne des indicateurs liés au droit de l'environnement à cinq reprises[219] : sur les droits procéduraux, sur la surveillance du respect des lois, sur la participation citoyenne, sur l'environnement dans la Constitution, sur les rapports relatifs à l'état de l'environnement.

Parallèlement aux travaux du Haut-Commissariat aux droits de l'homme, des expériences intéressantes susceptibles d'inspirer notre étude ont été conduites, notamment en ce qui concerne le droit à l'eau, qui fait partie du droit de l'environnement. C'est ainsi qu'un séminaire a eu lieu sous l'égide de la Fondation Böll en octobre 2004 à Berlin, avec la présentation d'un rapport fort intéressant par Virginia Roaf, Ashfaq Khalfoun et Malcolm Langford, intitulé *Monitoring Implementation of the Right to Water : A Framework for Developing Indicators*. Ce rapport expose clairement les enjeux des indicateurs visant à traduire des obligations juridiques et les méthodes appropriées. Il propose une matrice de l'ensemble des indicateurs possibles sur le droit à l'eau.

---

217 Haut-Commissariat aux droits de l'homme, *Indicateurs des droits de l'homme. Guide pour mesurer et mettre en œuvre*, Genève, 2012. Sur une expérience nationale antérieure, voir Jeong-Woo Koo *et al.*, "Measuring national human rights: A reflection on Korean experiences", *Human Rights Quarterly*, vol. 34, 2012, pp. 986–1020.

218 Conseil des droits de l'homme, 20e session, *Rapport du Rapporteur spécial sur le droit qu'a toute personne de jouir du meilleur état de santé physique et mentale possible, Anand Grover*, A/HRC/20/15, 10 avril 2012, §§ 34 et 35.

219 Conseil des droits de l'homme, 28e session, *Rapport de l'Expert indépendant chargé d'examiner la question des obligations relatives aux droits de l'homme se rapportant aux moyens de bénéficier d'un environnement sûr, propre, sain et durable, John H. Knox*, A/HRC/28/61, 3 février 2015, §§ 31, 34, 49, 77 et 81.

Parmi les très nombreux travaux sur les indicateurs relatifs au respect du droit international des droits de l'homme, un article de A. J. Rosga et M. L. Satterthwaite soulève des questions importantes : l'exigence d'indicateurs de respect (*compliance*) des droits de l'homme qui, à la fois, rendent compte de la réalisation progressive des droits en cause et permettent le contrôle du respect des droits ; le rôle important des organes de suivi du respect des conventions (comités de respect de l'application ou *compliance committees*), qui peuvent utiliser les indicateurs comme outils. Mais un usage exclusif de ce type d'outil peut conduire à une gouvernance technocratique et non plus démocratique[220].

Le Haut-Commissariat aux droits de l'homme a également développé une source documentaire importante : l'Index universel des droits de l'homme (IUDH). Cette banque de données regroupe pour chaque pays 2218 recommandations tirées des organes des traités, des procédures spéciales et de l'examen périodique universel. On peut y trouver des renvois notamment au droit à l'eau, au droit à la santé ainsi qu'aux objectifs de développement durable[221].

2. La Commission interaméricaine des droits de l'homme

À la suite de l'entrée en vigueur en 1999 du Protocole de San Salvador sur les droits économiques, sociaux et culturels en Amérique, l'Assemblée générale de l'Organisation des États américains, dans sa résolution AG/RES.2074 (XXXV-O/05) visant à renforcer les rapports périodiques imposés aux États par l'article 19 du Protocole, décida de confier à la Commission interaméricaine des droits de l'homme (CIDH) l'élaboration d'indicateurs de progrès pour réduire l'écart existant entre la réalité et les normes imposées[222]. Pour ce faire, la CIDH organisa en octobre 2005 une réunion d'experts sous la direction de l'un de ses membres, Victor Abramovich. Des consultants préparèrent un document soumis à consultation publique, puis approuvé par la CIDH en 2008 : « lignes directrices pour l'élaboration d'indicateurs de progrès en matière de droits économiques, sociaux et culturels »[223]. Ce rapport se rallie à la méthode préconisée

220 A. J. Rosga and M. L. Satterthwaite, "The trust in indicators: Measuring human rights", *Berkeley Journal of International Law*, vol. 27 (2), 2009, pp. 253-315.

221 *Index universel des droits de l'homme*, www.uhri.ohchr.org/fr.

222 *Normas para la confección de los informes periódicos previstos en el Protocolo de San Salvador*, 6 de junio de 2006.

223 Comisión interamericana de derechos humanos, *Lineamientos para la elaboración de indicadores de progreso en materia de derechos económicos, sociales y culturales*, OEA/SER.L/V/II.132, 19 de julio de 2008.

par le Haut-Commissariat aux droits de l'homme, à savoir distinguer les indicateurs structurels, les indicateurs de processus et les indicateurs de résultats. Ces indicateurs de progrès ont été ensuite approuvés par l'Assemblée générale de l'Organisation des États américains en 2013[224]. Dans son avis consultatif sur « l'environnement et les droits de l'homme » émis le 15 novembre 2017 à la demande de la Colombie, la Cour interaméricaine des droits de l'homme cite et utilise expressément ces indicateurs de progrès[225].

Le rapport précité de 2008 ajoute des considérations intéressantes en suggérant aussi trois indicateurs analytiques pour mieux rassembler l'information pertinente, en prenant directement en compte les données juridiques : la réception du droit, la capacité des institutions, le contexte financier. De plus, exploitant le principe de progressivité des droits, le rapport en tire la conséquence de l'interdiction de mesures régressives, suggérant la nécessité d'indicateurs à ce titre. Ce rapport est le premier à mentionner en particulier les indicateurs relatifs aux droits (*indicadores de derechos*), en visant de fait des indicateurs proprement juridiques, tels que la reconnaissance constitutionnelle d'un droit, les mécanismes de participation, de transparence et de reddition de comptes, les institutions, programmes et services consacrés à la mise en application des droits, le fonctionnement de la justice. Il mentionne également les indicateurs aptes à mesurer la capacité des personnes d'exiger le respect des droits dont elles sont titulaires. Le rapport est accompagné de modèles d'indicateurs concernant l'accès à la justice, l'accès à l'information et à la participation, l'égalité et la non-discrimination, le droit à la santé. À chaque fois, trois colonnes distinguent les indicateurs structurels, de processus et de résultats. Une fiche croise ces trois indicateurs avec les trois indicateurs analytiques.

3. Les indicateurs de la norme humanitaire fondamentale[226]

Les indicateurs de la norme humanitaire fondamentale (ou *Core Humanitarian Standard*, CHS) ont été élaborés par un réseau d'ONG internationales associées au Bureau des Nations Unies pour la coordination de l'assistance humanitaire (UNOCHA), au projet Sphère et à CHS Alliance. Bien que les normes

---

224 Organización de los Estados Americanos, *Indicadores de progreso para la medición de derechos contemplados en el Protocolo de San Salvador*, OEA/Ser.L/XXV.2.1, GT/PSS/doc9/13, 2013.

225 Avis consultatif OC 23/17, 15 novembre 2017, § 60 et notes 93 à 97.

226 *Norme humanitaire fondamentale de qualité et de redevabilité*, http://corehumanitarianstandard.org.

humanitaires reposent sur des règles de droit international (droit de vivre dans la dignité, droit à la protection et à la sécurité, droit à la santé, etc.), le guide des indicateurs ne repose pas sur des indicateurs juridiques, mais sur des indicateurs de performance permettant d'évaluer les progrès vers la conformité envers la norme humanitaire fondamentale de qualité et de redevabilité de 2014[227]. Cette dernière comporte neuf engagements volontaires pour les institutions et les personnes engagées dans l'aide humanitaire, dont les catastrophes environnementales. Pour compléter ces neuf engagements et les rendre opérationnels, des indicateurs de performance ont été adoptés et diffusés en 2016[228]. Deux engagements se réfèrent aux droits : n° 4, « Les communautés et les personnes affectées par les crises connaissent leurs droits, ont accès à l'information et participent aux décisions qui les concernent » ; n° 5, « Les communautés et les personnes affectées par les crises ont accès à des mécanismes sûrs et réactifs pour traiter leurs plaintes »[229].

4. L'Agence des droits fondamentaux de l'Union européenne

L'Agence des droits fondamentaux de l'Union européenne (*Fundamental Rights Agency*, FRA) a été créé par le règlement CE n° 168/2007. Elle est chargée du suivi de la Charte des droits fondamentaux de l'Union européenne et s'intéresse depuis 2012 aux indicateurs juridiques des droits de l'homme.

L'Agence considère que de tels indicateurs pourraient aider les États membres et les institutions de l'Union à identifier les domaines où il serait nécessaire d'améliorer le plein respect des droits de l'homme en s'inspirant des méthodes préconisées par le guide de 2012 du Haut-Commissariat aux droits de l'homme. De plus, un cadre d'indicateurs solides et fondés sur les droits a plusieurs effets positifs, notamment en termes de renforcement de la responsabilité et de la transparence des actions des décideurs. Ces éléments peuvent jouer un rôle très important dans le soutien de la légitimité démocratique.

Le rapport intitulé *Les droits fondamentaux : défis et réussites en 2014*, publié par l'Agence en 2015, est pour une large part centré sur les indicateurs, notamment la section « Intégration des droits fondamentaux : de la théorie à la pratique », et en particulier le paragraphe « Mesurer, c'est savoir : expérience en

227 *Ibid.*
228 Norme humanitaire fondamentale, *Guide et indicateurs de la norme humanitaire fondamentale*, CHS Alliance, Projet Sphère et Groupe URD, 2016.
229 CAFOD, *Politique et procédure de gestion des plaintes pour tous les programmes internationaux*, 2010.

matière d'indicateurs des droits fondamentaux » (pp. 13–18)[230]. La FRA a travaillé sur des indicateurs relatifs aux droits de l'enfant, sur la justice familiale[231], sur la participation politique des personnes handicapées[232] et sur l'intégration des Roms. Dans ses programmes de travail 2017–2019 puis 2020–2022, la FRA prévoit de développer les indicateurs pour mesurer les progrès des droits de l'homme. Mais il ne semble pas que cette agence européenne s'intéresse au droit à l'environnement, alors que l'article 37 de la Charte des droits fondamentaux traite de l'environnement comme un droit de l'homme[233].

5. Le Conseil de l'Europe

Plusieurs indicateurs ont été mis en place dans le domaine culturel et dans le domaine des droits de l'homme. On peut, entre autres, mentionner les indicateurs en matière de droits de l'homme à l'usage des populations locales[234]. Dans sa recommandation CM/Rec (2017)7 du 27 septembre 2017 (point h), le Comité des ministres a recommandé aux États d'inclure le « paysage » dans les indicateurs de développement durable en se référant à la contribution de la Convention du paysage aux droits de l'homme et à la démocratie, ce qui nécessitera la mise en place d'indicateurs juridiques pour évaluer l'effectivité de cette Convention.

6. L'indice relatif à la liberté humaine

Depuis 2008, le Cato Institute et le Fraser Institute aux États-Unis ont mis au point un indice relatif à la liberté humaine (*Human Freedom Index*)[235]. Il s'agit de 76 indicateurs de performance déterminant, sur la base de certains critères, la mesure dans laquelle les États respectent ce droit de l'homme fondamental.

---

230 http://fra.europa.eu/fr/publication/2015/les-droits-fondamentaux-defis-et-réussiteen-2014.

231 FRA, *Developing Indicators for the Protection, Respect and Promotion of the Right of the Child in the European Union*, Vienna, 2010.

232 FRA, *The Right to Political Participation for Persons with Disabilities: Human Rights Indicators*, Vienna, 2014.

233 M. Prieur, « L'environnement dans la Charte des droits fondamentaux de l'Union européenne », in *Droit de l'environnement, droit durable*, Bruxelles, Bruylant, 2014, pp. 368–376.

234 Conseil de l'Europe, *Liste des critères de l'état de droit*, CDL-AD (2016)007, 18 mars 2016.

235 *Human Freedom Index*, https://www.cato.org/human-freedom-index-new.

L'étude de 2019 porte sur 162 pays[236]. Bien entendu, des données juridiques sont utilisées : l'état de droit avec la procédure juridictionnelle (droit à la vie, procès équitable, protection de la vie privée), la justice civile, la justice pénale ; le système juridique avec l'indépendance de la justice, l'impartialité des tribunaux, l'interférence de l'armée dans l'état de droit, l'exécution des contrats ; la régulation du marché, du travail, des affaires. Aucune allusion n'est faite à l'environnement. Les données servant de base aux indicateurs résultent des textes existants et d'enquêtes d'opinion. Le bilan global, avec une échelle de classement de 0 à 10, est fondé sur le postulat que la liberté repose à 50 % sur des facteurs de liberté individuelle et à 50 % sur des facteurs de liberté économique.

*

De cet examen systématique de 37 expériences officielles, académiques et d'ONG relatives à l'évaluation de l'environnement, on peut tirer les leçons suivantes :

- L'évaluation de l'environnement est équivalente au mythe de la quête du Graal : c'est une quête sans fin et toujours insatisfaisante.
- Les juristes qui se sont penchés sur l'effectivité du droit de l'environnement n'ont jamais osé envisager sérieusement de « mesurer » les conditions d'application du droit.
- La confusion entre *effectivité* et *efficacité* du droit est renforcée par le caractère incertain du vocabulaire utilisé et la traduction anglaise de *effectiveness*, qui correspond plus à « efficacité » qu'à « effectivité ».
- En dehors de l'environnement, deux secteurs ont déjà fait l'objet d'études et de tests relatifs à des indicateurs juridiques au sein des Nations Unies : les droits de l'homme et l'état de droit. Aussi, la Division de la statistique de l'ONU devrait être intéressée à la création d'indicateurs juridiques dans un domaine qu'elle couvre déjà avec les ODD.
- Si tout le monde s'accorde à considérer comme nécessaire de disposer d'indicateurs de l'environnement, le besoin d'indicateurs juridiques est exprimé de façon exceptionnelle. Ainsi en est-il de la Conférence de Vienne de 1993 ou du guide de 2012 pour mesurer les indicateurs des droits de l'homme.
- Le terme « indicateur juridique » n'a été rencontré que trois fois, dans des documents de la Commission interaméricaine des droits de l'homme, de l'OIT et de l'Access Initiative.

---

236 Cato Institute, *The Human Freedom Index 2019. A Global Measurement of Personal, Civil, and Economic Freedom*, Washington, 2019.

- Les travaux les plus pertinents intègrent bien dans l'évaluation du droit de l'environnement les trois niveaux : international, régional et national.
- Lorsque des statistiques portent sur des questions juridiques, elles rendent compte du nombre d'actes concernés, des sanctions prononcées ou d'événements relatifs à ces actes, mais jamais du processus et des conditions d'application des règles.
- Il est utile de distinguer les indicateurs sectoriels et les indicateurs généraux, comme pour les droits de l'homme. Se pose la question de l'opportunité de reprendre, en l'adaptant, la distinction appliquée pour les droits de l'homme entre indicateurs structurels, de processus et de résultats.
- Certaines institutions semblent plus ouvertes que d'autres à intégrer directement des données juridiques dans leurs bilans sur l'environnement, notamment le réseau IMPEL, l'INECE, le PNUE, l'OCDE, l'ONU eu égard aux ODD 2030 (voir *infra*) et l'Union européenne.
- Le rapporteur spécial J. Knox sur le droit de l'homme à l'environnement a bien fait état d'indicateurs liés à l'environnement dans son rapport de 2015.
- L'Afrique pourrait profiter des initiatives déjà existantes, avec l'Indice Ibrahim (*supra*) et les GEO du PNUE.
- Il faut traiter séparément les indicateurs juridiques au plan international et au plan national, en enrichissant au niveau international les pratiques relatives au système des rapports.
- Les indicateurs juridiques de l'effectivité ne peuvent être pertinents que s'ils complètent les données purement juridiques par des données institutionnelles, financières et sociales.

III. Des indicateurs au service des Objectifs de développement durable

Après l'adoption par les Nations Unies de 17 objectifs de développement durable en 2015 sous forme d'une résolution de l'Assemblée générale (70/1 du 25 septembre 2015), les États ont été invités à les mettre en œuvre en tant qu'acte juridique non contraignant. Il s'agit toutefois d'un engagement politique et moral des États. Sur une base volontaire, ils envoient des rapports sur leur mise en œuvre dans les rapports nationaux volontaires. Chaque année sont examinées les conditions de mise en œuvre de certains des ODD à tour de rôle. Un guide aide les États à remplir leur rapport en précisant bien qu'ils doivent y insérer « les lois applicables », laissant ainsi clairement entendre que le droit est l'instrument incontournable pour garantir l'application des ODD[237]. Ces rapports sont examinés tous les ans par les États lors de la réunion en juillet du Forum politique de haut niveau pour le développement durable.

Afin de mieux déterminer les objectifs de développement durable et de pouvoir mesurer les progrès accomplis lors de leur mise en œuvre, la Commission de statistique des Nations Unies a élaboré une batterie d'indicateurs approuvée par l'Assemblée générale dans la résolution 71/313 du 6 juillet 2017. Ont été adoptés 232 indicateurs permettant de mesurer les progrès de mise en œuvre des 169 cibles réparties au sein des 17 ODD. Parmi ces 232 indicateurs, 93 concernent l'environnement et 2/3 les droits de l'homme. Chaque agence ou organisation internationale spécialisée a été chargée d'élaborer la méthodologie et de recueillir les données permettant aux États d'appliquer les indicateurs. C'est ainsi que le PNUE est en charge de 26 indicateurs.

Bien que juridiquement non contraignants, les ODD font désormais partie du paysage de la gouvernance de l'environnement. Ils servent de guide et de référence pour l'action politique et juridique des États en matière d'environnement. Aussi convient-il d'étudier la place du droit dans les ODD afin de pouvoir vérifier si les indicateurs officiels traduisent bien l'effectivité du droit applicable pour leur mise en œuvre.

On constatera d'abord que le caractère de *soft law* des ODD est de plus en plus une fiction, puis on examinera successivement les ODD relatifs à

237 High-level Political Forum on Sustainable Development, *Handbook for the preparation of voluntary national reviews. The 2020 Edition*, New York, 2019, p. 24.

l'environnement, les indicateurs complémentaires ou alternatifs de la Banque mondiale, enfin les indicateurs d'origine l'académique ou privée.

A. La base de la juridicité progressive et rampante des ODD

Juridiquement non contraignants, les ODD ont été dès leur origine conçus comme un plan ou programme politique et stratégique commun à la planète toute entière. Comme tous les plans et programmes, les ODD ont un contenu très général qui ne précise pas les conditions de leur mise en œuvre. Mais de nombreux objectifs sont quantitatifs, ce qui est assez remarquable et inédit dans un document de cette nature. Chaque État est libre de choisir les instruments d'application, qui peuvent être techniques, économiques et/ou juridiques. On notera que le droit n'est pas absent dans la formulation de certains ODD et que plusieurs documents internationaux suggèrent une certaine juridicité, discrète mais réelle.

Les ODD se réfèrent à plusieurs reprises à des éléments juridiques. Dans les 17 ODD, on trouve 11 fois la mention « droits de l'homme », 11 fois le mot « convention », huit fois le « droit international », cinq fois « loi » ou « législation », trois fois « accords internationaux » et trois fois « état de droit ». Parmi les 169 cibles, il y a au moins 15 références directes au droit[238]. Parmi les 232 indicateurs, la référence au droit, à la loi, au cadre juridique, à l'application ou la mise en œuvre, se rencontre 35 fois.

Aussi n'est-il pas étonnant que plusieurs documents internationaux, toujours de *soft law*, fassent état de la nécessité politique, bien qu'étant volontaire, de mettre en œuvre le programme 2030. Dès l'édiction de ce programme, la résolution 70/1 affirme clairement que sa mise en œuvre devra se faire dans le respect du droit international et « être conforme aux droits et obligations des États selon le droit international » (§ 18). Le programme établissant les ODD est délibérément relié aux droits de l'homme, à travers la Déclaration universelle des droits de l'homme et les autres instruments internationaux relatifs aux droits de l'homme (§§ 19 et 74-e). La mise en application des ODD implique clairement l'utilisation du droit lorsqu'il est fait référence au « rôle essentiel que jouent les parlements nationaux du fait de leurs fonctions législatives et budgétaires et du contrôle qu'ils exercent sur l'application effective de nos engagements » (§ 45).

238 Selon l'ouvrage du PNUE *Environmental Rule of Law. First Global Report*, *op. cit.*, p. 226, ces références seraient même au nombre de 76.

Lors de la préparation de la 3e Assemblée de Nations Unies pour l'environnement (UNEA 3), le Directeur exécutif du PNUE déclare qu'il s'agit « de mettre en lumière la façon dont les accords multilatéraux sur l'environnement aident à progresser vers les ODD »[239]. Une résolution spéciale a été consacrée aux ODD lors de cette 3° Assemblée qui, comme l'Assemblée générale des Nations Unies, regroupe tous les États membres de l'ONU. Selon la résolution 3/5, les États s'engagent à accélérer la mise en œuvre effective du programme 2030[240]. La déclaration ministérielle finale, *Vers une planète sans pollution*, est encore plus engageante : « nous sommes déterminés à honorer nos engagements [...] en adoptant des mesures adaptées, y compris des accords sur l'environnement [...] ; nous renforcerons les politiques, les réglementations et les lois [...] et les ferons appliquer »[241].

La déclaration politique de 2019 issue du Forum politique de haut niveau pour le développement durable, chargé chaque année du suivi des ODD, a été entérinée par l'Assemblée générale des Nations Unies dans sa résolution 74/4 du 15 octobre 2019. Celle-ci affirme : « nous restons fermement résolus à mettre en œuvre le programme 2030 » (§ 2) ; « à veiller que des mesures ambitieuses et continues soient prises » (§ 4) ; « nous nous engageons à éliminer tous les obstacles juridiques qui entravent l'égalité des sexes et l'autonomisation des femmes » (§ 27-a) ; « à intégrer le programme 2030 dans nos instruments de planification nationale et nos cadres de financement » (§ 27-c) ; « à mettre en place des institutions efficaces, responsables et transparentes » (§ 27-d) ; « à renforcer l'action locale pour accélérer la mise en œuvre » (§ 27-e)[242].

La juridicité des ODD est aussi apparue dans d'autres documents internationaux qui sont étrangers à l'environnement. On peut en donner trois exemples. À propos de la justice pénale, domaine bien spécifique pour accompagner l'effectivité juridique d'une mesure en prévoyant des sanctions pénales en cas de non-respect, une résolution de l'Assemblée générale des Nations Unies est entièrement consacrée à la justice pénale dans les ODD, ce qui démontre bien que

---

239 *Progrès accomplis dans l'application de la résolution 2/5 sur la mise en œuvre du Programme de développement durable à l'horizon 2030. Rapport du Directeur exécutif*, UNEP/EA.3/5, 21 septembre 2017, § 8.

240 *Investir dans des solutions environnementales novatrices pour accélérer la mise en œuvre des objectifs de développement durable*, UNEP/EA.3/Res.5, 5 décembre 2017, § 1.

241 *Déclaration ministérielle adoptée par l'Assemblée des Nations Unies pour l'environnement à sa troisième session*, UNEP/EA.3/L.19, 5 décembre 2017, § 8.

242 A/RES/74/4, 15 octobre 2019.

l'application des ODD suppose juridiquement l'existence de sanctions pénales à créer et à appliquer. S'agissant de mesures de droit national, l'ONU utilise en l'espèce le biais d'une des commissions techniques du Conseil économique et social des Nations Unies : la Commission pour la prévention du crime et la justice pénale. Cette commission est invitée à intervenir activement pour le suivi et la mise en œuvre des ODD, en particulier l'ODD 16[243]. Il est remarquable à cet égard de noter que le 14° congrès des Nations Unies pour la prévention du crime et la justice pénale a pour thème : « Faire progresser la prévention de la criminalité, la justice pénale et l'état de droit : vers la réalisation du Programme 2030 »[244].

À la suite des travaux de la Commission pour la prévention du crime et la justice pénale, l'Assemblée générale des Nations Unies a adopté une résolution consacrée à l'état de droit, la prévention du crime et la justice pénale dans le contexte des ODD[245]. Elle y réclame la promotion de l'état de droit dans l'élaboration des législations relatives aux ODD (§ 4), ainsi que l'adoption de mesures efficaces contre les infractions ayant des incidences sur l'environnement en vue d'atteindre les ODD 13 à 16 (§ 11).

L'Assemblée générale des Nations Unies, dans sa résolution sur « l'état de droit aux niveaux national et international » du 20 décembre 2018, n'a pas manqué de viser également les ODD. Elle y « réaffirme sa volonté d'œuvrer inlassablement à la mise en œuvre intégrale du Programme de développement durable à l'horizon 2030 »[246].

De façon plus générale, le PNUE a bien mis en avant les interrelations entre le droit et les ODD dans l'ouvrage précité *Environnemental Rule of Law* de 2019. Chacun des 17 ODD, à la fois, nécessite de recourir au droit existant pour être effectif et requiert le plus souvent de créer du droit nouveau pour atteindre les objectifs affichés. Droit et ODD se renforcent mutuellement[247].

---

243 A/RES/73/183, 17 décembre 2018 : Renforcer le rôle de la Commission pour la prévention du crime et justice pénale au service de la mise en œuvre du Programme de développement durable à l'horizon 2030.

244 Il devait avoir lieu à Kyoto en avril 2020 et a été reporté en raison de la pandémie Covid-19.

245 A/RES/73/185, 17 décembre 2018 : État de droit, prévention du crime et justice pénale dans le contexte des objectifs de développement durable.

246 A/RES/73/207, 20 décembre 2018, § 7.

247 Dans cet ouvrage, voir le schéma illustratif de cette interrelation p. 247.

B. Les indicateurs des ODD de l'ONU

1. Aperçu général

Les indicateurs relatifs aux objectifs de développement durable (ou *Sustainable Development Goals*, SDGs) ont fait l'objet de nombreux travaux et documents. On retiendra en particulier :

- les synthèses des examens nationaux volontaires, que les États soumettent annuellement depuis 2016, réalisées par le Département des affaires économiques et sociales des Nations Unies, en spécifiant les indicateurs utilisés[248] ;
- le suivi des examens nationaux volontaires par l'IISD (International Institute for Sustainable Development), qui a publié une synthèse des examens volontaires de 9 pays en juin 2017, en identifiant les choix des indicateurs effectués par chaque État[249] ;
- les évaluations des progrès dans la mise en œuvre des ODD au niveau national, effectuées par le Conseil canadien pour la coopération internationale en 2016, 2017 et 2018 à partir des examens nationaux volontaires, dont la dernière a recommandé l'élaboration d'indicateurs nationaux et sous-nationaux pour compléter les indicateurs mondiaux[250] ;
- les rapports annuels établis par le Secrétaire général de l'ONU sur les ODD de 2016 à 2019, pièces maîtresses des évaluations officielles mondiales, qui donnent un aperçu sur les évolutions favorables et défavorables dans la mise en œuvre de chaque ODD, sur la base des indicateurs pour lesquels des données ventilées sont disponibles[251].

À la suite de la décision 2015/216 du Conseil économique et social de l'ONU, un groupe d'experts a été créé pour établir des indicateurs relatifs aux objectifs de développement durable en application du mandat donné à la Commission de statistique des Nations Unies par la résolution de l'Assemblée générale 70/1 du

---

248 Voir les références à ces synthèses dans les notes 36 à 38 ci-dessus.

249 Livia Bizikova and Laszlo Pinter, *Indicator Preferences in National Reporting of Progress Toward the Sustainable Development Goals*, IISD, June 2017.

250 Conseil canadien pour la coopération internationale, *Progression de la mise en œuvre des ODD au niveau national : une évaluation indépendante des examens nationaux volontaires soumis au Forum politique de haut niveau sur le développement durable des Nations Unies en 2018*, Ottawa, 2019.

251 Dernier rapport : ECOSOC, *Édition spéciale : point sur les objectifs de développement durable. Rapport du Secrétaire général*, E/2019/68, 8 mai 2019 ; voir aussi : Nations Unies, *Rapport sur les objectifs de développement durable 2019*, New York, 2019.

25 septembre 2015 sur les ODD. Ce groupe d'experts porte le nom de « groupe d'experts des Nations Unies et de l'extérieur chargé des indicateurs relatifs au développement durable » (*Inter-agency and Expert Group on Sustainable Development Goals Indicators*). Le mandat du groupe d'experts figure à l'annexe 1 du rapport de la 48° session de la Commission de statistique[252]. Un rapport a été présenté le 19 février 2016[253] comportant une annexe IV avec une liste finale d'indicateurs pour chacun des ODD. Cette liste a été révisée et complétée par la Commission de statistique en mars 2017[254], qui a inclus à l'annexe 3 de son rapport la « liste révisée d'indicateurs ». C'est ce document qui nous servira à proposer des indicateurs juridiques complétant les indicateurs scientifiques et économiques existants. Le Comité d'experts de l'administration publique du Conseil économique et social a aussi formulé des recommandations concernant les mesures à prendre pour assurer la réalisation des objectifs de développement durable[255]. Sur la base de la liste révisée d'indicateurs, on suggérera des indicateurs juridiques adaptés concernant les ODD les plus en lien avec les questions d'environnement, à savoir les ODD 2, 3, 6, 7, 11, 12, 13, 14, 15, 16.

Le 7 juin 2017, le Conseil économique et social de l'ONU a adopté une résolution sur le travail de la Commission de statistique concernant les indicateurs relatifs à l'Agenda 2030 pour les ODD[256], qui a ensuite été entérinée par la résolution 71/313 du 6 juillet 2017 de l'Assemblée générale des Nations Unies, consacrant ainsi un cadre mondial de 232 indicateurs des ODD. Ce cadre est évolutif : il doit être « ajusté chaque année » et faire l'objet « d'un examen complet » par la Commission en 2020[257]. De tels ajustements ont donc été opérés régulièrement, sur recommandation du Groupe d'experts chargé des ODD. Celui-ci a proposé 36 modifications importantes, sous la forme de substitutions, d'ajouts, de suppressions et de révisions, qui ont été approuvées

252 E/CN.3/2017/2.

253 ECOSOC, *Rapport du Groupe d'experts des Nations Unies et de l'extérieur chargés des indicateurs relatifs aux objectifs de développement durable. Note du Secrétaire général*, E/CN.3/2016/2/Rev.1.

254 ECOSOC, *Rapport du Groupe d'experts des Nations Unies et de l'extérieur chargés des indicateurs relatifs aux objectifs de développement durable. Note du Secrétaire général*, E/CN.3/2017/2, 15 décembre 2016.

255 ECOSOC, *Mesures à prendre pour assurer la réalisation des objectifs de développement durable. Note du Secrétariat*, E/C.16/2017/2, 30 janvier 2017.

256 ECOSOC, Résolution 2017/7 – Travaux de la Commission de statistique sur le Programme de développement durable à l'horizon 2030, E/RES/2017/7.

257 Résolution 71/313, § 1.

par la Commission de statistique en 2018, 2019 et 2020[258]. Actuellement, le cadre mondial comprend 231 indicateurs uniques ; en apparence, leur nombre total est de 247, mais 12 indicateurs se répètent sous deux ou trois cibles différentes[259]. Les indicateurs des ODD sont classés en trois catégories ou niveaux (*tier classification*) : 1. Indicateurs clairs, disposant d'une méthodologie internationale reconnue et utilisés par 50 % des États ; 2. Clairs, avec une méthodologie internationale reconnue, mais pas utilisés régulièrement par les États ; 3. Pas de méthodologie internationale commune, mais des tests réalisés. Un examen complet du cadre mondial d'indicateurs devait être effectué en 2020. Pour utiles qu'aient pu être ces ajustements, les ODD restent toujours orphelins de vrais indicateurs juridiques.

L'Union interparlementaire a publié en 2016 un document pratique afin que les parlements nationaux puissent utilement évaluer les progrès des ODD. Ce document se réfère plusieurs fois à la nécessité de disposer d'indicateurs adéquats, sans préciser la nature de ces indicateurs et sans évoquer les indicateurs juridiques[260].

Diverses initiatives ont par ailleurs porté sur des ODD dont des cibles et/ou des indicateurs concernent l'environnement. Elles ont donné lieu à des évaluations qui sont tantôt sectorielles, axées principalement sur des ODD distincts, tantôt transversales, explorant horizontalement une thématique déterminée à travers un faisceau d'ODD.

2. Évaluations sectorielles

On en fournira des illustrations se rapportant à trois séries d'indicateurs liés, en premier lieu, à la santé ; en second lieu, à l'eau et l'assainissement ; enfin, à la justice et à la gouvernance.

a) Indicateurs liés à la santé

La finalité première de l'ODD 3 est de permettre à tous de vivre en bonne santé et de promouvoir le bien-être de tous à tout âge. Si le souci d'améliorer la santé et le bien-être est principalement ancré dans cet objectif, il se retrouve aussi, à

---

258 Le cadre mondial des indicateurs des ODD, tel qu'actualisé en 2020, est accessible sur : https://unstats.un.org/sdgs/indicators/Global%20Indicator%20Framework%20after%202020%20review_Eng.pdf.

259 Site des indicateurs des ODD : https://unstats.un.org/sdgs.

260 Union interparlementaire, *Les ODD à l'usage des parlements, outil d'auto-évaluation*, Genève, 2016.

différents égards, dans près de 50 cibles rattachées à 14 ODD qui concernent l'élimination de la pauvreté (ODD 1), la sécurité alimentaire (ODD 2), l'éducation (ODD 4), l'égalité des sexes (ODD 5), l'eau et l'assainissement (ODD 6), l'énergie propre (ODD 7), le travail décent (ODD 8), la réduction des inégalités (ODD 10), les villes (ODD 11), la consommation et la production (ODD 12), les changements climatiques (ODD 13), la paix, la justice et les institutions (ODD 16), et les partenariats (ODD 17). Des avancées sont donc nécessaires sur tous ces fronts en vue d'assurer la santé et le bien-être pour tous. C'est pourquoi, en 2019, 12 agences internationales, dont la Banque mondiale, ONU-Femmes, le PAM, le PNUD, l'UNFPA et l'UNICEF, orchestrées par l'OMS, ont mis sur pied un plan d'action mondial[261] visant à renforcer la collaboration sanitaire à l'échelle du globe, en conjuguant leurs efforts aux fins d'une mise en œuvre harmonisée de l'ensemble des cibles liées à la santé, celles de l'ODD 3 comme des objectifs connexes.

Les liens entre l'environnement et la santé sont clairement identifiés dans ce plan, en considération notamment des millions de décès annuels causés par les pollutions diverses et des graves maladies (paludisme, fièvre jaune, choléra) exacerbées par les variations du climat et les catastrophes naturelles. Les interactions santé-biodiversité ont aussi été mises en lumière dans une étude postulant que le droit à la santé constitue « l'un des indicateurs les plus importants du développement durable », en ce sens que la conservation et l'utilisation durable de la biodiversité sont impératives pour le fonctionnement continu des écosystèmes et pour la fourniture des services environnementaux qui sont essentiels pour la santé humaine[262]. Le plan d'action mondial de 2019 préconise des déterminants juridiques de la santé consistant à consolider les dispositifs normatifs permettant de réduire l'impact de la dégradation de l'environnement sur la santé, tout en soulignant l'importance primordiale du droit à la santé pour le développement durable, ainsi que la centralité des approches fondées sur les droits pour la santé et le bien-être.

---

261 *Une collaboration renforcée pour une meilleure santé : Plan d'action mondial pour permettre à tous de vivre en bonne santé et promouvoir le bien-être de tous. Renforcer la collaboration entre les organisations multilatérales pour accélérer les progrès des pays en vue d'atteindre les cibles des objectifs de développement durables liées à la santé*, Genève, OMS, 2019.

262 World Health Organization and Secretariat of the Convention on Biological Diversity, *Connecting Global Priorities: Biodiversity and Human Health. A State of Knowledge Review*, Geneva-Montreal, 2015.

b) *Indicateurs liés à l'eau et l'assainissement*

Pour sa part, l'ODD 6 tend, outre à assurer une gestion intégrée des ressources hydriques, à garantir l'accès de tous à l'eau et à l'assainissement. En 2018, les données y relatives faisaient état de milliards de personnes encore privées d'accès à une eau salubre et à des services d'assainissement, ainsi que d'une aggravation accrue de la pollution de l'eau[263]. La même année, l'ODD 6 a été passé en revue par le Forum politique de haut niveau pour le développement durable[264]. Ses cibles et ses indicateurs ont par ailleurs fait l'objet d'un décryptage détaillé[265], qui a singulièrement mis en évidence leurs lignes de convergence avec les éléments constitutifs du droit à l'eau et à l'assainissement. Cette analyse peut être illustrée, à titre d'exemple, sous le prisme des indicateurs 6.1.1 et 6.2.1.

Le premier indicateur, qui concerne la proportion de la population utilisant des services d'alimentation en eau potable « gérés en toute sécurité » dans le but d'assurer « l'accès universel et équitable à l'eau potable » (cible 6.1), est en cohérence avec les critères d'accessibilité et de disponibilité inhérents au droit à l'eau[266]. L'accessibilité à l'eau est conçue en fonction de sa proximité du lieu d'habitation (branchement domiciliaire) ou de la durée du trajet à parcourir pour la puiser. Quant à la disponibilité de l'eau, elle doit être constante et en quantité suffisante pour pouvoir satisfaire les usages personnels et domestiques. L'indicateur 6.2.1, qui sert à mesurer la proportion de la population utilisant des services d'assainissement « gérés en toute sécurité » en vue d'assurer « l'accès de tous à des services d'assainissement et d'hygiène adéquats et mettre fin à la défécation en plein air » (cible 6.2), est aussi en ligne avec la définition du droit à l'assainissement. Il implique en particulier la possibilité d'accéder à des installations sanitaires salubres, proches et non partagées avec d'autres ménages, des exigences essentielles à la santé, l'intimité, la dignité et la sécurité des usagers[267].

---

263 UN-Water, *Sustainable Development Goal 6 Synthesis. Report 2018 on Water and Sanitation*, New York, 2018.

264 *2018 HLPF Review of SDG implementation: SDG 6 – Ensure availability and sustainable management of water and sanitation for all*, https://sustainabledevelopment.un.org/content/documents/195716.29_Formatted_2018_background_notes_SDG_6.pdf.

265 Programme Solidarité Eau, *Les Objectifs de développement durable pour les services d'eau et d'assainissement. Décryptage des cibles et indicateurs*, Paris, 2018.

266 Tel que reconnu par l'Assemblée générale des Nations Unies dans sa résolution 64/292 du 28 juillet 2010 sur le droit de l'homme à l'eau et à l'assainissement, puis réaffirmé notamment dans sa résolution 74/141 du 18 décembre 2019, ainsi que par le Conseil des droits de l'homme dans sa résolution 42/5 du 26 septembre 2019.

267 Voir aussi les indicateurs liés à l'alimentation et l'agriculture ci-dessous.

c) *Indicateurs liés à la justice et la gouvernance*

Promouvoir l'avènement de sociétés pacifiques et inclusives aux fins du développement durable, assurer l'accès de tous à la justice et mettre en place, à tous les niveaux, des institutions efficaces, responsables et ouvertes à tous : ainsi se décline l'ODD 16, qui a la particularité d'être pleinement dédié à la gouvernance et dont l'inscription dans le Programme 2030 « a été obtenue de haute lutte, et au prix d'une âpre négociation »[268]. Elle a été le fruit d'un « accouchement au forceps »[269], de nombreux pays y ayant été réfractaires au départ, avant de s'y rallier finalement, grâce particulièrement à la mobilisation des pays africains[270]. Son adoption constitue ainsi « le point d'orgue » de « la montée en puissance de la thématique de la gouvernance à l'échelle mondiale »[271]. En tant que tel, l'objectif 16 apparaît comme crucial pour la réalisation de nombreux autres ODD.

Deux cibles de l'ODD 16 sont spécialement axées sur l'impératif d'accessibilité à la justice et à l'information pour la jouissance effective des libertés fondamentales. Au regard de la justice, cette exigence est nichée dans la cible 16.3, qui vise à promouvoir l'état de droit et à donner à tous accès à la justice dans des conditions d'égalité. Les deux indicateurs y afférents n'ont cependant trait qu'à la justice pénale, en ce qu'ils ne s'intéressent qu'aux victimes de violences (indicateur 16.3.1) et à la population carcérale (indicateur 16.3.2)[272]. C'est pourquoi une proposition d'indicateur sur l'accès à la justice civile a été soumise en 2019 au Groupe d'experts chargé des indicateurs relatifs aux ODD par le PNUD et l'OCDE, avec l'appui du World Justice Project[273]. Ses artisans ont suggéré l'ajout d'un troisième indicateur ainsi formulé : « Proportion de personnes ayant fait l'expérience d'un problème légal au cours des deux dernières années et qui ont eu accès à des informations adéquates ou l'aide d'un expert et qui ont pu résoudre leur problème ». Sans être retenue comme telle, cette

---

268 Jean-Pierre Cling, Mireille Razafindrakoto et François Roubaud, « L'ODD 16 sur la gouvernance et sa mesure. L'Afrique en tête », *Afrique contemporaine*, n° 258, 2/2016, p. 73.

269 *Ibid.*, p. 75.

270 *Ibid.*, pp. 76 et 84.

271 *Ibid.*, p. 90.

272 Cette lacune a été relevée par Sukti Dhital et Meg Satterthwaite, « Des indicateurs de mesure nouveaux et inclusifs sont nécessaires pour les objectifs de développement durable promettant l'accès pour tous à la justice », *Open Global Rights*, 5 février 2019.

273 PNUD/PCDE, « 16.3.3. Proposition d'Indicateur sur l'Accès à la Justice Civile », 2019, https://worldjusticeproject.org/sites/default/files/documents/16.3.3%20Flyer_Access%20to%20Civil%20Justice_final_fr.pdf.

proposition a contribué à l'élaboration d'un nouvel indicateur 16.3.3, qui a été inclus dans le cadre mondial révisé des indicateurs, à savoir : « Proportion de la population qui a connu un différend au cours des deux dernières années et qui a accédé à un mécanisme formel ou informel de règlement de différend, par type de mécanisme »[274]. Ainsi libellé, cet indicateur additionnel est susceptible de s'appliquer à tous types de différend et à tous mécanismes de règlement, y compris en matière d'environnement.

Quant au volet information, il est hébergé par la cible 16.10, qui tend à garantir l'accès public à l'information et à protéger les libertés fondamentales, conformément à la législation nationale et aux accords internationaux. Le principal critère de mesure est ici représenté par le nombre de pays qui adoptent et mettent en œuvre des dispositions « constitutionnelles, réglementaires et politiques pour garantir l'accès public à l'information » (indicateur 16.10.2)[275]. Chargé de cet indicateur, l'UNESCO en assure le suivi au titre du droit à l'information. En 2019, en partenariat avec le Centre for Law and Democracy, l'UNESCO a commencé, à travers un projet pilote, à collecter des données sur les lois relatives au droit à l'information et à évaluer leur mise en œuvre[276]. Cette évaluation a porté sur 43 des 51 États ayant soumis des examens nationaux volontaires dans le cadre du Programme 2030[277]. Parmi les 43 pays étudiés, 26 disposaient de lois consacrant le droit à l'information. L'effectivité pratique de celles-ci restait toutefois relativement limitée, en raison notamment de l'absence d'organes de contrôle de leur application dans plusieurs pays[278].

S'agissant de l'Afrique, les questions de gouvernance portées par l'ODD 16 sont également mises en relief dans l'Agenda 2063, cadre stratégique pour le développement durable à long terme du continent que les chefs d'État et de

---

274 *Global indicator framework for the Sustainable Development Goals and targets of the 2030 Agenda for Sustainable Development*, A/RES/71/313, E/CN.3/2018/2, E/CN.3/2019/2, E/CN.3/2020/2, 2020, p. 18.

275 Comité d'experts de l'administration publique, *Progrès accomplis concernant les composantes institutionnelles suivantes de l'objectif de développement durable n° 16 : accès à l'information, transparence, participation et responsabilité. Note du Secrétariat*, E/C.16/2019/7, 24 janvier 2019.

276 Institute for Economics & Peace, *SDG16+ Progress Report 2019. A Comprehensive Global Audit of Progress on Available SDG16 Indicators*, March 2019.

277 Centre for Law and Democracy, "Pilot Data Collection on Sustainable Development Goal Indicator 16.10.2", 7 March 2019.

278 UNESCO, *Highlights from the 2019 UNESCO Monitoring and Reporting of SDG Indicator 16.10.2 – Access to Information*, Paris, 2019.

gouvernement de l'Union africaine ont adopté en janvier 2015. La vision qui le sous-tend s'appuie sur sept « aspirations », exprimées en 20 objectifs, avec 66 indicateurs pour en mesurer l'application. L'aspiration 3 est celle d'une « Afrique de bonne gouvernance, de respect des droits de l'homme, de justice et d'état de droit ». Elle est assortie de deux objectifs : (i) enraciner les valeurs, les pratiques démocratiques, les principes universels des droits de l'homme, la justice et l'état de droit (objectif 11) ; (ii) mettre en place des institutions capables et un leadership transformationnel (objectif 12). À ces deux objectifs sont associés cinq cibles et sept indicateurs ; parmi ces derniers, trois ont trait à l'application effective de la Charte africaine de la démocratie, des élections et de la gouvernance (2007), dont l'article 42 enjoint aux États parties d'adopter « des politiques et stratégies de protection de l'environnement en vue du développement durable au profit des générations présentes et futures ». Sur la base du premier plan décennal de mise en œuvre de l'Agenda 2063[279], une évaluation initiale fait état de progrès modestes au titre de l'aspiration 3, qui est de l'ordre de 27 %[280].

3. Évaluations transversales

Dans ce registre aussi, trois exemples d'analyses de type horizontal illustreront l'approche trans-ODD concernant des indicateurs liés d'abord à l'alimentation et l'agriculture ; ensuite à la culture ; enfin aux droits humains.

a) Indicateurs liés à l'alimentation et l'agriculture

Agence spécialisée en matière d'alimentation et d'agriculture, y compris l'irrigation, la pêche et la foresterie, la FAO s'attache au suivi des ODD afférents à ses domaines de compétence afin d'évaluer les progrès accomplis eu égard aux indicateurs dont elle a la charge. En 2019, elle a publié un premier rapport analysant les données et tendances mondiales relatives à 17 indicateurs associés aux ODD 2, 6, 14 et 15[281], que des études ponctuelles ont complété pour certains indicateurs[282].

---

279 Commission de l'Union africaine, *Agenda 2063. L'Afrique que nous voulons. Cadre stratégique commun pour une croissance inclusive et un développement durable. Premier plan décennal de mise en œuvre 2014–2023*, septembre 2015.

280 Union africaine, *Premier rapport continental sur l'état de la mise en œuvre de Agenda 2063*, février 2020.

281 FAO, *Suivi des progrès accomplis dans le cadre des indicateurs des ODD liés à l'alimentation et à l'agriculture. Rapport sur les indicateurs sous la responsabilité de la FAO*, Rome, 2019.

282 La FAO est en fait chargée du suivi de 21 indicateurs, qui relèvent de six objectifs : les ODD 2, 5, 6, 12, 14 et 15. Voir : *La FAO et les ODD. Des indicateurs de mesure pour*

L'ODD 2 aspire à éradiquer la faim moyennant l'accès de chacun, toute l'année, à une alimentation saine, nutritive et suffisante (cible 2.1), mesuré par référence à la prévalence de la sous-alimentation dans le monde (indicateur 2.1.1). Cette dernière a connu une légère hausse en 2019, avec plus de 820 millions de personnes souffrant encore de la faim. Cette tendance est due à une combinaison de facteurs, y compris d'ordre environnemental, comme la sécheresse et les phénomènes météorologiques extrêmes. L'élimination de la faim passe également par la préservation de la diversité génétique des semences, cultures, animaux et espèces sauvages apparentées (cible 2.5), jaugée par le nombre de ressources génétiques animales et végétales destinées à l'alimentation et à l'agriculture qui sont sécurisées dans des installations de conservation (indicateur 2.5.1), ainsi que par la proportion des variétés et races locales considérées comme en danger, hors de danger ou exposées à un risque d'extinction de niveau inconnu (indicateur 2.5.2). Pour les ressources phytogénétiques, environ 512 000 échantillons de 4500 espèces inscrites sur la Liste rouge de l'UICN étaient conservés dans 469 banques de gènes à travers le monde à la fin de 2018. Quant aux ressources génétiques animales, leur état de conservation n'avait pas réellement progressé : moins de 1 % des races de bétail locales du monde disposaient d'un stock de matériel génétique suffisant pour assurer leur reconstitution en cas d'extinction. En outre, 60 % des races locales de bétail étaient menacées d'extinction dans les 70 pays possédant des informations sur les variétés en danger.

L'ODD 5 concernant l'égalité des sexes n'a pas été inclus dans le rapport susvisé de 2019 faute de données significatives. Toutefois, une publication distincte lui a été consacrée[283], et quelques constats ressortent de l'analyse des données disponibles, sur un nombre limité de pays, concernant les deux indicateurs

---

suivre la mise en œuvre du Programme de développement durable à l'horizon 2030, Rome, 2017. Par manque de données comparables au niveau mondial, quatre indicateurs n'ont pas pu être pris en considération dans le rapport susmentionné de 2019 : ceux concernant la viabilité de l'agriculture (2.4.1), les exploitants agricoles ayant des droits fonciers garantis (5.a.1), les pays disposant d'un cadre juridique garantissant les droits fonciers des femmes (5.a.2) et les pertes alimentaires (12.3.1). Le suivi de ces indicateurs a néanmoins permis d'obtenir des données partielles sur leur mise en œuvre, dont il est rendu compte séparément.

283 FAO, *Realizing women's rights to land in the law. A guide for reporting on SDG indicator 5.a.2*, Rome, 2018.

relevant de la FAO relatifs à la cible 5.a, qui vise à donner aux femmes l'accès à la propriété ou au contrôle des terres[284]. L'indicateur 5.a.1 sur l'accès des femmes à la propriété des terres agricoles se décompose en deux sous-indicateurs : (i) la proportion de la population agricole totale ayant des droits de propriété ou des droits garantis sur les terres agricoles, par sexe : selon les données fournies par une dizaine de pays[285], le pourcentage des détenteurs de droits fonciers sûrs oscille, dans une vaste fourchette, entre 4 % (Niger) et 69 % (Éthiopie), en passant par 19 % (Pérou), 34 % (Cambodge), 49 % (Ouganda), etc. Le pourcentage de femmes ayant ces mêmes droits est en moyenne nettement inférieur, n'atteignant que rarement la moitié de celui des hommes, avec une seule exception : au Malawi, il est de 47 % pour les femmes et de 41 % pour les hommes ; (ii) la proportion de femmes parmi les titulaires de droits de propriété ou de droits garantis sur les terres agricoles : là aussi, les pourcentages sont considérablement en défaveur des femmes, les détentrices de tenures agricoles ne représentant que 10 % au Niger ou 14 % en Inde, avec des pointes exceptionnelles allant jusqu'à 51 % en Éthiopie et 58 % au Malawi[286]. Pour l'indicateur 5.a.2, qui mesure la proportion de pays conférant aux femmes les mêmes droits que les hommes en matière d'accès à la propriété ou au contrôle des terres, l'analyse a porté sur les cadres juridiques de 16 États[287]. Le niveau des garanties offertes pour l'accès égal des femmes aux tenures foncières, noté de 1 (niveau le plus bas) à 6 (niveau le plus haut), a donné le résultat suivant : 2 pays au niveau 6 (Colombie, Paraguay) ; 4 pays au niveau 5 (Nicaragua, Portugal, Serbie, Suède) ; 4 pays au niveau 4 (Italie, Slovaquie, Suisse, Uruguay) ; 2 pays au niveau 3 (Belarus, Ouzbékistan) ; 1 pays au niveau 2 (Suriname) ; et 3 pays au niveau 1 (Jordanie, Pakistan, Qatar)[288].

Concernant l'ODD 6 sur la gestion de l'eau, le rapport de 2019 traite de la cible 6.4 visant à faire en sorte que les ressources hydriques soient utilisées efficacement dans tous les secteurs et à garantir la viabilité des prélèvements et de l'approvisionnement en eau douce pour remédier à la pénurie d'eau, dont le suivi est partiellement assuré par la FAO, suivant une méthodologie qu'elle a

284 http://www.fao.org/sustainable-development-goals/indicators/fr.

285 Burkina Faso, Cambodge, Éthiopie, Inde, Malawi, Niger, Nigéria, Ouganda, Pérou, Tanzanie.

286 http://www.fao.org/sustainable-development-goals/indicators/5a1/fr.

287 Belarus, Colombie, Italie, Jordanie, Nicaragua, Ouzbékistan, Pakistan, Paraguay, Portugal, Qatar, Serbie, Slovaquie, Suède, Suisse, Suriname, Uruguay.

288 http://www.fao.org/sustainable-development-goals/indicators/5a2/fr.

conçue à cet effet[289]. Les deux indicateurs relevant de cette cible sont : (i) la variation de l'efficacité de l'utilisation des ressources en eau (indicateur 6.4.1) : sur ce plan, les besoins d'amélioration de la productivité de l'eau sont particulièrement prononcés en matière d'agriculture irriguée, de réduction des pertes dans les réseaux municipaux de distribution et de processus de refroidissement industriels et énergétiques ; (ii) le niveau de stress hydrique, induit par les prélèvements d'eau douce en proportion des ressources disponibles (indicateur 6.4.2) : alors que le stress hydrique est jugé modéré dans les 2/3 des pays, son niveau est moyen dans 20 % des pays et il est élevé dans 15 % d'entre eux. Dans ce dernier cas, les pays devraient diminuer les prélèvements d'eau douce et augmenter la productivité et l'efficacité de leur utilisation.

S'agissant de l'ODD 14 relatif à la vie aquatique, quatre cibles intéressant la FAO sont reflétées dans le rapport de 2019, dont trois ont une connotation environnementale. La première tend à rétablir les stocks de poissons à des niveaux permettant d'obtenir un rendement constant maximal suivant leurs caractéristiques biologiques (cible 14.4), appréhendée par la proportion de stocks de poissons dont le niveau est biologiquement viable (indicateur 14.4.1). Ici, le constat est celui d'une baisse continue du pourcentage de stocks ichtyologiques marins du monde exploités durablement, un tiers d'entre eux étant surexploité à cause de l'aggravation de la surcapacité de pêche. La deuxième vise à supprimer les subventions qui favorisent la pêche illicite, non déclarée et non réglementée (cible 14.6), saisie au regard des progrès réalisés dans la mise en œuvre des instruments internationaux de lutte contre cette pêche illégale (indicateur 14.6.1)[290]. Sur ce front, les pays ont nettement progressé dans l'application des instruments en question, mais ils doivent redoubler d'efforts pour généraliser leur mise en œuvre. La troisième consiste à garantir aux petits pêcheurs l'accès aux ressources marines et aux marchés (cible 14.b), estimée par rapport aux progrès accomplis dans la mise en œuvre par les pays « d'un cadre juridique, réglementaire, politique ou institutionnel reconnaissant et protégeant les droits d'accès des petits pêcheurs » (indicateur 14.b.1). La plupart des États avaient

---

289 FAO, *Incorporating environmental flows into "water stress" indicator 6.4.2 – Guidelines for a minimum standard method for global reporting*, Rome, 2019.

290 À savoir : la Convention des Nations Unies sur le droit de la mer (1982) ; l'Accord de la FAO visant à favoriser le respect par les navires de pêche en haute mer des mesures internationales de conservation et de gestion (1993) ; l'Accord des Nations Unies sur les stocks de poissons (1995) ; l'Accord de la FAO relatif aux mesures du ressort de l'État du port visant à prévenir, contrecarrer et éliminer la pêche illicite, non déclarée et non réglementée (2009).

effectivement mis en place de tels outils juridiques et politiques en faveur de la pêche artisanale, outre la création de mécanismes associant les petits pêcheurs aux processus de prise des décisions[291].

L'ODD 15 sur la vie terrestre aspire à gérer durablement les forêts, lutter contre la désertification, enrayer et inverser le processus de dégradation des sols et mettre fin à l'appauvrissement de la biodiversité. Ses quatre cibles intéressant la FAO sont prises en compte dans le rapport de 2019. D'abord la cible 15.1 tendant à garantir la préservation, la restauration et l'exploitation durable des écosystèmes, saisie par référence à la surface des zones forestières en proportion de la surface terrestre (indicateur 15.1.1). De ce point de vue, le recul des forêts s'est poursuivi entre 2000 et 2015, la superficie forestière totale étant passée de 31,1 % à 30,7 % de la surface terrestre mondiale, les diminutions les plus marquées ayant affecté les zones tropicales. Puis la cible 15.2 consistant à promouvoir la gestion durable de tous les types de forêt, mettre un terme à la déforestation, restaurer les forêts dégradées et accroître nettement le boisement et le reboisement au niveau mondial, mesurée par les progrès accomplis vers la gestion durable des forêts (indicateur 15.2.1). À cet égard, les données récentes font apparaître des avancées dans la gestion durable des forêts de la planète : en dépit de la réduction de la superficie forestière, le taux de perte de forêts a diminué d'environ 25 % entre 2010 et 2015 par rapport à la période 2000–2005. En outre, la proportion des zones forestières protégées et des forêts soumises à un plan de gestion est demeurée stable ou a progressé dans toutes les régions du monde. Ensuite la cible 15.4 visant à assurer la préservation des écosystèmes de montagne, appréhendée par l'indice de couvert végétal montagneux (indicateur 15.4.2). D'après les premières données recueillies en 2017, 76 % des zones montagneuses du monde étaient recouvertes de végétation (forêts, herbages ou terrains arbustifs, terres cultivables). Alors que les forêts s'amenuisent toujours avec l'altitude, leur baisse est variable selon le niveau de celle-ci et peut résulter de facteurs climatiques, du surpâturage, du défrichement, de l'urbanisation, de l'exploitation forestière et des incendies. Enfin la cible 15.6 encourageant le partage juste et équitable des bénéfices découlant de l'utilisation des ressources génétiques, quantifiée par le nombre de pays ayant adopté des « cadres législatifs, administratifs et opérationnels destinés à assurer un partage juste et équitable

291 Sur ces indicateurs, voir aussi : FAO, *The State of World Fisheries and Aquaculture 2018 – Meeting the sustainable development goals*, Rome, 2018.

des bénéfices » (indicateur 15.6.1)[292]. Depuis 2012, un tiers des États parties au Traité international sur les ressources phytogénétiques pour l'alimentation et l'agriculture fournissent des informations sur les mesures juridiques prises à ce titre dans leurs rapports nationaux. De plus, en vertu du Traité, des accords types de transfert de matériel génétique sont conclus pour définir les conditions d'utilisation et de partage des avantages. En 2019, le nombre de ces accords avait dépassé les 75 000.

b) Indicateurs liés à la culture

L'ODD 4 a pour but d'assurer à tous « une éducation équitable, inclusive et de qualité », ainsi que des « possibilités d'apprentissage tout au long de la vie ». Prenant appui sur cet objectif d'impulsion du droit à l'éducation et élargissant la perspective à la sphère culturelle, l'UNESCO a adopté, en 2019, des indicateurs thématiques pour la culture, dits « Indicateurs Culture 2030 ». Ces derniers visent à mesurer la contribution de la culture à la réalisation des ODD à l'échelle nationale et locale, en complément des indicateurs relatifs au Programme 2030[293]. Leur cadre conceptuel comporte quatre dimensions transversales : environnement et résilience ; prospérité et ressources ; connaissances et compétences ; inclusion et participation. Chaque dimension réunit plusieurs objectifs et cibles afin de saisir les multiples facettes des apports de la culture au développement durable[294]. La dimension « environnement et résilience » met l'accent sur le rôle du patrimoine naturel et culturel, matériel et immatériel, en lien avec le volet « planète » des ODD. Les indicateurs énoncés évaluent notamment le niveau d'engagement des pays en matière de sauvegarde du patrimoine

---

292 À noter que la FAO, sans être entièrement responsable de cet indicateur, contribue à son suivi conjointement avec le PNUE et le secrétariat de la Convention sur la diversité biologique.

293 UNESCO, *Indicateurs Culture 2030*, Paris, 2019. Auparavant, l'UNESCO avait déjà publié un ouvrage pour l'évaluation du rôle multidimensionnel de la culture dans le développement, en termes de valeurs et de normes orientant l'action humaine et favorisant une vision inclusive des interactions entre la culture et le développement, sous le titre : *Indicateurs de la culture pour le développement. Manuel méthodologique*, Paris, 2014.

294 Pour une approche similaire, voir : Katia Vladimirova and David Le Blanc, *How well are the links between education and other sustainable development goals covered in UN flagship reports? A contribution to the study of the science-policy interface on education in the UN system Department of Economic & Social Affairs*, DESA Working Paper 146, New York, October 2015.

naturel et culturel vis-à-vis des conventions pertinentes de l'UNESCO et sous le prisme des cibles des ODD auxquelles elles se rapportent.

Dans cette optique, six traités sont mobilisés : la Convention pour la protection des biens culturels en cas de conflit armé (1954) ; la Convention concernant les mesures à prendre pour interdire et empêcher l'importation, l'exportation et le transfert de propriété illicites des biens culturels (1970) ; la Convention concernant la protection du patrimoine mondial, culturel et naturel (1972) ; la Convention sur la protection du patrimoine culturel subaquatique (2001) ; la Convention pour la sauvegarde du patrimoine culturel immatériel (2003) ; et la Convention sur la protection et la promotion de la diversité des expressions culturelles (2005). Chacune de ces conventions est corrélée à la mise en œuvre de diverses cibles relevant de plusieurs ODD. Cumulativement, elles contribuent à l'avancement d'une palette de 26 cibles d'une grande diversité, réparties entre pas moins de 12 ODD. Elles concernent, par exemple, tant la protection du patrimoine culturel et naturel mondial (cible 11.4), la préservation des zones marines et côtières (cible 14.5) et des écosystèmes terrestres et d'eau douce (cible 15.1), que l'amélioration des capacités à l'adaptation aux changements climatiques (cible 13.3), la promotion du tourisme durable valorisant les cultures locales (cible 8.3) et le contrôle de son impact en termes de durabilité (cible 12.b), en passant par l'affermissement de la cohérence des politiques de développement durable (cible 17.14), la restitution des biens volés et la lutte contre la criminalité organisée (cible 16.4) ou l'appui aux institutions chargées de prévenir et combattre la criminalité (cible 16.a). Riche d'enseignements, cette forme d'évaluation horizontale peut s'avérer féconde, sur le plan méthodologique, pour essayer d'appréhender l'apport d'autres conventions environnementales à la réalisation des ODD dans des domaines qui s'y prêtent, tels ceux de la diversité biologique ou du changement climatique, au moyen d'indicateurs sélectionnés sur une base thématique.

c) Indicateurs liés aux droits humains

Aspirant à « un monde où soient universellement respectés les droits de l'homme », le Programme 2030 réaffirme l'importance des « instruments internationaux relatifs aux droits de l'homme ». Aussi dispose-t-il expressément que les ODD visent à « réaliser les droits de l'homme pour tous » et que les processus de suivi de leur mise œuvre doivent être « axés sur l'être humain » et tenir compte les droits humains afin de « ne laisser personne de côté »[295].

295 « Transformer notre monde : le Programme de développement durable à l'horizon 2030 », Assemblée générale des Nations Unies, Résolution 70/1, 25 septembre 2015.

Concrètement, on estime qu'environ 92 % des cibles des ODD traduisent des normes internationales des droits humains et des droits des travailleurs. Fort de ce constat, l'Institut danois des droits de l'homme a élaboré un guide digital des droits humains dans le cadre des ODD[296]. Retraçant leur ancrage dans les 17 objectifs, il relie leurs 169 cibles à 81 instruments juridiques internationaux portant sur les droits humains en général (17 universels et 15 régionaux), sur les normes du travail (38 instruments) et sur les questions environnementales (11 instruments)[297]. De la sorte, le guide permet de saisir les liens d'interdépendance entre ces trois catégories de droits vis-à-vis des ODD.

Ainsi structuré, le guide est connecté au *SDG – Human Rights Data Explorer*, une base de données créée en collaboration avec le Haut-Commissariat des Nations Unies aux droits de l'homme pouvant être interrogée par objectif, cible, instrument, article d'instrument, groupe d'instruments, pays ou groupe de pays, avec diverses combinaisons possibles de ces entrées. Par exemple, une recherche concernant le Bénin sur la cible 12.4 tendant à parvenir à une gestion écologique des déchets et des produits chimiques afin de minimiser leurs effets négatifs sur la santé et l'environnement, composante de l'ODD 12 sur la consommation et la production durables, renvoie à l'ensemble des dispositions pertinentes des six instruments internationaux liant ce pays en la matière : le Pacte international relatif aux droits économiques, sociaux et culturels (art. 12) ; la Déclaration des Nations Unies sur les droits des peuples autochtones (art. 29) ; la Charte africaine des droits de l'homme et des peuples (art. 16) ; le Protocole à la Charte africaine des droits de l'homme et des peuples relatif aux droits des femmes (art. 18) ; toute la Convention sur le contrôle des mouvements transfrontières de déchets dangereux et de leur élimination ; et la Convention des Nations Unies sur le droit de la mer (art. 207–210 et 216)[298].

La base de données permet en outre une exploration des quelque 150 000 recommandations émises à l'endroit des États par les 67 organes et mécanismes internationaux des droits humains (organes de la Charte des Nations Unies, Examen périodique universel, procédures spéciales, organes des traités, etc.). Bien que près de 60 % de ces recommandations soient étroitement liées aux cibles des ODD, elles n'y sont généralement pas rattachées de manière explicite.

296 https://sdg.humanrights.dk/fr/node/10.

297 https://sdg.humanrights.dk/fr/instruments/overview/list.

298 https://sdg.humanrights.dk/fr/targets2?combine_1=xxx&goal=81&target=12.4&instrument=All&title_1=&field_country_tid=27&field_instrument_group_tid=All&combine=.

Grâce au moteur de recherche, elles peuvent être aisément identifiées et directement utilisées pour la mise en œuvre nationale des ODD, à partir des indicateurs y afférents. Les réformes préconisées peuvent ainsi être entreprises en fonction de l'indivisibilité et l'interdépendance des droits humains, suivant la vision globale qu'offre le guide sur l'intégralité des ODD et des instruments y relatifs.

Dans le cas du Bénin, sur les 556 recommandations le concernant, 345 (62 %) sont liées à des cibles déterminées, réparties entre 13 ODD, dont 179 pour le seul ODD 16. Par exemple, en lien avec la cible 16.a (institutions nationales des droits humains), le Comité des droits économiques, sociaux et culturels a recommandé au pays de veiller à ce que les droits énoncés dans le Pacte international relatif aux droits économiques, sociaux et culturels soient directement applicables auprès des tribunaux nationaux et que la formation juridique et judiciaire tienne compte de la justiciabilité de ces droits. Autre exemple : par référence à la cible 6.1 (accès universel et équitable à l'eau potable), l'Examen périodique universel a recommandé au pays d'améliorer, d'une part, les conditions d'hygiène dans les écoles en leur fournissant de l'eau potable ; d'autre part, les conditions matérielles des détenus dans les prisons en leur donnant accès à l'eau et à l'assainissement[299].

C. Les indicateurs des ODD de la Banque mondiale

La Banque mondiale a une longue expérience des indicateurs. Ils sont régulièrement mis à jour et s'inscrivent désormais dans les objectifs de développement durable. Trois séries de documents donnent une vision chiffrée de tous les pays, y compris en Afrique. Ils ne comptent que des données très éloignées du droit de l'environnement, mais fournissent cependant des informations utilisables. Parmi les outils véhiculant ces indicateurs, on citera notamment :

- les Indicateurs du développement dans le monde (*World Development Indicators*), un ensemble de données internationales qui intéressent 217 économies et comportent 1600 indicateurs, dont plus de 140 sont relatifs à l'environnement depuis 2015[300]. Ces derniers concernent l'eau propre et

---

299 https://sdgdata.humanrights.dk/fr/taxonomy/term/800.

300 World Bank, *World Development Indicators 2015*, Washington, 2015; *World Development Indicators 2016*, Washington, 2016; *World Development Indicators 2017*, Washington, 2017. Depuis 2018, ces indicateurs sont disponibles en version digitale sur : http://datatopics.worldbank.org/world-development-indicators; https://databank.banquemondiale.org/source/world-development-indicators.

l'assainissement ; l'énergie propre ; les villes durables ; la consommation responsable, y inclus les déchets ; l'action climatique ; les océans ; la vie sur terre, notamment les forêts et la biodiversité ; la paix, la justice et les institutions ;

- les Rapports sur le développement dans le monde, dont des chapitres traitent parfois de thèmes liés à l'environnement, comme l'édition de 2017 qui comporte une partie sur la croissance verte[301], ou celle de 2020 qui examine la dimension environnementale des chaînes de valeur mondiales[302] ;
- l'Atlas des objectifs de développement durable, un guide visuel publié en 2017 et 2018[303] qui donne des informations à jour sur les progrès réalisés par les pays au regard des 17 ODD, en particulier sur le climat, les océans, l'environnement, les institutions.

D. Les indicateurs des ODD d'origine académique et privée

Deux organisations ont élaboré des indicateurs pour les 17 ODD qui complètent les indicateurs officiels de l'ONU. Il s'agit de Bertelsmann Stiftung, fondation allemande, et Sustainable Development Solutions Network (SDSN), rattaché à l'Université de Columbia à New York[304]. Ils ont mis au point une méthodologie de classement des États concernant la mise en œuvre des ODD aux niveaux national et local. Ce classement est basé sur une échelle qui va de 0 (le plus mauvais) à 100 (le meilleur). Ils appliquent 144 indicateurs dans 162 États permettant aux décideurs d'identifier les priorités pour agir afin d'atteindre les ODD. Ainsi, le rapport de 2019[305], établi comme les précédents[306] sous la direction de

---

301 World Bank, *World Development Report. Governance and the Law*, Washington, 2017.

302 World Bank, *World Development Report 2020. Trading for Development in the Age of Global Value Chains*, Washington, 2020 ; Banque mondiale, *Rapport sur le développement dans le monde 2020. Le commerce au service du développement à l'ère de la mondialisation des chaînes de valeur. Abrégé*, Washington, 2020.

303 Banque mondiale, *Atlas des Objectifs de développement durable 2018. Des indicateurs du développement dans le monde*, Washington, 2018 ; World Bank, *Atlas of Sustainable Development Goals 2017. From World Development Indicators*, Washington, 2017.

304 *Sustainable Development Solutions Network*, www.unsdsn.org

305 Bertelsmann Stiftung and SDSN, *Sustainable Development Report 2019. Transformations to achieve the Sustainable Development Goals*, June 2019.

306 Bertelsmann Stiftung and SDSN, *SDG Index and Dashboards Report 2017. Global Responsibilities, International Spillover in Achieving the Goals*, July 2017; *SDG Index and Dashboards Report 2018. Global Responsibilities, Implementing the Goals*, July 2018.

Jeffrey Sachs, professeur d'économie à l'Université de Columbia, classe de la sorte, par exemple, quatre États africains :

- Tunisie, 63° rang mondial avec un score de 70,0 ;
- Cameroun, 127° rang mondial avec un score de 56,0 ;
- Bénin, 151° rang mondial avec un score de 50,9 ;
- Madagascar, 158° rang mondial avec un score de 46,7.

Le premier au classement est le Danemark, avec 85,2, et le dernier sur 162 est la République centrafricaine, avec 39,1.

Auparavant, en 2015, le SDSN a produit un rapport sur commande du Secrétaire général des Nations Unies proposant une série d'indicateurs pour les ODD[307]. Ce rapport proposait 100 indicateurs de suivi des ODD. Il est intéressant de noter que les auteurs semblent avoir pris conscience de l'obstacle résultant de l'utilisation de données juridiques. En effet, on y lit : « Les États pourraient introduire des indicateurs nationaux appropriés sur les politiques et le droit » ; mais cette hypothèse est rejetée sous prétexte qu'il serait difficile de les harmoniser au plan global (p. 19). Notre position, au contraire, du moins en ce qui concerne le droit de l'environnement, est que l'harmonisation est facilitée du fait du caractère universel du droit de l'environnement. Ce même document cite un exemple tiré du rapport national de Mongolie sur la mise en œuvre des objectifs du Millénaire pour le développement, qui évalue la conformité du droit de Mongolie avec le droit international des droits de l'homme (p. 11). On a vu que les droits de l'homme, comme le droit de l'environnement, se prêtent facilement à des comparaisons entre États en raison du grand nombre de conventions internationales qui s'imposent à eux.

Dans ses propositions de 2015, le SDSN se réfère à plusieurs reprises à des indicateurs juridiques, sans toutefois proposer une méthode d'évaluation de l'effectivité du droit. On peut citer, à propos de l'ODD 8, l'indicateur 57, « Ratification et application des conventions de l'OIT », mentionnant la mise en œuvre « juridique et pratique » de ces conventions et, à propos de l'ODD 16, l'indicateur 93, « Existence et application d'une loi nationale ou d'une garantie constitutionnelle sur le droit à l'information ». Bien que le SDSN, dans un rapport de 2014 recensant les lacunes dans le champ couvert par les indicateurs, omette de mentionner « le droit »[308], on peut penser qu'il serait ouvert à une extension

---

307 SDSN, *Indicators and a Monitoring Framework: Launching a Data Revolution for the Sustainable Development Goals*, 12 June 2015.

308 SDSN, *Assessing Gaps in Indicators Availability and Coverage*, July 2014.

des indicateurs aux aspects juridiques. Ce sentiment est conforté par le rapport de 2019 où il est souligné que, à côté des engagements du pouvoir exécutif, le pouvoir législatif a aussi un effet de levier important sur l'orientation des politiques et des lois pour la mise en œuvre des ODD. Toutefois, il est objecté que le manque de données comparables sur la fréquence et le contenu des débats autour des ODD au sein des parlements rend malaisée l'évaluation précise des apports de ces derniers[309].

Depuis 2018, le SDSN consacre un rapport spécifique à l'Afrique. Alors que sa première édition[310] n'incluait que 11 pays du continent dans l'analyse préliminaire de la mise en œuvre des ODD, le rapport de 2019 englobe l'ensemble des 54 pays africains et se base sur 97 indicateurs pour les classer suivant la même échelle (de 0 à 100) que celle utilisée dans l'index mondial. Le premier pays au classement continental est l'Île Maurice, avec un score de 66,19, et le dernier est le Soudan du Sud, avec un score de 29,19. Les quatre États africains sus-mentionnés sont ainsi classés :

- Tunisie, 2° rang avec un score de 66,12 ;
- Cameroun, 28° rang avec un score de 51,57 ;
- Bénin, 29° rang avec un score de 51,52 ;
- Madagascar, 44° rang avec un score de 45,57.

Ce même rapport évalue tant les progrès accomplis par les pays africains vers la réalisation des ODD que les stratégies mises en place pour les atteindre, notamment sur le plan institutionnel. À ce titre, l'une des entrées est constituée par les « actions législatives », autour de cette question : « Un groupe de travail ou un comité dédié a-t-il été créé au parlement pour discuter de la mise en œuvre des ODD ? ». En 2019, sept pays seulement – Algérie, Comores, Mali, Nigéria, Ouganda, Sierra Leone, Zimbabwe – disposaient d'un tel organe au sein du parlement, pendant que 21 pays avaient institué un comité interministériel ou un groupe de travail pour coordonner la mise en œuvre des ODD dans des ministères ou d'autres organismes intéressés.

On signalera enfin une autre initiative académique pilotée par l'Université d'Oxford : *Our World in Data*[311]. Il s'agit d'une plateforme de recueil de données sur les problèmes et les changements majeurs qui façonnent le monde,

---

309 Bertelsmann Stiftung and SDSN, *Sustainable Development Report 2019. Transformations to achieve the Sustainable Development Goals*, June 2019, p. 9.

310 Bertelsmann Stiftung and SDSN, *Africa SDG Index and Dashboards Report 2018*, July 2018.

311 https://ourworldindata.org.

regroupées autour de 16 grandes thématiques, dont l'environnement, la santé, la démographie, l'alimentation, l'énergie, la paix, la société, la culture, les valeurs, l'éducation, le savoir, les droits, les conditions de vie, le régime politique, etc. Le suivi des 17 ODD y est assuré de façon interactive à travers un outil dédié : le *SDG Tracker*[312]. Celui-ci fournit les données disponibles à jour en fonction du cadre mondial des indicateurs des ODD de l'ONU.

312 https://sdg-tracker.org.

IV. Pourquoi créer des indicateurs juridiques en matière d'environnement ?

La création d'indicateurs juridiques en matière d'environnement permet de contribuer à un meilleur suivi des politiques publiques et de la gouvernance dans ce domaine. Ces indicateurs répondent d'abord au procès d'ineffectivité du droit de l'environnement. Dès lors, ils vont servir à plusieurs fins combinées entre elles du fait qu'ils satisfont à plusieurs utilités.

A. Répondre au procès d'ineffectivité du droit de l'environnement

Le droit de l'environnement, en raison de son rapide développement et accroissement tant au plan international que national, ainsi que de ses exigences portant atteinte à des droits supposés acquis, génère des critiques unanimes concernant son efficacité. Sert-il à quelque chose ? Pourquoi l'environnement n'est-il pas mieux protégé depuis sa création ? Ces questions légitimes mettent en cause les nombreux rapports d'inspection et bilans de l'état de l'environnement qui, à longueur d'année, cherchent désespérément à illustrer les progrès existants en matière d'environnement. Il en résulte au plan politique que les gouvernements ne cessent, depuis quelques années, de réclamer dans les réunions et conférences internationales une application plus effective tant des conventions internationales que des droits nationaux. Cette demande d'effectivité reste toujours très générale et abstraite, sans suggérer de véritables remèdes à l'ineffectivité. Or, pour savoir comment mieux appliquer le droit, encore faut-il savoir pourquoi ce droit est mal ou pas appliqué. Hors de certains travaux académiques osant s'attaquer à ce qui semble être un tabou, il n'existe encore aucune méthode scientifique permettant de détecter les raisons précises de l'ineffectivité[313]. C'est pourquoi la création d'indicateurs juridiques devrait permettre de donner des pistes et formuler des recommandations en vue d'améliorer l'effectivité du droit de l'environnement. La société demande qu'on lui rende compte. Encore doit-on disposer d'outils appropriés. Il n'est plus possible de se contenter de l'étude de la lettre des textes, ignorant tout des difficultés de leur application.

---

313 J. Bétaille, « L'effectivité en droit de l'environnement », in S. Brimo et Ch. Pauti (dir.), *L'effectivité des droits. Regards en droit administratif*, Paris, Mare et Martin, 2019.

B. Informer le public sur l'utilité sociale du droit de l'environnement

Les indicateurs juridiques devraient d'abord être capables de donner une information au public afin que celui-ci prenne conscience de l'utilité sociale du droit et de son rôle dans la protection de l'environnement. Dans la mesure où l'environnement est un patrimoine commun, le public ordinaire, comme les groupes d'intérêt professionnels, doivent pourvoir apprécier si le droit de l'environnement sert à quelque chose et fonctionne correctement. Cette information servira d'abord à faire connaître le droit de l'environnement, toujours très largement ignoré des citoyens même dans les États où existe un code de l'environnement. Pourtant, la création d'un code de l'environnement devait avoir pour effet de rendre les textes dispersés plus facilement accessibles. Mais cela a concerné surtout les professionnels du droit. Les textes devenant accessibles aussi par internet et les banques de données juridiques, le public va s'interroger sur leur pertinence, leur lisibilité ou leur complexité. C'est pourquoi les indicateurs juridiques vont permettre au public d'appréhender concrètement les difficultés rencontrées dans l'application du droit et de mieux apprécier les progrès obtenus. En outre, une plus grande compréhension de l'utilité du droit pour résoudre les problèmes d'environnement permet aux parties prenantes, publiques et privées, de mieux accepter la règle, devenue légitime, et donc de mieux la respecter. On sait que l'effectivité du droit n'existe qu'avec le support conscient de tous les acteurs concernés.

C. Éclairer les décideurs

L'utilité des indicateurs juridiques est aussi politique et opérationnelle. Ils vont en effet donner aux mécanismes d'évaluation des politiques publiques entreprises par les gouvernements et les parlements un fondement scientifique permettant de disposer de données chiffrées relative à l'application du droit sur le terrain. Ainsi, les projets de réformes envisagées ne se feront plus à l'aveuglette, mais en toute connaissance de cause. En effet, l'exploitation des indicateurs juridiques permettra de mettre en évidence les obstacles réels freinant ou empêchant l'application effective de la règle de droit. Aussi, les études d'impact des projets et propositions de lois et des projets d'actes réglementaires pourront se fonder sur les constats révélés par l'exploitation des indicateurs juridiques. La décision publique pourra être précisément motivée au regard des remèdes qu'elle apporte à la situation existante en s'appuyant sur des preuves (*evidence-based decision-making*). Les décideurs politiques disposeront ainsi d'un nouvel outil innovant au service des indispensables réformes à venir.

D. Mesurer scientifiquement les progrès et les régressions du droit de l'environnement

Enfin, l'utilité des indicateurs juridiques est scientifique. Ils permettent, grâce à une méthodologie appropriée, de mesurer scientifiquement le degré d'effectivité du droit, en attirant l'attention, tout à la fois, sur les progrès et les régressions du droit. Ils constituent également un incomparable outil d'enrichissement des données utilisées dans les rapports scientifiques sur l'état de l'environnement, tant nationaux qu'internationaux. On sait que ces rapports ignorent, jusqu'alors, la place et le rôle du droit dans les niveaux de pollution et dans l'état de la biodiversité. L'absence de références au droit de l'environnement dans les rapports sur l'état de l'environnement constitue une injure à l'état de droit. Or, l'état de droit inclut dorénavant aussi le droit de l'environnement. On parle désormais de l'état de droit environnemental[314]. De façon générale, les régimes démocratiques ne peuvent plus ignorer la contribution du droit de l'environnement aux politiques publiques. Grâce aux indicateurs juridiques, les rapports sur l'environnement pourront à l'avenir faire connaître aux gouvernants et au public la place effective du droit dans l'état de l'environnement.

Si l'utilité des indicateurs juridiques est grande au niveau national, elle est aussi importante au niveau international en ce qui concerne l'application effective des conventions internationales sur l'environnement. Au plan formel, ces indicateurs pourront servir à mieux rendre compte du degré de respect effectif par les Parties contractantes de leurs obligations générales. De plus, ils aideront les États à mieux s'acquitter de leur obligation spéciale de soumettre des rapports périodiques. Enfin, ils permettront aux réunions des Parties contractantes de mieux évaluer le respect des engagements assumés, d'orienter à bon escient leurs décisions et recommandations et d'entériner en connaissance de cause les conclusions qui leur sont proposées par les comités de respect des obligations qui accompagnent la plupart des conventions multilatérales sur l'environnement.

Au plan substantiel, les indicateurs juridiques permettront de documenter régulièrement les forces et faiblesses de mise en œuvre des conventions internationales, en fournissant un éclairage précis sur les obstacles, lacunes, progrès

314 UNEP, *Environmental Rule of Law. First Global Report*, *op. cit.*

et régressions dans leur application. Ils fourniront un outil solide scientifiquement pour mesurer le degré d'efficacité juridique des mesures juridiques prises par les États Parties pour appliquer la convention internationale dans leur droit national. Ils seront enfin un outil appréciable pour les comités de respect des obligations. Les indicateurs juridiques leur permettront de mieux appréhender les difficultés juridiques de mise en œuvre des conventions et de formuler ainsi des recommandations circonstanciées pour y remédier. En effet, le diagnostic révélé par les indicateurs juridiques permettra immédiatement d'identifier les efforts à fournir par les États, en ciblant précisément les failles existantes dans la mise en œuvre : problème de procédure, de moyens humains ou financiers, d'organisation institutionnelle ou d'inadaptation du contenu même de la règle.

V. Comment construire des indicateurs juridiques à partir des critères d'effectivité du droit de l'environnement ?

La création d'indicateurs juridiques est un travail pluridisciplinaire complexe qui nécessite une bonne équipe de juristes spécialistes du droit de l'environnement accompagnés par d'autres disciplines, telles que mathématiques, sociologie, écologie, science politique. Avant de présenter notre méthode, il est utile de prendre connaissance de trois expériences voisines en droit international et comparé. Mais elles n'ont pas abouti à une véritable mesure de l'effectivité du droit applicable. On pourra ensuite présenter le choix préalable du domaine du droit de l'environnement qui sera évalué, puis le cadre théorique de répartition des indicateurs en grandes catégories, appelées les familles d'indicateurs juridiques. Enfin on déroulera les diverses phases du travail à accomplir pour formuler les indicateurs juridiques. On donnera à titre d'illustration des exemples de questionnaires types en droit international et en droit national relatifs soit à des indicateurs juridiques généraux, soit à des indicateurs juridiques spéciaux.

A. Des expériences voisines

Il est intéressant de rendre compte de trois expériences cherchant à identifier des critères juridiques de l'application du droit de l'environnement. En dépit de leur intérêt, on constatera que, s'ils cherchent bien à aller au-delà de l'analyse du contenu des règles de droit international et national, ces critères ne procèdent pas à une pondération des questions ni à un mesurage des résultats seuls à même de donner des résultats fiables et les plus proches d'une réalité difficilement saisissable.

1. Les critères de l'évaluation de l'effectivité du droit international de l'environnement par Peter H. Sand

L'ouvrage collectif que Peter Sand a préfacé en juillet 1992[315], peu après l'adoption de la Déclaration de Rio, est un véritable traité de droit international de l'environnement explicitant les conditions juridiques de mise en œuvre du

315 Peter H. Sand (ed.), *The Effectiveness of International Environmental Agreements: A Survey of Existing Legal Instruments*, Cambridge, Grotius, 1992.

chapitre 39 de l'Agenda 21 relatif aux instruments juridiques internationaux et aux mécanismes les accompagnant. Il s'appuie sur les propositions du Comité préparatoire à la Conférence de Rio ayant formulé « les critères pour évaluer l'effectivité des accords existants »[316]. L'analyse de l'effectivité a porté sur 124 accords internationaux. Mais l'effectivité se limite au champ du droit international, sans aborder l'application des traités en droit national, ce que nous considérons comme indispensable. Néanmoins, cet intéressant document peut servir aujourd'hui comme base d'élaboration des indicateurs juridiques relatifs à l'effectivité du droit international de l'environnement. L'effectivité est divisée en six critères, chacun étant subdivisé en indicateurs et en sous-indicateurs. Au total, on dispose de 32 indicateurs.

Lors de sa deuxième session, en mars et avril 1991, le Comité préparatoire de la Conférence des Nations Unies sur l'environnement et le développement a mis sur pied le Groupe de travail III. Ce groupe ouvert chargé de traiter des questions juridiques et institutionnelles et de toute question connexe, s'est vu nommément confier, entre autres tâches, celle de « préparer une liste annotée des accords et instruments juridiques internationaux existants dans le domaine environnemental, décrivant leur objet et leur portée, évaluant leur effectivité et examinant les perspectives de développement du droit international de l'environnement, à la lumière de la nécessité d'intégrer l'environnement et le développement et en tenant particulièrement compte des besoins et préoccupations propres aux pays en développement » (décision 2/3, A/46/48, partie I, annexe I).

À sa troisième session, en août et septembre 1991, le Comité préparatoire a formulé la proposition d'un ensemble de « critères pour évaluer l'effectivité des accords et instruments existants », destiné à servir de base pour la compilation des renseignements contextuels nécessaires en vue d'une liste convenue de ces accords et instruments, en coopération avec les secrétariats internationaux concernés, le cas échéant (décision 3/25, A/46/48, vol. II). Ces critères, qui ont ainsi établi le cadre de l'enquête, se lisent comme suit :

Critères pour l'évaluation de l'effectivité des accords ou instruments existants

(Certains des critères ci-dessous pourraient ne pas s'appliquer à tous les accords ou instruments à évaluer.)

316 Décision 3/25, A/46/48, vol. II.

A. Objectifs et réalisation

1. Quels sont les objectifs fondamentaux formulés dans les accords et instruments internationaux évalués, et quel lien ont-ils avec l'intégration effective de l'environnement et du développement ?
2. Dans le cas des accords et instruments régionaux, quels sont leurs effets réels et potentiels sur la protection de l'environnement et le développement durable à l'échelle mondiale ?
3. Ces accords ou instruments tiennent-ils compte de la situation particulière des pays en développement ?
4. Dans quelle mesure les objectifs fondamentaux (pour l'environnement et le développement) formulés dans les accords et instruments internationaux ont-ils été atteints, et comment se fait la mesure de leur atteinte ?

B. Participation

5. L'adhésion est-elle restreinte ou ouverte ?
6. Est-il possible de présenter des réserves et, dans l'affirmative, dans quelle mesure recourt-on à cette possibilité ?
7. Quelle est la répartition géographique actuelle des membres dans les accords et instruments environnementaux existants, en particulier en ce qui concerne les pays en développement ?
8. Quels sont les résultats sur le plan de la participation réelle des pays en développement à la négociation et à la rédaction de ces accords et instruments, ainsi qu'aux activités des programmes et aux réunions organisées dans le cadre de ces accords et instruments ?
9. Quelles mesures incitatives (ex. : mesures financières ou commerciales, avantages technologiques) sont offertes pour encourager la participation des pays en développement et faciliter la mise en œuvre dans ces pays ?
10. Quelles mesures ont été prises pour promouvoir et soutenir la participation effective des pays en développement à la négociation et à l'application des accords ou instruments internationaux, y compris l'assistance technique et financière et les autres mécanismes mis à disposition à cette fin ?
11. Quels facteurs ont influé sur la participation, en particulier celle des pays en développement, à l'accord ou à l'instrument ? Par exemple :
    a. les ressources financières requises et disponibles pour la participation à l'accord ou à l'instrument ;
    b. l'assistance technique requise et disponible pour la participation à l'accord ou à l'instrument ;

c. l'assistance scientifique requise et disponible pour la participation à l'accord ou à l'instrument ;
d. la communication d'information sur l'application de l'accord ou de l'instrument aux gouvernements, aux parlements, à la presse, aux organisations non gouvernementales, aux industries et au public ;
e. le rôle des parlements, de la presse, des organisations non gouvernementales, des industries et de l'opinion publique ;
f. la possibilité de présenter des réserves.

C. Mise en œuvre

12. Dans quelle mesure la mise en œuvre des accords ou des instruments a-t-elle été freinée ou accélérée par des dispositions relatives à leur entrée en vigueur ?
13. Quels sont les engagements imposés aux Parties par ces accords et instruments, et comment s'exercent le contrôle et la mesure de la conformité des Parties à leurs engagements ?
14. Comment les Parties rendent-elles compte de leur performance dans la mise en œuvre des accords et des instruments, et dans quelle mesure se conforment-elles à leur obligation d'en rendre compte ?
15. Quelles sont les exigences particulières (s'il y en a) en matière de communication et de divulgation des données, et dans quelle mesure les Parties s'y conforment-elles ?
16. Quelles sont les possibilités existantes de promouvoir la conformité et de faire le suivi des cas de non-conformité, et dans quelle mesure recourt-on à ces possibilités ?
17. Quels sont les mécanismes en place pour régler les différends relatifs à la mise en œuvre et dans quelle mesure y recourt-on ?
18. Quels facteurs ont influé sur la mise en œuvre ? Par exemple :
    a. les ressources financières requises et disponibles pour la mise en œuvre de l'accord ou de l'instrument ;
    b. l'assistance technique requise et disponible pour la mise en œuvre de l'accord ou de l'instrument ;
    c. l'assistance scientifique requise et disponible pour la mise en œuvre de l'accord ou de l'instrument ;
    d. la communication d'information sur l'application de l'accord ou l'instrument aux gouvernements, aux parlements, à la presse, aux organisations non gouvernementales, aux industries et au public ;
    e. le rôle des parlements, de la presse, des organisations non gouvernementales, des industries et de l'opinion publique ;

f. les organismes internationaux de supervision ou de mise en œuvre ;
g. l'obligation de rendre compte de la conformité ou de fournir et divulguer des données ;
h. les procédures en cas de non-conformité et les procédures de règlement des différends (y compris les procédures d'enquête).

D. Information

19. Sous quelle forme et en quelle langue les textes des accords et instruments existants sont-ils publiés et diffusés ?
20. Comment l'information à jour sur l'application et la mise en œuvre des accords et instruments internationaux est-elle mise à la disposition des gouvernements, des industries concernées et du public ?
21. Quels documents supplémentaires peuvent servir de guide pour la mise en œuvre des accords et instruments internationaux à l'échelon national ?
22. Dans quelle mesure les programmes internationaux et nationaux de formation et d'éducation utilisent-ils l'information ci-dessus ?

E. Application, révision et ajustement

23. Quels sont les arrangements institutionnels pour l'administration internationale des accords et instruments existants ?
24. Quels sont les coûts annuels (1990) de l'administration internationale (secrétariat, réunions, programmes) des accords et des instruments, et comment sont-ils financés ?
25. Quels sont les principaux avantages et éléments de coûts de la participation nationale aux accords et instruments existants, et quelles sont les possibilités de réduction des coûts de participation pour les pays en développement ?
26. Quels mécanismes sont en place pour veiller à la prise en compte des connaissances et conseils scientifiques dans les décisions stratégiques découlant de ces accords et instruments ?
27. En quoi ces arrangements et mécanismes assurent-ils la participation effective :
    a. des autorités nationales, en particulier celles des pays en développement ;
    b. des participants non gouvernementaux, y compris les industries concernées et la communauté scientifique ?

28. Quels mécanismes sont en place pour assurer l'examen et l'ajustement périodiques des accords et instruments internationaux afin de répondre aux nouvelles exigences, et dans quelle mesure y recourt-on ?

F. **Programmation de la codification**

29. Quelles nouvelles ébauches ou révisions d'accords et instruments, dans le domaine de l'environnement, sont en cours de préparation ou de négociation ?
30. Dans quelle mesure et par quels mécanismes la rédaction est-elle coordonnée aux travaux connexes relatifs à d'autres accords et instruments ?
31. Quelles lacunes restent à combler par des dispositions législatives ?
32. Dans quelle mesure des mécanismes autres que les accords ou instruments officiels contribuent-ils au développement du droit international dans le domaine de l'environnement ?[317]

Quelques indicateurs impliquent une réponse oui – non. Mais la plupart donnent le choix entre plusieurs réponses ou nécessitent une réponse développée de nature qualitative, ce qui rend leur mesurage très difficile.

Peter Sand a de nouveau repris le thème de l'effectivité dans une publication plus récente où il fait le point de la littérature internationale en la matière[318]. À cette occasion, il indique qu'il existe désormais des bases de données avec des indicateurs pour mesurer et comparer la performance des États pour appliquer un traité sur l'environnement[319].

En réalité, la base de données de R. B. Mitchell, qui est un outil remarquable inventoriant et rendant accessibles tous les traités internationaux sur l'environnement (1280 traités multilatéraux, 2100 traités bilatéraux), ne fournit que des données statiques ou des indicateurs scientifiques de performance (150), et non des indicateurs juridiques de mise en œuvre effective du droit national en application du droit international.

---

317 Source : Peter H. Sand (ed.), *The Effectiveness of International Environmental Agreements: A Survey of Existing Legal Instruments*, *op. cit.*, pp. 4–7 (traduction libre).

318 Peter H. Sand, "The Effectiveness of Multilateral Environmental Agreements: Theory and Practice", in Melissa Lewis, Tuula Honkonen and Seita Romppanen (eds), *International Environmental Law-making and Diplomacy Review 2016*, Joensuu, University of Eastern Finland Law School, UNEP Course Series 16, 2017, pp. 1–25.

319 H. Breitmeir, O. R. Young and M. Zurn, *Analyzing International Environmental Regimes: From Study to Database*, Cambridge, MIT Press, 2006; R. B. Mitchell, *International Environmental Agreements: Database, Performance Indicator Data*, http://iea.uoregon.edu; voir aussi l'ensemble des instruments de droit de l'environnement dans la base de données ECOLEX, http://www/ecolex.org.

2. Les indicateurs relatifs aux objectifs d'Aichi de Gerd Winter

Une expérimentation intéressante a été réalisée par le professeur G. Winter de l'Université de Hambourg concernant les objectifs d'Aichi comme programme d'action non contraignant concernant l'application de la Convention sur la diversité biologique. Cet exercice est intéressant dans la mesure où, à la différence du précédent, il concerne le *soft law* et peut nous inspirer pour la construction des indicateurs des ODD. Dans un rapport pour l'UICN du 12 décembre 2014, il examine comment des indicateurs juridiques pourraient permettre d'évaluer l'efficacité des objectifs d'Aichi, en prenant le cas de la pêche maritime[320]. Il rappelle à juste titre que le facteur « droit » n'est pas le seul à prendre en compte et qu'à côté du droit « formel » il y a le droit « réel », c'est-à-dire tel qu'il est appliqué. Pour évaluer le succès ou l'échec d'une politique, il propose une liste de 12 questionnements qui sont autant d'indicateurs, mais sans les quantifier ou les hiérarchiser. Seule la 12° question porte sur les mesures d'application de la règle de droit. En réalité, l'objectif est seulement l'évaluation de l'efficacité d'une politique en prenant en compte les facteurs juridiques et non pas l'évaluation de l'effectivité du droit comme processus, dans le sens où nous l'entendons.

3. L'évaluation du droit pour la durabilité : étude de cas

Une étude de cas a été réalisée pour l'UICN visant à évaluer, avec des indicateurs en partie juridiques, la façon dont les États appliquent certains principes généraux du droit de l'environnement[321]. Le rapport porte sur l'application des principes de précaution et de participation du public dans les aires protégées, y compris marines, et pour les espèces en danger. Les auteurs retiennent quatre niveaux ou critères d'indicateurs :

320 G. Winter, *Assessing law as a factor towards the Aichi Biodiversity Targets*, 2014, https://www.iucn.org/sites/dev/files/assessing_law_as_a_factor_toward_the_aichi_biodiversity_targets_0.pdf.

321 Paul Martin, Ben Boer and Lydia Slobodian (eds), *Framework for Assessing and Improving Law for Sustainability. A Legal Component of a Natural Resource Governance Framework*, Environmental Policy and Law Paper n° 87, Gland, IUCN, 2016.

- critère instrumental : relatif à l'existence des principes susvisés, aux sources juridiques de ces principes et leurs sources non juridiques, telles que code de l'industrie ou normes du marché ;
- critère institutionnel : concernant la création d'institutions ou d'arrangements administratifs servant à appliquer les principes ainsi que les programmes et budgets les accompagnant ;
- critère comportemental : l'attitude des gens et des organisations face à ces principes et la façon dont ils les intègrent dans leur comportement. À ce titre, sont aussi recherchées les actions de mise en œuvre pratiques ;
- critère de résultat (*outcome*) : la mesure des résultats écologiques et sociaux prouvant que le but poursuivi par les principes est atteint.

On se rend compte de l'ambition de ce projet qui, au-delà du droit strict, intègre des données sociales, psychologiques et scientifiques. Les auteurs du rapport avouent avoir rencontré de nombreux obstacles pour trouver des données fiables, notamment concernant le critère de résultat.

La méthode utilisée a combiné le recours à des données existantes, la réunion de groupes de travail avec les parties prenantes, des interviews et l'appel à des groupes d'experts pluridisciplinaires.

B. Le choix préalable du domaine de droit à évaluer

Pour créer des indicateurs juridiques, il faut d'abord déterminer le domaine du droit de l'environnement qui fera l'objet d'une évaluation appelé aussi : périmètre de mesure. Mais comme ce domaine n'est pas forcément facilement identifiable et, comme l'évaluation de l'effectivité concerne l'environnement, on recherchera d'abord à quelle question on veut répondre, sur la base de quatre entrées différentes :

a) Rechercher l'application effective du droit dans un secteur particulier de l'environnement ? En droit international ? En droit régional ? En droit national en incluant l'application nationale du droit international ? Le choix du domaine de droit peut se faire, par exemple, parmi les 35 secteurs particuliers de l'environnement couverts par le droit :
   - la chasse ;
   - la pêche ;
   - le pastoralisme ;
   - l'eau ;
   - l'air ;

- les sols ;
- les forêts ;
- le bruit ;
- les paysages ;
- les déchets ;
- les produits chimiques ;
- les perturbateurs endocriniens ;
- les pollutions industrielles ;
- les organismes génétiquement modifiés ;
- les pesticides ;
- le glyphosate ;
- les abeilles ;
- les plastiques ;
- les zones côtières ;
- le milieu marin ;
- la montagne ;
- les catastrophes et risques naturels ;
- l'énergie ;
- la faune ;
- la flore ;
- les aires naturelles protégées ;
- les îles ;
- les zones humides ;
- le patrimoine culturel et historique ;
- l'urbanisme ;
- l'agriculture ;
- l'affichage et la publicité ;
- les mines et carrières ;
- les émissions lumineuses ;
- le gaz de schiste.

b) Ou bien cherche-t-on à évaluer l'application effective du droit par rapport à un thème concernant un principe général, par exemple :
   - l'information ;
   - la participation ;
   - l'accès à la justice ;
   - la prévention ;
   - la précaution ;
   - le pollueur-payeur ;
   - la réparation du préjudice écologique ;

- la non régression ;
- l'intégration ;
- l'éducation ;
- les limites planétaires.

c) Ou bien cherche-t-on à évaluer l'application effective du droit par rapport à un thème transversal environnemental ou juridique ou une problématique générale, par exemple :
- l'étude d'impact sur l'environnement ;
- le développent durable ;
- l'environnement dans la constitution ;
- le droit de l'homme à l'environnement ;
- le patrimoine commun ;
- l'état de droit ;
- les sanctions pénales ;
- les sanctions administratives ;
- les servitudes ;
- la fiscalité ;
- la gouvernance ;
- la biodiversité ;
- les droits de la nature ;
- la solidarité écologique ;
- le changement climatique ;
- la justice environnementale ;
- l'accès à la justice ;
- les mesures d'urgence ;
- les énergies renouvelables ;
- les centrales nucléaires ;
- l'industrie agroalimentaire ;
- la transition écologique ;
- l'économie circulaire ;
- les plans et programmes sur l'environnement ;
- les objectifs de développement durable ;
- les organisations non gouvernementales (ONG).

d) Ou bien cherche-t-on à évaluer l'application effective du droit dans le cadre d'une institution, par exemple :
- le ministère de l'environnement ;
- les organes consultatifs ;
- les agences de l'environnement ;
- les collectivités locales et régionales ;

- les autorités administratives indépendantes ;
- le médiateur de l'environnement ;
- les aéroports ;
- les inventaires ;
- les juridictions ;
- le juge constitutionnel ;
- l'ONU ;
- la FAO, le PNUE, etc. ;
- le secrétariat d'une convention internationale.

Compte tenu de la complexité et du nombre importants de domaines de l'environnement faisant l'objet d'une réglementation, et pour aider à faire le choix du domaine de droit à évaluer, il est recommandé un exercice préalable. Il consiste à inventorier tous les secteurs de l'environnement disposant de textes juridiques, comme peuvent le faire, lorsqu'ils existent, les codes de l'environnement, puis à procéder à un sondage parmi des experts pour choisir le ou les thèmes considérés comme prioritaires. Mais il faut savoir que l'existence d'un code de l'environnement n'est pas forcément une garantie d'exhaustivité des thèmes environnementaux. Ainsi, en France, la forêt, élément essentiel de la biodiversité et de la lutte contre le changement climatique, n'est pas dans le code de l'environnement, mais dans le code forestier.

S'agissant du droit international en tant que tel, indépendamment de son application en droit national, l'évaluation de son effectivité pourra être effectuée aussi en fonction des quatre mêmes entrées :

a) Par secteur de l'environnement, comme ci-dessus, en recherchant l'ensemble des règles applicables en droit international, tant contraignantes que de *soft law*. Dans cette hypothèse, l'évaluation de l'effectivité des traités internationaux sur l'environnement, tant universels que régionaux, sera déterminante. Elle conduira à élaborer une méthodologie adaptée, comme cela est envisagé par la Convention de Barcelone sur la protection du milieu marin et du littoral de la Méditerranée et ses protocoles (voir *supra*).

   On peut en effet évaluer, en premier lieu, le fonctionnement interne de la convention au regard de son secrétariat général et de ses relations avec les Parties contractantes. C'est une évaluation de type institutionnel, au regard de la gouvernance. On peut également évaluer une convention internationale au regard du contrôle de sa mise en œuvre effective vis-à-vis du droit international. Il s'agira alors de déterminer des indicateurs capables de rendre compte du fonctionnement réel de l'obligation de soumettre des rapports et également de rendre compte du fonctionnement et des effets de l'intervention des comités de respect des obligations institués auprès de la conférence des Parties. À cet égard, les indicateurs seront surtout formels et devront nécessairement se combiner avec des indicateurs nationaux, seuls capables d'évaluer l'application de la convention au niveau national, ce qui fait évidemment partie des exigences du droit international.

b) Par rapport aux principes généraux de droit international reconnus par la jurisprudence internationale, la coutume internationale et la doctrine. On devra utiliser comme sources l'ensemble des rapports des diverses institutions internationales, des comités d'experts, de la doctrine et effectuer des enquêtes auprès de personnes ressources par questionnaires ou interviews.
c) Par rapport à un thème transversal environnemental ou une problématique générale. On utilisera les mêmes sources qu'en b) ci-dessus.
d) Par rapport aux attributions et aux activités d'une organisation internationale ou du secrétariat d'une convention internationale. La recherche d'indicateurs juridiques équivaudra ici à une sorte d'audit externe pour évaluer la gouvernance et le fonctionnement de l'institution. Pour rédiger les questionnaires, on s'appuiera sur les rapports d'activité, les banques de données, des interviews internes et des enquêtes auprès des partenaires de l'institution, à savoir les États membres et les ONG accréditées.

Afin de procéder au choix du domaine du droit à évaluer en fonction des priorités, il conviendra de procéder à un sondage préalable, soit auprès des élus, soit auprès du gouvernement ou du public, ou simplement auprès d'un groupe d'experts. Chaque État, en fonction de sa culture, sa géographie, ses ressources et son modèle de développement, a en général des priorités et une plus ou moins grande sensibilité écologique. Cela se traduit par des lois à jour ou des lois anciennes inadaptées ou par des secteurs de l'environnement non encore couverts par le droit.

En reprenant la liste des 35 objets environnementaux présentée *supra*, il peut être intéressant de proposer, comme indicateurs de la sensibilité écologique d'un État, une liste de domaines de l'environnement à classer par ordre d'importance, telle que ressentie par les personnes questionnées. On pourrait aussi imaginer de questionner à cet égard un panel de personnes composé d'élus, de fonctionnaires, d'ONG, de citoyens ordinaires, d'experts du droit et d'experts de l'écologie.

En considérant l'existence de ces textes et non leur contenu, et en supposant qu'ils soient juridiquement applicables, on peut dans chaque pays classer hiérarchiquement, dans la liste ci-dessus, les domaines faisant l'objet d'une norme juridique par ordre d'importance et en fonction de l'utilité juridique pour un meilleur environnement (1 à 35, 1 étant le plus important ; pour des textes considérés de même importance, on peut mettre le même chiffre). Il en résultera un classement propre à chaque pays permettant de déterminer des priorités, soit en vue d'adopter des textes, soit en vue de les renforcer.

C. Les familles de critères de l'effectivité du droit de l'environnement

Après avoir précisé dans quel champ de l'environnement ou du droit on se situe pour construire des indicateurs juridiques, il convient de déterminer les grandes catégories ou familles d'indicateurs considérés comme des critères pertinents dans la mesure où ils contribuent à l'effectivité de l'application de la règle de droit. Ce sont autant de critères généraux de l'effectivité. Par convention, on a choisi un découpage des diverses composantes de la mise en œuvre du droit de l'environnement en six critères d'effectivité. Ce découpage n'est en réalité pas propre au droit de l'environnement, mais pourrait s'appliquer à toute évaluation des phases d'application d'un champ particulier du droit. C'est sur la base de ces six familles d'indicateurs que pourront être construits les divers questionnaires faisant ensuite l'objet d'un mesurage chiffré.

Ces six familles de critères permettent de prendre en compte les éléments du déroulement du processus juridique, allant du texte ou du domaine de droit faisant l'objet de l'évaluation, jusqu'à son application éventuelle par les tribunaux. Ce sont autant d'étapes indispensables pour que la règle écrite, étant effectivement appliquée, puisse produire des effets bénéfiques pour l'environnement. Comme on l'a précédemment expliqué (*supra,* I-B), il ne s'agit pas ici d'évaluer directement ses effets bénéfiques, ce qui relève des indicateurs de performance ou de résultats (*output*), mais d'évaluer en amont si le droit a été correctement appliqué.

Parmi ces six familles de critères, cinq sont purement juridiques et un est hors du droit :

1. critère existentiel et sources juridiques ;
2. critère d'applicabilité et légalité ;
3. critère substantiel ;
4. critère organique ou institutionnel ;
5. critère relatif aux contrôles de l'application ;
6. critères non juridiques qui conditionnent néanmoins l'application du droit.

Avant d'examiner le contenu de chacun de ces critères, il convient de faire état d'une autre échelle de critères d'effectivité proposée par la doctrine. Dans sa thèse de droit, Julien Bétaille[322] a énuméré ce qu'il considérait comme des conditions indispensables pour évaluer l'effectivité de la norme juridique nationale. Il s'agit d'un découpage minutieux qui rend compte de la complexité de l'analyse juridique de l'effectivité d'une norme. Il identifie onze critères :

1. les indicateurs liés à la cohérence interne entre les ordres juridiques ;
2. les indicateurs liés à la cohérence de l'ordre juridique interne ;
3. les indicateurs liés à la sanction de la norme nationale ;
4. les indicateurs liés au contrôle juridictionnel de la légalité de la norme ;
5. les indicateurs liés à la mise en cause de la responsabilité de l'administration pour violation des règles de droit de l'environnement ;
6. les indicateurs liés à la connaissance de la norme ;
7. les indicateurs liés à la qualité de la norme ;
8. les indicateurs liés à la légitimité de la norme ;
9. les indicateurs de mise en œuvre de la norme ;
10. les indicateurs de réception de la norme par ses destinataires ;
11. les indicateurs de la réception de la norme par le juge.

On a cherché avec Julien Bétaille à détailler le contenu précis de chacun de ces onze critères. Le résultat est de 127 indicateurs :

Conditions juridiques de l'effectivité du droit de l'environnement[323]

1. ***Les indicateurs liés à la cohérence entre les ordres juridiques***
    1.1. Indicateurs formels
    - Ratification
    - Publication
    - Incorporation dans une loi *ad hoc*
    - Incorporation diffuse
    - Incorporation inexistante

    1.2. Indicateurs institutionnels
    - Institutions
    - Suivi de la mise en œuvre
    - Personnel et budget affectés

322 Julien Bétaille, *Les conditions juridiques de l'effectivité de la norme en droit public interne: illustrations en droit de l'urbanisme et de l'environnement*, *op. cit.*

323 Liste établie à partir de la thèse de Julien Bétaille, *ibid.*

1.3. **Indicateurs substantiels**
   - Primauté de l'ordre juridique international
   - Contenu de la réception de chaque article d'un traité
1.4. **Indicateurs de contrôle juridictionnel du respect du droit international**
   - Contrôle de conventionnalité de la constitution
   - Contrôle de conventionnalité de la loi
   - Contrôle de conventionnalité du règlement
   - Invocabilité des normes d'origine externe
   - Critères de l'effet direct appréciés par le juge national

2. *Les indicateurs liés à la cohérence de l'ordre juridique interne*
   2.1. **Existence de normes constitutionnelles** posant des normes générales (droits, devoirs ou principes)
   2.2. **Nombre de niveaux normatifs** au sein des grandes catégories de normes (loi, règlement, etc.) :
   - Loi de programmation / loi ordinaire
   - Multiplicité des actes réglementaires régissant un même objet : par exemple, nombre de niveaux de planifications environnementales
   2.3. **Rapports entre les normes environnementales et les autres normes** (droit de l'urbanisme, droit économique, droit de la santé, etc.)
   2.4. **Degré d'exigence du rapport entre les normes internes :** conformité, compatibilité, prise en compte
3. *Les indicateurs liés à la sanction de la norme nationale*
   3.1. **Indicateurs formels**
   - Existence de sanctions pénales
   - Existence d'un délit spécifique d'atteinte à l'environnement
   - Existence de sanctions administratives
   - Exigence de la mise en demeure administrative
   3.2. **Indicateurs institutionnels**
   - Les organes compétents pour détecter la violation de la norme
   - Les pouvoirs d'investigation de ces organes
   - Les organes publics chargés de déclencher la procédure de sanction
   - Personnel et budget affectés
   - Pouvoir discrétionnaire du titulaire du pouvoir de sanction
   - Indépendance et impartialité du titulaire du pouvoir de sanction
   3.3. **Indicateurs substantiels**
   - Qualification juridique de la sanction pénale : crime, délit, contravention

- Nature de la sanction administrative : suspension provisoire, fermeture, exclusion des marchés publics…
- Proportionnalité entre la sévérité de la sanction et la gravité de l'infraction

3.4. Indicateurs de contrôle juridictionnel des sanctions

- Personnes privées et ONG capables de déclencher les sanctions pénales
- Personnes privées et ONG capables de déclencher les sanctions administratives
- Droits de la défense
- Possibilité de contester la faiblesse d'une sanction

4. Les indicateurs liés au contrôle juridictionnel de la légalité de la norme environnementale nationale

4.1. Indicateurs formels

- Droit au recours contre une loi :
  - ✓ Par une personne physique
  - ✓ Par une personne publique
  - ✓ Par une personne morale
  - ✓ Par une ONG
- Droit au recours contre un acte administratif :
  - ✓ Par une personne physique
  - ✓ Par une personne publique
  - ✓ Par une personne morale
  - ✓ Par une ONG

4.2. Indicateurs institutionnels

- Contre la loi :
  - ✓ Existence d'un juge constitutionnel
  - ✓ Indépendance du juge constitutionnel
  - ✓ Nombre d'assistants par juge
- Contre un acte administratif :
  - ✓ Indépendance du juge
  - ✓ Nombre de juridictions compétentes par habitants
  - ✓ Nombre de juges par habitants

4.3. Indicateurs substantiels

- Contre la loi :
  - ✓ Contrôle de la violation des droits de l'homme
  - ✓ Contrôle de la violation du droit de l'environnement
  - ✓ Effets d'une annulation

- Contre un acte administratif :
  - ✓ Sanction des violations procédurales
  - ✓ Théorie des formalités substantielles
  - ✓ Effets d'une annulation

5. ***Les indicateurs liés à la mise en cause de la responsabilité de l'administration pour violation des règles de droit de l'environnement***

   5.1. **La sanction de la violation de la norme internationale** devant le juge national
   - Recevabilité
   - Fondement : faute / responsabilité du fait des traités

   5.2. **La sanction de la violation de la norme nationale**
   - Recevabilité
   - Fondement : faute simple / faute lourde / risque / responsabilité du fait des lois
   - Préjudice : matériel / moral
   - Réparation : par équivalent / en nature

   5.3. **La sanction de l'inapplication de la norme : inaction et carence de l'administration**
   - Recevabilité
   - Carence :
     - ✓ Dans l'exercice du pouvoir réglementaire
     - ✓ Dans l'exercice du pouvoir de police administrative
     - ✓ Dans l'exercice du pouvoir de sanction
   - Fondement : faute simple / faute lourde
   - Réparation

   5.4. **La sanction du dommage à l'environnement ou responsabilité du préjudice écologique pur**
   - Recevabilité : personne physique / personne morale et ONG
   - Fondement de la réparation : faute / sans faute
   - Préjudice : matériel / moral
   - Réparation : par équivalent / en nature

6. ***Les indicateurs liés à la connaissance de la norme***
   - La publication de la norme
   - L'accès à la norme par internet
   - Existence d'une codification
   - Complétude de la codification
   - Diffusion de commentaires et d'explications de la norme

7. Les indicateurs liés à la qualité de la norme

7.1. Indicateurs liés à la qualité formelle de la norme

- Clarté et précision
- Accessibilité et intelligibilité
- Stabilité (sécurité juridique)

7.2. Indicateurs liés à la qualité substantielle de la norme

- L'expertise juridique en amont obligatoire
- Le niveau d'ambition de la norme
- Le caractère contraignant de la norme
- Le caractère permissif de la norme

8. Les indicateurs liés à la légitimité de la norme

8.1. Indicateurs liés à l'évaluation de la norme *a priori*

- Exigence d'une étude d'impact des lois
- Exigence d'une étude d'impact des actes administratifs

8.2. Indicateurs liés à la légitimité démocratique de la norme

- Information du public sur le projet de loi
- Information du public sur le projet d'acte administratif
- Droit du public de commenter le projet de loi
- Droit du public de commenter le projet d'acte administratif
- Rapport sur les commentaires du public sur la loi
- Rapport sur les commentaires du public sur l'acte administratif
- Prise en considération de l'avis du public dans le texte de loi
- Prise en considération de l'avis du public dans l'acte administratif
- Motivation de la décision au regard des différents commentaires du public
- Recevabilité d'un recours contre le texte adopté pour violation de la procédure de participation

8.3. Indicateurs liés à l'évaluation de la norme *a posteriori*

- Évaluation de l'application de la norme organisée par le parlement
- Évaluation organisée par l'exécutif
- Évaluation par une autorité indépendante

9. Les indicateurs de mise en œuvre de la norme

9.1. L'adoption formelle de normes d'application

- De la constitution
- Des lois
- Des règlements

9.2. L'adoption d'instruments de mise en œuvre

- Mesures de police
- Servitudes

- Contrats
- Fiscalité
- Échange de droits

9.3. Les facteurs de confiance des destinataires de la norme
- La motivation des normes
- Les dérogations
- Les régularisations
- Les tolérances administratives

10. Les indicateurs de réception de la norme par ses destinataires

10.1. Les indicateurs d'accès à la justice
- La protection constitutionnelle et conventionnelle du droit d'accès à la justice
- La recevabilité des personnes physiques et des ONG
- Le coût de l'action en justice
- Les frais de justice et les amendes pour recours abusif

11. Les indicateurs de réception de la norme par le juge

11.1. Nombre de contentieux environnementaux
- Constitutionnel
- Pénal
- Administratif
- Civil et commercial

11.2. Interprétation de la norme par le juge
- Existence d'interprétation *contra legem*
- Interprétation plus ou moins favorable à la protection de l'environnement

11.3. Pouvoirs du juge
- Référé et suspension des atteintes à l'environnement
- Expertise du juge
- Pouvoir d'injonction du juge
- Pouvoir de réformation du juge

11.4. Exécution des décisions de justice

Comme on peut le constater, on trouve dans cette liste des indicateurs qui concernent l'existence même de la norme, des indicateurs formels, substantiels, institutionnels et de contrôle d'application. Sont particulièrement présents des indicateurs procéduraux et des indicateurs liés aux contrôles juridictionnels.

L'idéal serait à coup sûr d'utiliser cette échelle détaillée de onze critères d'effectivité. Mais il est évident que cela impliquerait un travail considérable pour formuler des questions correspondant à chaque critère et sous-critère. Certaines impliquent des réponses par oui ou non, facilement mesurables, d'autres sont ouvertes et qualitatives et devraient être formulées de façon adéquate pour être mesurables.

Mais l'obstacle majeur qui empêche l'utilisation de ces onze critères est leur nombre et le poids exclusif donné aux seuls éléments strictement juridiques. Le détail des indicateurs qui correspond bien à chacune des étapes du processus juridique d'application est tel que les personnes amenées à répondre seraient trop souvent désemparées ou découragées, ce qui à coup sûr fausserait la fiabilité des résultats. De plus, faute de prendre en compte ce que nous avons appelé des critères non juridiques de l'effectivité, on se situe en dehors de la réalité sociale de terrain qui fait pourtant partie de l'application du droit. En dehors de sa lettre, le droit n'est pas une abstraction, il est dans la société et fait partie de la société. Évaluer l'effectivité du droit sans prendre en compte les facteurs sociaux, culturels ou économiques, conduit à faire une évaluation tronquée. Car même si on se limite au processus d'effectivité, sans aborder les résultats sur l'environnement, les facteurs extra-juridiques sont bien présents et peuvent empêcher ou fausser les conditions juridiques de l'application du droit.

Ce sont les raisons pour lesquelles on a choisi de renoncer à cette échelle d'indicateurs et de se limiter, plus modestement, mais plus efficacement, à seulement six familles d'indicateurs en reprenant les principales catégories détaillées dans la liste des onze indicateurs. Cette dernière liste pourra d'ailleurs servir pour rédiger certaines des questions à poser au titre des six familles retenues.

Les six familles de critères de l'effectivité peuvent être explicitées en illustrant à chaque fois la signification donnée à travers d'hypothétiques questions types.

1. Critère existentiel et/ou sources juridiques du domaine de droit concerné

Pour être effective, une norme doit d'abord exister. C'est une évidence. Lorsque l'évaluation concerne un texte juridique, on va constater son existence en identifiant ses sources juridiques : quelles sont les fondements juridiques de ce texte (convention internationale, résolution ou recommandation internationale, constitution, loi, décret, circulaire, convention ou accord privé, norme ISO, plan, programme, jurisprudence, etc.) ? S'agit-il d'un acte unilatéral, contractuel ? D'un instrument de planification ?

Lorsque l'évaluation concerne un problème ou une question, on recherchera l'existence et la visibilité d'un acte juridique ou d'un instrument politique ou programmatoire qui est à l'origine de l'action étudiée. Y a-t-il un droit spécifique direct ou indirect qui constitue le fondement de ce problème ou de cette question ? Quelles sont aussi ses sources aussi bien de droit dur que de *soft law* ? Cette norme ou ce champ d'action font-ils l'objet d'une mise en œuvre juridique ? Sous quelle forme (déclaration politique, engagement volontaire ou recommandation internationale) ? En un mot, quelle est l'origine formelle et/ou informelle de la question faisant l'objet de l'évaluation ?

2. Critère d'applicabilité

Pour être effective, une norme doit être juridiquement applicable avec une force plus ou moins grande. C'est une condition de son opposabilité, c'est-à-dire du fait qu'elle peut être invoquée à la fois par l'administration et par les particuliers. L'applicabilité est constatée en premier lieu sur la base de modalités procédurales, selon la façon dont elle est rendue publique (affichage, publication, notification). Son applicabilité peut être conditionnée aussi par l'édiction de textes d'application. On posera les questions suivantes : si la norme étudiée a sa base dans une loi, y a-t-il un texte d'application ? À quel niveau : national, local ? Y a-t-il des délais ? Y a-t-il des préalables procéduraux à son application ? Faut-il une publication ?

Pour être applicable, une norme doit également être juridiquement valide. Il s'agit alors de sa légalité. Y a-t-il un contrôle de légalité ou de constitutionnalité ? Quand ? *A priori* ou *a posteriori* ? Lorsque la norme environnementale est en conflit avec d'autres normes, y a-t-il un rapport de conformité, de compatibilité ou de prise en compte ? Comment ? Y a-t-il primauté de l'ordre juridique international ? Pour être valide, la norme internationale a-t-elle un effet direct en droit national ?

3. Critère substantiel

Pour être effective, une norme doit avoir un contenu plus ou moins précis ou général. S'agit-il de principes généraux ou de règles détaillées ? Comment le contenu de la norme est-il formulé ? Que prévoit-il ? Qu'interdit-il ? Qu'autorise-t-il ? Est-ce une norme de progrès ou de régression ?

S'agissant d'un document divisé en plusieurs articles, des questions peuvent être posées à propos de chaque article ou pour seulement certains articles importants sélectionnés.

4. Critère organique ou institutionnel

Pour être effective, une norme doit être mise en œuvre par des institutions appropriées disposant de ressources suffisantes en personnel et en budget. Ces institutions existent-elles ? À quel niveau territorial ? Comment sont-elles organisées ? Quels sont leurs moyens humains, techniques, scientifiques, financiers ?

5. Critère des contrôles d'application

Pour être effective, une norme doit être appliquée réellement. Elle doit faire l'objet de plusieurs contrôles de son application. Ces contrôles sont de trois ordres : contrôles administratifs, contrôles juridictionnels et contrôles du public.

Y a-t-il des organes de contrôle administratifs avec des inspecteurs ? Combien sont-ils ? S'agit-il d'une police générale ou spéciale ? Y a-t-il des sanctions pénales ? Des sanctions administratives ? Sont-elles utilisées ? Comment ? Y a-t-il des recours contre les sanctions ?

Les recours juridictionnels sont-ils ouverts aux ONG ? Les décisions des juges sont-elles exécutées ? Quelles sont les formes du contrôle par le public ? Y a-t-il un contrôle de la conventionalité de la constitution, de la loi, du règlement ?

6. Critères renforçant l'effectivité et la conditionnant

Pour être effective, une norme doit enfin correspondre à des exigences et des données économiques, sociales et culturelles. Il s'agit ici de prendre compte et d'évaluer l'influence que peuvent avoir des critères non juridiques sur l'application du droit.

La norme ou la question étudiée est-elle connue ? Est-elle compréhensible et lisible ? Est-elle trop technique ? Est-elle bafouée par la corruption ? Est-elle ignorée par les entreprises, les ONG ? Est-elle économiquement supportable ? Est-elle compatible avec les coutumes ou la culture locale ? Correspond-elle aux attentes de la population ? Aux croyances ? Heurte-t-elle les comportements habituels ?

En résumé, les questions à poser au titre de ce sixième critère d'effectivité dépendent du contexte politique, économico-social, culturel, international, national ou local. Il s'agit d'identifier les obstacles non juridiques à l'application effective du droit.

D. Les phases conduisant à la formulation des indicateurs juridiques dans des questionnaires

Concevoir et utiliser des indicateurs juridiques exige de suivre un processus rigoureux d'élaboration qui comporte 12 phases.

1. Mise en place d'un comité d'experts

Ce comité devrait comporter 10 à 15 membres au maximum, représentatifs d'une expertise juridique et scientifique, les deux tiers étant des juristes connaisseurs ou praticiens du droit de l'environnement. Les juristes seront des professeurs de droit, des magistrats, des avocats, des juristes d'une administration de l'environnement, des juristes d'ONG d'environnement. Les non juristes seront statisticien et mathématicien familiers du domaine des indicateurs, sociologue, politiste, historien. Les membres seront en nombre impair pour le cas où des décisions nécessiteraient un vote faute de consensus. Ce comité pourrait être assisté, pour des recherches de documents ou de données, par un groupe de trois à cinq chercheurs, juristes de l'environnement, tels que des doctorants en droit de l'environnement.

Compte tenu du travail à fournir par ce comité et du caractère nouveau de l'exercice, il sera nécessaire que des séances de formation et d'explication soient organisées lors des premières réunions du comité afin d'éviter en cours de route des questionnements remettant en cause la finalité de l'exercice, son objet ou sa programmation.

2. Détermination du domaine à évaluer ou périmètre de la mesure

Le comité déterminera le ou les domaines d'évaluation de l'effectivité. Compte tenu de l'importance du champ couvert par l'environnement, il est évident qu'on ne pourra pas mesurer le respect de tout le droit de l'environnement. L'application du droit est plus ou moins complexe selon les domaines considérés, soit en raison de leur scientificité, soit en raison de la complexité du texte de droit lui-même. Il conviendra donc de choisir le domaine du droit à évaluer en fonction de certains critères : actualité de la question, demande politique ou demande sociale. Les domaines dans lesquels on sait qu'il y a des problèmes d'application seront privilégiés.

Une fois le domaine du droit choisi, il faudra fixer le champ territorial de l'évaluation, international, national, régional ou local, qui peut être conditionné par le choix du domaine concerné.

On peut envisager que le comité d'experts procède à une classification par ordre d'importance ou d'urgence des divers domaines de l'environnement pour choisir lesquels aborder en priorité.

3. Inventaire des sources de droit applicables

Devront être précisément identifiées toutes les sources de droit susceptibles de s'appliquer dans le champ d'évaluation choisi. Il s'agira du droit international, du droit régional, du droit national, en particulier les actes de traduction juridique du droit international. Devront aussi être pris en considération les actes politiques ou déclaratifs nationaux et internationaux, même s'ils ne sont pas juridiquement contraignants.

Lors de la rédaction des questions du questionnaire, il ne sera pas nécessaire de reprendre chacune de ces sources. Le comité d'experts devra faire une sélection des sources les plus essentielles. La sélection dans l'inventaire servira par la suite à formuler certaines questions.

On pourra demander au comité d'experts de donner, à titre indicatif et pour mieux orienter la rédaction des questions, un numéro d'ordre aux sources de droit applicables de 1 à x, en fonction de l'estimation par le comité d'experts de l'importance de chaque source quant à leur contribution à l'effectivité du domaine à évaluer.

4. Élaboration du questionnaire par identification et formulation des questions

Le contenu des six familles de critères ayant au préalable été bien expliqué au comité d'experts, celui-ci procède, par famille, à l'identification des questions et sous-questions pertinentes à poser aux acteurs impliqués dans l'application du droit. Il est impératif de garder toujours à l'esprit l'objectif final : mesurer l'effectivité de la mise en œuvre du droit. La façon de formuler les questions doit permettre par la suite de mesurer mathématiquement les réponses. C'est pourquoi des conseils particuliers sont donnés à cet égard dans la partie VI de cet ouvrage.

Pour chaque critère, on formulera une question fermée à choix unique pour permettre la mesure de l'effectivité. Le cas échéant, un critère pourra nécessiter une formulation de la question en sous-questions pour mesurer une alternative ou une combinaison des modalités d'application effective du droit.

Il est essentiel que, pour chaque question et sous-question, le comité d'experts adopte une position commune par consensus, ce qui implique beaucoup de temps. Sinon on procédera à un vote.

5. Détermination de l'échelle de gradation des réponses aux questions

Chacune des questions et sous-questions implique une seule réponse qui ne peut être motivée. Elle est le résultat de la connaissance du problème par la personne questionnée ou de son ressenti ou de son ignorance. Les réponses possibles sont ordonnées selon une échelle de valeurs attribuée à chaque réponse. La valeur la plus élevée est donnée à la réponse qui traduit l'effectivité la plus grande. Les réponses sont : oui, souvent, parfois, rarement, non, ne sais pas. Le comité d'experts choisit celles qu'il conserve et se met d'accord sur la valeur à donner à chaque réponse : c'est la gradation dans le choix des réponses.

6. Mise en forme ordonnée des questions et sous-questions

Il convient ici de revoir toutes les questions et sous-questions dans chacune des six familles de critères pour les ordonner à la fois en vue d'une meilleure compréhension et toujours dans la perspective de la plus grande effectivité. Cela conduira éventuellement à modifier l'ordre initial des questions.

Lors de cette même phase, on vérifiera les choix possibles de réponses pour chaque question et sous-question.

7. Pondération des questions et sous-questions

Il s'agit d'évaluer le poids ou l'importance de la question et sous-question par rapport aux autres questions de la même famille de critères. Cette évaluation, qui peut se faire sur une échelle de 10 à 1 (du plus au moins important), est décidée par le comité d'experts en vue du futur mesurage de l'effectivité. En effet, le comité va apprécier l'importance relative de chaque question comme facteur d'effectivité dans l'application du droit.

C'est bien entendu une appréciation subjective, mais tempérée par une adoption par consensus après débat ou, si besoin, par vote. On obtient ainsi une échelle quantitative de l'effectivité qui repose sur l'évaluation par les pairs de l'importance de la phase de mise en œuvre du droit faisant l'objet de la question. Au sein d'une même famille de critères, des questions ou sous-questions peuvent avoir le même poids.

Les résultats de cette pondération ne sont pas communiqués aux personnes qui répondront au questionnaire, car cela pourrait influencer leurs réponses.

On doit considérer que la pondération est le reflet d'une évaluation par des experts juristes de ce qui est plus ou moins nécessaire pour que le droit soit effectivement appliqué par ceux qui doivent le respecter.

8. Pondération des familles de critères

Dans le même esprit, le comité d'experts procède à la pondération entre les six familles de critères. Il s'agit d'exprimer un ratio traduit en pourcentage en considérant l'importance des familles de critères entre elles. Le ratio le plus fort caractérise la famille de critères considérée comme la plus importante pour assurer l'effectivité du thème considéré. Inversement, le ratio le plus faible caractérise la famille de critères considérée comme la moins importante. La somme des six familles est égale à 100 %. Bien entendu, on pourra considérer que les six familles de critères ont une importance équivalente pour garantir l'effectivité du droit. On attribuera alors à chacune des familles le même ratio de 1/6°.

Là encore, cette pondération ne sera pas portée à la connaissance des personnes questionnées. Elle est uniquement le reflet de l'opinion des experts juristes tirée de leur expérience.

9. Validation des questionnaires

Le comité d'experts validera, après un examen final critique, le ou les questionnaires. Ceux-ci seront accompagnés d'une note explicative destinée aux personnes questionnées. Cette note présentera de manière succincte l'intérêt des indicateurs juridiques, expliquera les éléments essentiels de la méthodologie utilisée ainsi que la raison d'être du questionnaire qui leur est soumis.

10. Constitution du panel d'enquêtés

Il conviendra de constituer un panel d'enquêtés qui soit le plus représentatif de toutes les catégories d'acteurs qui sont impliquées dans l'application effective de la norme ou du problème qui a été choisi. Aussi la composition de ce panel d'acteurs variera avec le domaine du droit de l'environnement choisi.

On utilise ici la méthode pratiquée par le World Justice Project et le Rule of Law Index, consistant à recourir à des personnes spécialement qualifiées pour apprécier le respect du droit (*qualified respondents questionnaire*).

Un panel type sera composé de 15 à 17 personnes méticuleusement choisies parmi les acteurs du processus juridique d'application du droit. Il sera composé en fonction du domaine de droit évalué.

Il comprendra nécessairement : (i) un fonctionnaire de l'administration de l'environnement concernée par la mise en application du droit en cause ; (ii) un inspecteur de l'environnement (donc au moins deux représentants de l'administration en charge de l'exécution de la norme) ; (iii) un ou deux représentants des destinataires de la norme qui sera, selon le domaine considéré, un agriculteur, un industriel, un artisan ou un commerçant ; (iv) deux ou trois représentants de groupes d'intérêts (chambre d'industrie, chambre de commerce, fédération de chasseurs ou de pêcheurs, propriétaires forestiers, etc.) ; (v) deux représentants d'ONG de défense de l'environnement (une nationale, une locale ou régionale) ; (vi) quatre représentants des professions judiciaires (un avocat, un magistrat pénal, un magistrat civil, un magistrat administratif) ; (vii) un représentant d'un bureau d'étude travaillant sur l'environnement ; (viii) un professeur de droit de l'environnement (bien entendu non membre du comité d'experts) ; (ix) deux élus (un national et un local ou régional).

Le panel d'enquêtés pourrait idéalement être réalisé par des instituts de sondage professionnels, reproduisant à grande échelle la composition présentée ci-dessus.

Selon le domaine du droit considéré, l'enquête peut être réalisée au plan international, national, régional ou local.

11. Planification et déroulement de l'enquête

L'enquête se fera si possible par voie d'interviews directs permettant de mieux mobiliser et guider les questionnés, à la condition que des enquêteurs juristes soient formés au préalable pour réaliser ces enquêtes.

Sinon l'enquête se fera par courrier électronique, avec le risque d'un faible taux de réponse, sauf si au préalable les personnes enquêtées ont reçu une information explicative sur l'objet de l'enquête et sur le processus d'évaluation de l'effectivité du droit au moyen d'indicateurs juridiques.

12. Traitement des questionnaires et interprétation des résultats

La saisie des réponses fait l'objet d'une exploitation mathématique dans les conditions décrites ci-après (partie VI).

Les résultats de la mesure de l'effectivité devront être examinés par le comité d'experts, qui devra formuler un diagnostic, mettra en avant les progrès constatés et fera des recommandations destinées aux pouvoirs publics et acteurs intéressés en vue de procéder aux améliorations et réformes qui s'imposent.

E. Illustrations de questionnaires types utilisables

On se limitera ici à présenter des illustrations de questionnaires types formulant des indicateurs juridiques, sans qu'on ait pu procéder à une « mesure » du poids respectif de ces indicateurs, ce qui aurait nécessité un travail ultérieur, avec la contribution de mathématiciens. À cet égard, on donnera dans la partie VI des pistes explicatives et méthodologiques sur la méthode de mesurage et sa représentation graphique.

Dans le cadre d'une recherche effectuée en 2017 pour l'IFDD, on a fait une expérience consistant à élaborer des questionnaires permettant d'évaluer l'effectivité du droit de l'environnement en Afrique. Au total, 17 questionnaires comportant des indicateurs ont été testés dans quatre pays africains francophones : le Bénin, le Cameroun, Madagascar et la Tunisie. Huit portaient sur le droit international et neuf sur le droit national. Faute de constitution d'un comité d'experts, ce sont des experts individuels, spécialistes de droit de l'environnement dans leur pays, qui ont participé à l'expérience[324]. Une validation a eu lieu lors d'un séminaire à Yaoundé (Cameroun) du 5 au 9 février 2018.

Les indicateurs juridiques peuvent permettre d'évaluer et mesurer soit des questions générales de droit de l'environnement, soit des questions spéciales.

1. Les indicateurs juridiques généraux

Les indicateurs juridiques généraux portent sur le droit international conventionnel, sur le droit international des ODD de 2030 et sur le droit national.

a) En droit international conventionnel de l'environnement

Il s'agit ici d'évaluer les facteurs juridiques qui contribuent à une application effective des exigences juridiques imposées par des conventions internationales. Il conviendrait, pour être complet, de formuler parallèlement d'autres facteurs relatifs à l'effectivité des principes généraux du droit international, tels que la coutume internationale, les instruments de *soft law*, la jurisprudence internationale et les conclusions des comités de respect des obligations contenues dans les conventions internationales. On a constaté que les travaux sur l'effectivité du droit de l'environnement ont plus porté sur le droit international que sur le droit national. C'est pourquoi, après nos propres propositions, on a fait état d'indicateurs formulés par ailleurs par P. Sand (*supra*).

Les indicateurs sont formulés de façon simplifiée dans des questionnaires ordonnés autour des six familles de critères. Ceux-ci devraient faire l'objet de réponses par des juristes familiers du vocabulaire utilisé en droit international (avocats, juges, administrateurs, professeurs de droit, juristes d'ONG). Cette

---

324 Bénin : Pulchérie Donoumassou Siméon ; Cameroun : Parfait Oumba ; Madagascar : Saholy Rabelisoarajo ; Tunisie : Leila Chikhaoui. Tous représentent leur pays au Centre international de droit comparé de l'environnement.

première liste d'indicateurs vise à évaluer les mécanismes et procédures formels qui permettent de considérer que le traité qui fait l'objet d'une évaluation est effectivement appliqué et n'est pas un traité de papier. La réponse par oui ou non permet un traitement simple et rapide. On n'aborde pas ici le fond du droit.

Selon les cas, la réponse possible aux questions et aux sous-questions sera : oui, non, parfois, ne sait pas.

i) Au plan institutionnel

– Secrétariat :	existence
– Conférence des Parties :	existence
	pouvoir d'adopter des recommandations
	pouvoir de prononcer des sanctions
– Point focal :	existence.

ii) Contrôle de la mise en œuvre du traité

– Rapports réguliers :	obligatoires
	rendus publics par le secrétariat
	transmis aux Parties
	rendus publics par l'État concerné
	évalués par le secrétariat
	évalués par un comité d'experts
– Comité d'application :	existence
	membres représentants des États
	membres indépendants
	saisine du comité par les États
	saisine du comité par le secrétariat
	saisine du comité par des ONG
	saisine du comité par des personnes privées
	suivi des décisions du comité par le comité

suivi des décisions du comité par la COP

assistance technique prévue pour la mise en œuvre.

iii) Règlement des différends

- Arbitrage
- Recours à la Cour internationale de Justice.

Les critères proposés par Peter Sand en 1992[325] sont beaucoup plus ambitieux car ils traitent à la fois de la forme et du fond des traités évalués.

b) En matière d'objectifs de développement durable (ODD 2030)

Compte tenu de l'importance politique, stratégique et financière des ODD adoptés par les Nations Unies en septembre 2015[326] et du fait du suivi de leur mise en œuvre tant au plan international et régional qu'au plan national, il est certain que les outils de cette mise en œuvre passent par le droit, en particulier de l'environnement. On notera toutefois que les cibles des 17 ODD ne donnent au droit qu'une place mineure. Seuls sont mentionnés les droits de l'homme et l'état de droit en tant qu'exigences fondamentales. Mais le droit de l'environnement est généralement peu évoqué. Or les Nations Unies accompagnent le suivi des ODD par des indicateurs spécialement élaborés à cette fin. Il existe ainsi une liste « des indicateurs mondiaux » des ODD, qui est régulièrement actualisée et révisée, après que leur cadre global ait été approuvé par le Conseil économique et social des Nations Unies le 7 juin 2017.

La question de savoir si les indicateurs doivent être globaux, c'est-à-dire mondiaux, ou nationaux a été chaudement débattue à propos des OMD, puis en ce qui concerne les ODD, les statisticiens soutenant à juste titre que les indicateurs convenus mondialement doivent être utilisés par tous les États pour pouvoir obtenir des données comparables. Certains pays n'ayant pas les moyens humains et financiers (souvent considérables) de se conformer au cadre global des indicateurs adopté par l'Assemblée générale des Nations Unies en 2017 font pression pour utiliser des indicateurs « alternatifs » qu'ils se donnent eux-mêmes et qui coûtent beaucoup

325 P. Sand, *The Effectiveness of International Environmental Agreements*, *op. cit.*

326 Résolution 70/1 de l'Assemblée générale des Nations Unies du 25 septembre 2015 (A/RES/70/1).

moins cher. Ces pays ont apparemment eu gain de cause lors de la 51ème réunion de la Commission de statistique en mars 2020, qui semble avoir ainsi ouvert la porte aux indicateurs « alternatifs » nationaux, ce que M. Gennari, directeur des statistiques de la FAO, a critiqué car cela peut représenter une régression en termes de niveau d'exigence de la mise en œuvre des ODD[327]. Dans le passé, la FAO avait été critiquée pour avoir accepté, sous la pression de quelques États, d'assouplir certains critères d'évaluation de la superficie et de la densité des forêts dans le monde, sur la base d'indicateurs « alternatifs » nationaux ou régionaux.

En l'occurrence, les indicateurs « alternatifs » nationaux peuvent concerner n'importe quel type d'indicateurs et pourraient donc être des indicateurs juridiques au niveau national. Quand la Commission de statistique évoque en 2020 des indicateurs « complémentaires », elle reprend une terminologie utilisée par l'Assemblée générale de l'ONU dans des résolutions relatives aux ODD. Ainsi, la Commission de statistique a « réaffirmé que l'application du cadre mondial d'indicateurs était un processus volontaire et dirigé par les pays et que des indicateurs alternatifs et complémentaires pour les niveaux de suivi national et infranational seraient élaborés au niveau national sur la base des priorités, des réalités, des capacités et des situations nationales »[328]. Ces indicateurs complémentaires sont de nouveaux indicateurs, négociés et acceptés par la Commission de statistique, qui pourraient eux aussi être de nature juridique. Ils peuvent être de remplacement, de révision, d'ajout ou de suppression.

Notre recherche sur les indicateurs juridiques de l'environnement devrait permettre de compléter la liste d'indicateurs en renforçant la place du droit de l'environnement comme outil opérationnel du développement durable.

Parmi les 17 ODD, certains ont plus de liens avec l'environnement et exigent l'utilisation d'instruments juridiques de mise en œuvre, à savoir les ODD 2, 3, 6, 7, 11, 12, 13, 14, 15 et 16.

Lors de l'expérimentation réalisée en 2017 et publié par l'IFDD en 2018, on avait demandé aux quatre experts nationaux de proposer des indicateurs juridiques spécifiques pour les cibles nécessitant d'évidence des instruments juridiques de mise en œuvre. On trouvera leurs propositions pour le Bénin, le Cameroun, Madagascar et la Tunisie dans les annexes 5 à 8 de l'ouvrage précité de 2018[329].

---

327 P. Gennari and D. Kalamvrezos Navarro, « A bold call for action needed on measuring SDG indicators », *IISD*, 28 April 2020.

328 Décision 51/101, § e, adoptée par la Commission de statistique à sa 51° session, 3–6 mars 2020, E/CN.3/2020/37.

329 *Op. cit.*, pp. 115–159.

À l'occasion d'un séminaire réalisé en 2020 dans le cadre de la Chaire Normandie pour la paix de Caen, un questionnaire a été élaboré par un groupe international de chercheurs réunis en vidéoconférence à cause de la pandémie. Il concerne l'ODD 14 sur les océans, « Conserver et exploiter de manière durable les océans, les mers et les ressources marines aux fins du développement durable ».

Il est en effet intéressant de constater que le droit est assez présent au sein de l'ODD 14. Toutes ses cibles impliquent de prendre des mesures juridiques d'application :

- 14.1 : « [...] prévenir et réduire [...] » ;
- 14.2 : « [...] prendre des mesures [...] » ;
- 14.4 : « [...] réglementer [...] » ;
- 14.5 : « [...] droit national et international [...] » ;
- 14.6 : « [...] interdire [...] supprimer [...] » ;
- 14.b : « [...] garantir [...] » ;
- 14.c : « [...] droit international [...] cadre juridique [...] ».

Certains des indicateurs proposés évoquent plus ou moins le recours au droit :

- 14.2.1 : « [...] zones économiques exclusives [...] » ;
- 14.5.1 : « [...] aires marines protégées [...] » ;
- 14.6.1 : « [...] instruments internationaux [...] » ;
- 14.a.1 : « [...] budget total [...] » ;
- 14.b.1 : « [...] cadre juridique [...] droit d'accès [...] » ;
- 14.c.1 : « [...] ratification [...] cadre juridique [...] institutionnel [...] droit international [...] droit de la mer [...] ».

c) En droit national de l'environnement

Compte tenu du grand nombre de traités internationaux sur l'environnement, il convient d'abord d'envisager la question importante de l'effectivité du droit international en droit national, qui concerne à la fois la ratification, l'incorporation, la mise en œuvre, l'implication des ONG et du public et la coutume internationale. On a ajouté des indicateurs non juridiques qui traduisent des obstacles à l'application des traités dans les États.

On proposera ensuite deux approches qui peuvent être complémentaires dans des conditions à valider par des pairs, en tenant compte des modalités de « mesure » des indicateurs qui seront arrêtées ultérieurement.

i) Évaluation de l'effectivité du droit international en droit national

Selon les cas, la réponse suggérée sera au choix : oui, non, parfois, sous conditions, ne sait pas.

1. *Ratification :*
   - la ratification exige-t-elle toujours une loi ?
   - la procédure de ratification est généralement longue ou courte ?
   - la ratification doit-elle être précédée d'un contrôle de constitutionnalité du traité ?
   - l'applicabilité du traité exige-t-elle sa publication préalable au journal officiel ?
2. *Incorporation au droit national :*
   - la primauté du droit international sur le droit national est-elle dans la constitution ?
   - cette primauté est-elle reconnue par les juges ?
   - cette primauté conduit-elle à ce que les traités soient toujours considérés comme à effet direct (*self executing*) ?
   - cette primauté dépend-elle du caractère précis du contenu des articles du traité en cause ?
   - la ratification implique-t-elle, juridiquement ou de fait, l'adoption préalable d'une législation interne de réception des exigences du traité ?
   - l'application d'un traité exige-t-elle toujours une loi d'incorporation au droit national ?
   - la loi ou les textes d'incorporation sont-ils précédés de visas mentionnant le traité incorporé ?
3. *Mise en œuvre nationale des traités :*
   - la bonne mise en œuvre des traités en droit national est-elle un indicateur de promotion de la démocratie ?
   - la mise en œuvre est-elle confiée :
     - au ministère des affaires étrangères ?
     - au ministère de l'environnement ?
     - aux deux ministères ?
   - adoption des normes techniques imposées par la convention ?
   - existe-t-il un service spécial de suivi pour chaque traité ?

- existe-t-il un dispositif d'évaluation de la mise en œuvre du traité ?
- existe-t-il une structure de coordination de la mise en œuvre des traités ?
- existe-t-il des problèmes concernant l'interprétation du traité ?
- les points focaux nationaux exigés par chaque convention sont-ils désignés ?
- y a-t-il coordination entre les points focaux ?
- y a-t-il des mécanismes de suivi des résolutions et décisions des conférences des parties ?
- existe-t-il un contrôle de conformité des lois aux traités ?
- existe-t-il un contrôle de conformité des actes administratifs aux traités ?
- les juges nationaux sont-ils formés à l'application des traités ?
- les avocats nationaux sont-ils formés à l'application des traités ?
- l'accès aux tribunaux est-il ouvert pour tous contre des décisions ne respectant pas un traité ?

4. *Implication des ONG et du public :*
   - les ONG et le public sont-ils destinataires d'informations sur l'existence et la mise en œuvre des conventions ?
   - les ONG ont-elles des difficultés à être accréditées aux conférences des Parties ?
   - les ONG sont-elles invitées à faire partie de la délégation officielle aux conférences des Parties ?
5. *Applicabilité de la coutume en droit international :*
   - la coutume internationale est-elle reconnue en droit interne ?
6. *Autres conditions d'effectivité :*
   - quels obstacles empêchent l'application nationale des traités sur l'environnement ? (classez de 1 à 9, 1 représentant un obstacle minime, 9 représentant un obstacle important) :
     - lisibilité et compréhension du texte des traités ou leur vulgarisation ;
     - information sur l'existence du traité ;
     - accès au texte du traité ;
     - capacité technique ;
     - méconnaissance de l'anglais ;
     - coutume locale ou croyance contraire ;
     - pression de groupes d'intérêts pour empêcher l'application du traité ;
     - sensibilisation aux concepts universels relatifs à l'environnement global ;
     - ONG pas intéressées.

ii) Évaluation générale de l'effectivité du droit national de l'environnement

On propose ici une liste d'indicateurs nécessitant une réponse simple par oui ou non qui devra faire ultérieurement l'objet d'un mesurage précédé d'une hiérarchisation. On y a ajouté des indicateurs non juridiques permettent d'évaluer les causes de non effectivité du droit. Cet ensemble d'indicateurs permettra de donner une vision globale de l'effectivité du droit de l'environnement dans un État, en vue de déterminer des priorités d'action au moyen d'instruments juridiques. On a retenu trois entrées : les institutions, les instruments juridiques et la justice.

1. *Institutions :*
   - Existe-t-il un ministère de l'environnement ?
   - Est-il compétent sur les forêts ?
   - Est-il compétent sur l'eau ?
   - Est-il compétent sur la désertification ?
   - Est-il compétent sur l'environnement urbain ?
   - Y a-t-il des juristes au sein du ministère de l'environnement ? Combien ?
   - Existe-t-il une commission ou un conseil national sur l'environnement ?
   - Cet organe est-il compétent sur le développement durable ?
   - Y a-t-il une structure de coordination entre les ministères en matière d'environnement ?
   - Y a-t-il des agences spécialisées dans certains domaines de l'environnement ?
   - La tutelle sur ces agences est-elle juridiquement prévue ?
   - Y a-t-il des représentants du ministère de l'environnement dans le territoire ?
   - Y a-t-il des juristes dans ces représentations locales ?
2. *Instruments juridiques :*
   - Les plans relatifs aux questions d'environnement sont-ils prévus par des textes ?
     - Si oui, ces plans ont-ils juridiquement une force obligatoire ?
   - Y a-t-il un code de l'environnement ?
   - Si non, y a-t-il à la place une loi générale sur l'environnement ?
   - Ce code ou cette loi générale traite-t-il aussi de la forêt ?
   - Ce code ou cette loi générale traite-t-il aussi des mines ?
   - Le régime foncier est-il un obstacle aux mesures environnementales ?
   - La coutume joue-t-elle un rôle en matière d'environnement ?
     - Dans un sens protecteur de l'environnement ?

3. *Justice :*
   - Y a-t-il des tribunaux spéciaux sur l'environnement ?
   - L'accès à la justice pour tous est-il prévu dans la constitution ?
   - Est-il admis pour les ONG ?
   - Y a- t-il des décisions de justice sur l'environnement ?
   - Sont-elles nombreuses ?
   - Pourquoi non ? (classez les choix de 1 à 8, 1 étant le moins important et 8 le plus important) :
     - ignorance des textes ;
     - ignorance des droits ;
     - exigence de recours administratif préalable ;
     - transaction ;
     - coût de la justice ;
     - peur d'aller au tribunal ;
     - absence de confiance dans la justice ;
     - recours aux justices coutumières ;
   - L'assistance judiciaire gratuite existe-t-elle ?
   - Les décisions de justice sur l'environnement sont-elles exécutées ?
4. *Critères non juridiques limitant l'application effective de la norme* (classez par ordre d'importance, du plus au moins) :
   - Corruption ;
   - Clientélisme politique ;
   - Pauvreté ;
   - Instabilité politique ;
   - Instabilité administrative ;
   - Poids des croyances ;
   - Légistique et mauvaise rédaction ;
   - Technicité de la norme ;
   - Absence d'ONG.

2. Les indicateurs juridiques spéciaux

Concevoir des indicateurs juridiques pour tout le droit de l'environnement ne pouvant qu'être un travail collectif approfondi, on a sélectionné arbitrairement un nombre limité de domaines d'application effective du droit de l'environnement.

En droit international, il s'agit de six conventions : deux conventions universelles et quatre conventions régionales pour lesquelles on examine l'effectivité de leur application en droit national.

En droit national, on a retenu essentiellement des principes généraux comme ayant des contenus moins techniques que les lois spéciales et deux domaines spéciaux : les aires protégées et les études d'impact.

a) L'application nationale de certaines conventions internationales sur l'environnement

Le modèle d'indicateurs est le même pour toutes les conventions dans la mesure où les questions juridiques d'effectivité sont, sauf exception, toujours les mêmes. On propose successivement comme indicateurs juridiques les éléments suivants : l'existence juridique de la convention en droit national ; l'applicabilité de la convention ; le contenu organique de l'application ; l'évaluation de l'application substantielle ; les conditions institutionnelles et juridiques de l'application ; et enfin des indicateurs non juridiques relatifs aux obstacles rencontrés.

Ce modèle d'indicateurs porte d'abord sur l'application nationale de deux conventions universelles : la Convention relative aux zones humides d'importance internationale, particulièrement comme habitats des oiseaux d'eau (Convention de Ramsar) et la Convention pour la protection du patrimoine mondial, culturel et naturel (Convention de l'UNESCO).

Ensuite, il s'agit de l'évaluation de l'effectivité en droit national de quatre conventions régionales : la Convention africaine sur la conservation de la nature et des ressources naturelles (Conventions d'Alger et de Maputo), la Convention sur la protection du milieu marin et du littoral de la Méditerranée (Convention de Barcelone), la Convention relative à la coopération en matière de protection, de gestion et de mise en valeur du milieu marin et des zones côtières de la côte atlantique de la région de l'Afrique de l'Ouest, du Centre et du Sud (Convention d'Abidjan) et la Convention pour la protection, la gestion et la mise en valeur du milieu marin et des zones côtières de la région de l'Afrique orientale (Convention de Nairobi). On pourrait ajouter la Convention régionale pour la conservation de l'environnement de la Mer Rouge et du golfe d'Aden (Convention de Djeddah) si des pays de la Corne de l'Afrique, comme Djibouti et les Comores, sont intéressés.

En dehors des aspects formels et institutionnels, on a prévu des questions spécifiques pour chaque article de chaque convention portant sur le fond du droit (contenu substantiel).

i) L'existence juridique de la convention
   - L'État l'a-t-il :
     - ✓ signée ?
     - ✓ ratifiée ?
     - ✓ publiée ?

- La publication est-elle une condition de l'application ?
- Autres indicateurs suggérés ?

ii) Ce droit est-il applicable ?
- La convention est-elle incorporée en droit national :
  - ✓ dans un texte spécifique unique ?
  - ✓ dans plusieurs textes ?
  - ✓ dans aucun texte ?
- Cette convention a-t-elle un effet direct en droit national même si elle n'est pas incorporée ?
- Autres indicateurs suggérés ?

iii) Contenu organique
- Institutions prévues et mises en place ;
- Procédures prévues ;
- Autres indicateurs suggérés ?

iv) Contenu substantiel :
- Pour chaque article de fond:
  - ✓ une mesure juridique a été prise ?
  - ✓ a été prise partiellement ?
  - ✓ existait déjà ?
  - ✓ n'a pas été prise ?
  - ✓ autres indicateurs suggérés ?

v) Ce droit est-il appliqué ?
- Institutions chargées du contrôle : générale ; spécifique ; inexistante ?
- Nombre de fonctionnaires affectés ?
- Sanctions : prévues ; non prévues ?
- Recours ouvert en cas de non application : prévu ; non prévu ?
- Nombre de décisions de justice concernant l'application de la convention ?
- Budget affecté ?
- Autres indicateurs suggérés ?

vi) Autres facteurs limitant l'application : (numérotez dans l'ordre de 1 à 5, 1 le moins, 5 le plus)
- Corruption ;
- Pauvreté ;
- Instabilité politique ;
- Coutume locale ;
- Légistique, mauvaise rédaction ;
- Autres indicateurs suggérés ?

Il faut préciser qu'en ce qui concerne le contenu substantiel du point iv, chaque question posée ne concerne que l'application formelle de l'article du traité examiné. L'évaluation de l'adéquation scientifique du contenu de l'article du traité avec la mesure nationale d'application exigerait une expertise croisée de scientifiques et de juristes. Elle est normalement assurée par le secrétariat des conventions et les comités de respect de l'application de la convention lorsqu'ils existent.

On a sélectionné pour chaque convention les articles pour lesquels des indicateurs d'application sont prévus :

- Convention de Ramsar : articles 1 à 5 ;
- Convention de l'UNESCO : articles 1 à 6 ;
- Convention d'Alger : articles 2 à 15 ; Convention de Maputo : articles 2 à 21 ;
- Convention de Barcelone : articles 1 à 15 ;
- Convention d'Abidjan : articles 1 à 11 et 13 ;
- Convention de Nairobi : articles 1 à 10 et 13.

b) L'évaluation de l'effectivité du droit national

On a retenu cinq domaines d'évaluation relatifs à des principes généraux dans les lois et la jurisprudence : l'environnement dans la constitution ; le droit à l'information ; le droit à la participation du public ; l'accès à la justice en matière d'environnement ; le principe de non régression.

S'ajoutent deux domaines sectoriels d'évaluation : les aires naturelles protégées et les études d'impact des projets et activités préjudiciables à l'environnement.

Chaque fois, les indicateurs cherchent à répondre aux six questions suivantes, correspondant aux six familles de critères examinées *supra* :

- Le droit en question existe-il ; quelles sont ses sources ?
- Ce droit est-il applicable ?
- Quel est son contenu substantiel ?
- Quels sont son contenu organique et son cadre institutionnel ?
- Ce droit fait-il l'objet d'un contrôle effectif de son application par l'administration, par le juge, par le public ?
- Quels sont les critères non juridiques qui peuvent expliquer sa non application ou sa mauvaise application ?

i) L'environnement dans la constitution

1. *L'existence et les sources du droit :*
   - Le mot « environnement » figure-t-il :
     - ✓ dans la constitution ?
     - ✓ dans le préambule ?
     - ✓ dans le corps de la constitution ?
2. *Ce droit est-il applicable ?*
   - Figure-t-il dans les dispositions juridiquement applicables ?
   - L'application est-elle conditionnée par une loi à venir ?
   - L'application est-elle conditionnée par une loi organique à venir ?
   - Cette loi (ou ces lois) est-elle (ou sont-elles) intervenues ?
3. *Contenu organique :*
   - Institutions : la constitution crée-t-elle une institution ou un conseil ou comité sur l'environnement ?
   - Procédures : l'application de la constitution exige-t-elle la mise en place de procédures particulières ?
   - La constitution donne-t-elle la compétence au parlement sur :
     - ✓ l'environnement ?
     - ✓ les principes fondamentaux uniquement ?
   - La constitution permet-elle un referendum sur l'environnement :
     - ✓ directement ?
     - ✓ par interprétation ?
   - La constitution prévoit-elle un droit de pétition ou de réclamation à la disposition des citoyens ?
   - Ce droit est-il limité aux questions d'environnement ?
4. *Contenu substantiel :*
   - La constitution renvoie-t-elle aux principes suivants :
     - ✓ prévention ?
     - ✓ précaution ?
     - ✓ pollueur-payeur ?
     - ✓ réparation des dommages à l'environnement ?
     - ✓ non régression (question posée à nouveau dans le questionnaire sur les principes contenus dans les lois) ?
     - ✓ information ?
     - ✓ participation ?
     - ✓ accès à la justice ?
     - ✓ devoir de protéger l'environnement ?

- Le fond du droit aborde-t-il :
  - ✓ le droit à l'environnement ?
  - ✓ le droit des générations futures ?
  - ✓ le développement durable ?
  - ✓ l'éducation et la formation ?
  - ✓ la recherche ?
  - ✓ la biodiversité ?
  - ✓ le changement climatique ?
  - ✓ les catastrophes ?
  - ✓ les déchets sur le territoire national ?
  - ✓ l'interdiction d'importation de déchets radioactifs ?
  - ✓ l'interdiction d'importation de déchets dangereux ?

5. *La constitution est-elle appliquée en matière d'environnement :*
   - par le juge constitutionnel ?
   - par le juge civil ?
   - par le juge pénal ?
   - par le juge administratif ?
   - par des autorités coutumières ?
6. *Critères non juridiques limitant l'application effective :* classez dans l'ordre de 1 à 5, 1 étant le facteur ayant le moins d'impact :

   - Corruption ;
   - Pauvreté ;
   - Instabilité politique ;
   - Légistique et mauvaise rédaction ;
   - Autres.

ii) Le droit à l'information

1. *Le droit à l'information sur l'environnement figure-t-il :*
   - dans une loi ?
   - dans un décret ?
2. *Ce droit est-il juridiquement applicable :*
   - par un renvoi au droit à l'information en général ?
   - par un texte spécial d'application ?
   - par le biais de la coutume ?
3. *Contexte organique de l'exercice de ce droit et procédures :*
   - Y a-t-il une institution nationale spécialisée pour le suivi ?
   - Y a-t-il dans chaque service administratif sur l'environnement un agent chargé de l'information ?

- Y a-t-il un délai donné à l'administration pour répondre ?
- L'information doit-elle être demandée d'abord à un organe spécialisé ?

4. *Contenu substantiel :*
   - Les secrets protégés sont-ils énumérés ?
   - Le refus de donner une information doit-il être motivé ?
   - L'information sur les activités dangereuses est-elle communicable ?
   - Le niveau de pollution des entreprises est-il communicable ?
   - Les rapports des contrôleurs de l'administration sont-ils communicables ?
   - Les documents préparatoires sont-ils communicables ?
   - Les documents inachevés sont-ils communicables ?
   - Les plans d'urgence dans les sites dangereux sont-ils communicables ?
5. *Ce droit est-il effectivement appliqué ?*
   - Y a-t-il des statistiques sur le nombre de demandes et de réponses ?
   - Ces statistiques sont-elles régulières ?
   - Un recours devant un tribunal contre les refus est-il possible ?
   - Le recours est-il ouvert aux ONG ?
   - Le sursis ou référé d'urgence est-il recevable ?
   - Y a-t-il une jurisprudence sur le respect de ce droit ?
     - Est-elle abondante ?
   - Faut-il au préalable s'adresser à un organe *ad hoc* ?
   - Le refus illégal de communiquer est-il sanctionnable ?
   - Le refus illégal de communiquer est-il sanctionné ?
6. *Critères non juridiques limitant l'application du droit à l'information :* classez par ordre d'importance de 1 à 5, 1 étant le facteur ayant le moins d'impact :
   - Corruption ;
   - Ignorance des citoyens ;
   - Mauvaise volonté de l'administration ;
   - Légistique et imprécision des textes ;
   - Absence d'ONG ;
   - Autres à préciser.

iii) Le droit à la participation du public

1. *Le droit à la participation du public en matière d'environnement figure-t-il :*
   - dans la constitution ?
   - dans une loi ?
   - dans un décret ?
   - uniquement dans la jurisprudence ?
   - uniquement dans la pratique administrative ?

2. *Ce droit est-il juridiquement applicable :*
   - par un renvoi au droit à la participation en général ?
   - par un texte spécial sur l'environnement ?
3. *Contexte organique de l'exercice de ce droit, procédures et contenu substantiel :*
   - Y a-t-il un service de l'administration de l'environnement dédié à la participation ?
   - La procédure de participation est-elle ouverte aux personnes morales ?
   - La participation permet-elle aux ONG de participer à des organismes consultatifs ?
   - Des experts ou personnalités qualifiées sont-ils invités à siéger dans des organismes consultatifs ?
   - Des juristes de l'environnement sont-ils invités à participer à des organismes consultatifs ?
     - ✓ souvent ou rarement ?
   - La participation aux décisions peut-elle se faire via internet ?
   - La participation aux décisions doit-elle se faire exclusivement par internet ?
   - Y a-t-il une procédure spéciale (type enquête publique) préalablement aux autorisations individuelles ?
     - ✓ Dans l'affirmative, quelle est la durée de la participation : < 10 jours ou > 10 jours ?
   - Y a-t-il une procédure de participation à l'élaboration des textes réglementaires sur l'environnement ?
     - ✓ si oui, la participation concerne-t-elle tous les textes sur l'environnement ?
     - ✓ quelle est la durée de participation dans ce cas ?
   - Y a-t-il une procédure de participation à l'élaboration des plans et programmes ?
   - Y a-t-il une procédure de participation à l'élaboration des lois ?
   - Y a-t-il une procédure de participation préalable à la ratification des traités ?
   - Y a-t-il durant et après le processus de participation un garant externe à l'administration ?
   - L'administration doit-elle rendre compte du déroulé de la participation ?
   - L'administration doit-elle motiver sa décision en tenant compte de la participation ?
   - Le référendum en matière d'environnement est-il prévu par les textes :
     - ✓ au niveau national ?
     - ✓ au niveau local ?

- A-t-il déjà été utilisé ?
- Le résultat a-t-il été en faveur de l'environnement ?

4. *Ce droit est-il effectivement appliqué ?*
   - Un recours contre un acte pris à la suite de la participation du public est-il possible en invoquant la violation de la procédure de participation ?
   - Pour être recevable, ce recours peut-il être intenté par toute personne ?
   - Le recours n'est-il recevable que lorsque le requérant a participé lui-même ?
   - Y a-t-il une jurisprudence sur la participation ?
     ✓ Est-elle abondante ?
   - Faut-il au préalable faire un recours devant l'administration ?
5. *Critères non juridiques limitant l'application du droit à la participation :* classez par ordre d'importance de 1 à 5, 1 étant le facteur ayant le moins d'impact :
   - Corruption ;
   - Illettrisme ;
   - Ignorance du public de son droit à participer ;
   - Crainte du public de participer ;
   - Légistique et imprécision des textes relatifs à la participation ;
   - ONG ne disposant pas de personnes scientifiquement compétentes du fait de la technicité des textes ;
   - ONG ne disposant pas de juristes ;
   - Administration réticente ;
   - Autres ?

iv) Principe d'accès à la justice en matière d'environnement

1. *Le principe d'accès à la justice :*
   - est proclamé de façon générale :
     ✓ dans la constitution ?
     ✓ dans une loi ?
     ✓ par la jurisprudence ?
   - est spécialement proclamé pour l'environnement :
     ✓ dans la constitution ?
     ✓ dans une loi sur l'environnement ?
     ✓ par la jurisprudence ?
2. *Ce droit est-il juridiquement applicable :*
   - faut-il un texte d'application ?
   - ce texte existe-t-il ?

3. *Contenu organique et institutionnel :*
   - y a-t-il un juge administratif pour les recours contre l'administration et l'État ?
   - faut-il un recours préliminaire devant une autorité administrative avant d'aller devant le juge ?
   - y a-t-il un parquet spécial pour les poursuites pénales sur l'environnement ?
4. *Contenu substantiel :*
   - le public est-il informé sur son droit à faire des recours ?
   - les ONG d'environnement sont-elles recevables :
     - ✓ devant le juge administratif ?
     - ✓ devant le juge civil ?
     - ✓ devant le juge pénal ?
   - les requérants doivent-ils justifier d'un intérêt suffisant pour agir ?
   - les requérants doivent-ils faire valoir une atteinte à un droit ?
   - le recours est-il possible contre une omission ou une abstention de l'autorité administrative ?
   - le juge peut-il prononcer des injonctions de faire ?
   - la justice est-elle rapide ?
   - les coûts de justice sont-ils élevés ?
   - les décisions des tribunaux sont-elles publiées :
     - ✓ en version papier ?
     - ✓ en version électronique ?
5. *Ce droit est-il effectivement appliqué ?*
   - Y a-t-il des statistiques sur les décisions de justice relatives à l'environnement :
     - ✓ devant le juge administratif ?
     - ✓ devant le juge civil ?
     - ✓ devant le juge pénal ?
6. *Critères non juridiques limitant l'application du droit d'accès à la justice :* classez par ordre d'importance de 1 à 7, 1 étant le facteur ayant le moins d'impact :
   - Corruption des juges ;
   - Nombre de juges ;
   - Absence d'ONG ;
   - Complexité de la procédure ;
   - Coût des avocats ;
   - Ignorance des requérants ;

- Crainte d'aller en justice ;
- Autres ?

v) Le principe de non régression de l'environnement

1. *Le principe de non régression existe-t-il dans votre droit :*
   - dans la constitution ?
   - dans une loi ?
   - uniquement dans la jurisprudence ?
2. *Ce principe est-il juridiquement applicable ?*
   - Faut-il un texte d'application ?
   - Le principe est-il considéré seulement comme un objectif politique et non juridique ?
   - L'opposition au principe est-elle fondée sur l'idée de souveraineté du parlement ?
   - L'opposition au principe est-elle fondée sur le pouvoir d'abroger toute règle ?
3. *Contexte organique :*
   - Y a-t-il des rapports ou études sur la question ?
   - Y a-t-il eu des déclarations politiques favorables à ce principe ?
4. *Contenu substantiel :*
   - concerne tout l'environnement ?
   - ne concerne que la nature ?
   - ne concerne que la lutte contre les pollutions ?
   - concerne l'espace urbain ?
5. *Ce principe est-il effectivement appliqué ?*
   - Y a-t-il des exemples précis ?
   - Y a-t-il une jurisprudence ?
   - Cette jurisprudence est-elle favorable au principe ?
   - Cette jurisprudence est-elle défavorable au principe ?
6. *Critères non juridiques limitant l'application du principe de non régression :* classez par ordre d'importance de 1 à 7, 1 étant le facteur ayant le moins d'impact :
   - Ignorance du principe ;
   - Opposition officielle au principe ;
   - Opposition doctrinale au principe ;
   - Opposition des milieux économiques au principe ;
   - Incompréhension de la portée du principe ;
   - Peur de bloquer toute évolution ;

- Volonté de garder la souplesse et l'adaptation libre aux situations nouvelles.

vi) Aires naturelles protégées

1. *Les sources juridiques du droit sur les aires naturelles protégées :*
   - la constitution ?
   - une loi spéciale ?
   - une loi sur l'environnement ?
2. *Ce droit est-il juridiquement applicable ?*
   - Des textes d'application sont-ils nécessaires ?
     - ✓ si oui, ont-ils été pris ?
   - Pour chaque aire protégée, faut-il un texte spécial ?
   - Y a-t-il des obstacles liés au régime foncier ?
   - Y a-t-il des obstacles liés à l'application de la coutume locale ?
3. *Contenu organique :*
   - Y a-t-il un contrôle sur les aires protégées exercé au plan national :
     - ✓ par le ministère de l'environnement ?
     - ✓ par un organisme national spécialisé ?
   - Y a-t-il plusieurs catégories d'aires protégées :
     - • combien ?
     - • sont-elles copiées sur le modèle des catégories de l'UICN ?
   - Leur création relève du pouvoir central ?
   - Leur création relève d'une autorité locale représentant l'État ?
   - Leur création relève d'une autorité locale élue ?
   - Leur création prévoit la participation du public (enquête ou autre) ?
   - La suppression des aires protégées respecte le parallélisme des formes ?
   - La suppression d'une aire protégée exige-t-elle un acte hiérarchiquement supérieur à celui exigé pour sa création ?
   - La suppression des aires protégées est-elle interdite ?
   - La procédure de suppression d'une aire protégée prévoit-elle une participation du public ?
   - La gestion de l'aire protégée est assurée localement ?
   - Un directeur est prévu ?
   - Un conseil d'administration est prévu ?
   - Un conseil scientifique est prévu ?
4. *Contenu substantiel :*
   - La réglementation applicable dans l'aire protégée est-elle uniforme pour chacune des catégories ?
   - La réglementation applicable varie-t-elle d'une aire protégée à l'autre ?
   - Des interdictions d'exercer certains droits sont-elles possibles ?

- Certaines activités sont-elles soumises à autorisation ?
- Des obligations de faire peuvent-elles être imposées ?
- La chasse est-elle permise dans l'aire protégée ?
- La pêche est-elle permise dans l'aire protégée ?
- La déforestation y est-elle autorisée ?
- La recherche scientifique y est-elle possible ?
- L'exploitation de mines et carrières est-elle permise dans l'aire protégée ?
- Des activités hors de l'aire protégée mais contiguës peuvent-elles être contrôlées ?
- Un plan de gestion est-il obligatoire ?
- Ce plan doit-il être révisé périodiquement ?
- S'impose-t-il aux activités et plans locaux ?

5. *Contrôles de l'application :*
   - Y a-t-il des agents locaux de contrôle ?
   - Ont-ils le pouvoir de dresser des contraventions ?
   - Y a-t-il des sanctions pénales prévues par les textes ?
   - Sont-elles appliquées ?
   - Y a-t-il des sanctions administratives ?
   - Sont-elles appliquées ?
   - Y a-t-il un contentieux sur les aires protégées ?
6. *Les critères non juridiques qui empêchent l'effectivité du droit des aires protégées :* classez par ordre d'importance de 1 à 7, 1 étant le facteur ayant le moins d'impact :
   - Corruption ;
   - Manque d'intérêt des citoyens ;
   - Légistique et imprécision des textes ;
   - Manque d'intérêt des ONG ;
   - Insuffisance des effectifs de gestion et de contrôle ;
   - Braconnage ;
   - Prélèvement illicite et trafic d'espèces.

vii) Étude d'impact des projets et activités préjudiciables à l'environnement

1. *Les sources juridiques du droit des études d'impact :*
   - La constitution ?
   - Une loi générale sur l'environnement ?
   - Une loi spéciale sur les études d'impact ?
   - Autre ?
2. *Ce droit est-il applicable ?*

- Les textes d'application existent ?
- Y a-t-il des brochures explicatives ?
- Exige-t-on que le projet ait un effet important sur l'environnement ?
- Y a-t-il un seuil financier de travaux toujours dispensés d'étude d'impact ?

3. *Contenu organique de ce droit :*
   - Existe-t-il un service spécial au ministère ?
   - Existe-t-il un organe central technique de conseil ?
   - Existe-t-il un organe indépendant d'évaluation des études d'impact ?
   - Le pétitionnaire peut-il demander un cadrage préalable pour savoir ce qu'il doit prévoir ?
   - Les projets soumis à étude d'impact sont-ils ceux figurant sur une liste arrêtée de projets ?
   - Les projets de travaux ou d'activités ne figurant pas sur cette liste sont-ils dispensés d'étude d'impact ?
   - Ou font-ils l'objet d'une décision de soumission à étude d'impact au cas par cas ?
   - L'étude d'impact est-elle réalisée sous la responsabilité du pétitionnaire ?
   - Le pétitionnaire peut-il confier l'étude à un bureau d'études ?
   - Les bureaux d'études doivent-ils être officiellement agréés ?
   - Le bureau d'études doit-il comporter un juriste ?
   - Y a-t-il généralement un juriste dans l'équipe ?
   - Le public est-il informé en amont des projets particuliers faisant l'objet d'une étude d'impact ?
   - Y a-t-il un fichier national ou un site énumérant tous les projets en cours ?
   - Y a-t-il un fichier national ou un site rendant accessible toutes les études d'impact réalisées dans le passé ?
   - Le public peut-il intervenir en cours de réalisation de l'étude d'impact ?
   - Le public doit-il donner un avis ou être consulté à la fin de l'étude d'impact ?
4. *Contenu substantiel du droit des études d'impact :*
   - Le contenu est-il précisément décrit par les textes ?
   - Les effets du projet sur la santé doivent-ils être présentés ?
   - L'étude des effets sur le paysage est-elle exigée ?
   - Doit-il y avoir un résumé non technique ?
   - Doit-on présenter les méthodes utilisées et les difficultés rencontrées ?
   - Est-il exigé de mentionner les textes juridiques sur l'environnement qui sont applicables ?
   - Exige-t-on de mentionner les aires protégées affectées ?

- Exige-t-on d'examiner les effets du projet sur le changement climatique ?
- Exige-t-on d'examiner les effets du projet sur la biodiversité ?
- Exige-t-on d'examiner les effets transfrontières sur l'environnement ?
- Exige-t-on de présenter des alternatives ?
- L'alternative zéro doit-elle être étudiée (c'est-à-dire renoncer au projet) ?
- Le pétitionnaire peut-il proposer des mesures de compensation ?
- Le pétitionnaire doit-il démontrer qu'il ne peut prendre des mesures de suppression ou réduction des effets sur l'environnement ?

5. *Contrôle de l'application effective :*
   - Y a-t-il un contrôle scientifique spécialisé des études d'impact par un organe indépendant ?
   - Y a-t-il un contrôle administratif ?
   - Un avis officiel d'appréciation de l'étude d'impact est-il exigé avant la décision d'autoriser le projet ?
     - si oui, cet avis est-il rendu public ?
   - Peut-on faire un recours devant l'administration contre l'étude d'impact ?
   - Peut-on faire un recours directement devant le juge ?
   - Faut-il un recours administratif préalable ?
   - Le recours ne peut-il se faire que contre l'autorisation donnée au projet : oui – non ?
   - Le juge examine-t-il le contenu de l'étude d'impact ?
   - Le juge n'examine-t-il que la forme de l'étude d'impact ?
   - L'absence d'étude d'impact alors qu'elle était exigée entraîne-t-elle une suspension automatique du projet ?
   - L'absence d'étude d'impact est-elle sanctionnée pénalement ?
   - Une erreur dans l'étude d'impact peut-elle entraîner la responsabilité de son auteur ?
   - Une donnée sciemment inexacte dans l'étude d'impact est-elle pénalement sanctionnée ?
   - Le contentieux sur les études d'impact est-il important quantitativement ?
   - Le juge fait-il un contrôle approfondi ?
   - Y a-t-il des projets auxquels le pétitionnaire a renoncé en raison d'une étude d'impact estimée insuffisante par l'administration ?
6. *Quels sont les critères non juridiques qui limitent ou empêchent l'effectivité du droit des études d'impact ?* Classez par ordre d'importance de 1 à 8, 1 étant le facteur ayant le moins d'impact :
   - Corruption ;
   - Ignorance ou désintérêt des citoyens ;

- Insuffisance du contrôle scientifique par l'administration ;
- Absence d'un organe indépendant d'expertise ;
- Légistique et imprécision des textes ;
- Absence de bureaux d'études compétents ;
- Mauvaise volonté des pétitionnaires ;
- Absence de pression des bailleurs de fonds pour des études sérieuses ;
- Autres ?

On peut compléter cette liste d'indicateurs par ceux proposés par C. Wood[330] :

1. *Is the EIA system based on clear and specific legal provisions?*
2. *Must the relevant environmental impacts of all significant actions be assessed?*
3. *Must evidence of the consideration, by the proponent, of the environmental impacts of reasonable alternative actions be demonstrated in the EIA process?*
4. *Must screening of actions for environmental significance take place?*
5. *Must scoping of the environmental impacts of actions take place and specific guidelines be produced?*
6. *Must EIA reports meet prescribed content requirements and do checks to prevent the release of inadequate EIA reports exist?*
7. *Must EIA reports be publicly reviewed and the proponent respond to the points raised?*
8. *Must the findings of the EIA report and the review be a central determinant of the decision on the action?*
9. *Must monitoring of action impacts be considered at the various stages of the EIA process?*
10. *Must the mitigation of action impacts be considered at the various stages of the EIA process?*
11. *Must consultation and participation take place prior to, and following EIA report publication?*
12. *Must the EIA system be monitored and, if necessary, be amended to incorporate feedback from experience?*
13. *Are the financial costs and time requirements of the EIA system acceptable to those involved and are they believed to be outweighed by discernable environmental benefits?*
14. *Does the EIA system apply to significant programs, plans and policies, as well to projects?*

330 C. Wood, *Environmental Impact Assessment: A Comparative Review*, London, Prentice Hall, 1995, p. 12, cité par C. McGrath, *op. cit.*, p. 142.

Pour conclure sur toutes ces illustrations de questionnaires types :
Pour évaluer scientifiquement l'apport du droit de l'environnement dans les progrès ou les reculs de la biodiversité et des pollutions, l'existence d'indicateurs juridiques donnera une plus-value majeure aux nombreux rapports nationaux et internationaux sur « l'état de l'environnement ».

Ces rapports pourront alors mieux servir aux décideurs politiques pour orienter leurs décisions et, dans le même temps, ils donneront au droit une visibilité qui ne pourrait que renforcer son effectivité. Lorsque, pour la première fois, un gouvernement a imposé un rapport régulier sur l'état de l'environnement, il a exigé que ce rapport aborde les questions relatives au statut de l'environnement et permette de faire des propositions de législation pour remédier aux insuffisances constatées[331].

Pour rendre compte de l'effectivité du droit de l'environnement, il est essentiel que les indicateurs choisis soient simples et lisibles par tous, tout en gardant les éléments clés du langage juridique. On a vu précédemment la pertinence des indicateurs sur les droits de l'homme, axés sur la répression et les sanctions et divisés en trois catégories (indicateurs structurels, indicateurs de processus et indicateurs de résultat). Ce découpage devrait être analysé et discuté pour apprécier s'il correspond bien aux besoins et aux contenus du droit de l'environnement, mais en excluant les indicateurs de résultat qui, pour l'environnement, sont de nature scientifique ou économique.

Les critères retenus dans les six familles présentées *supra* devraient permettre de procéder à une évaluation scientifiquement valable de l'effectivité, reposant à la fois sur l'évaluation formelle du texte juridique et sur l'application concrète ou l'évaluation matérielle du processus d'application. L'évaluation des résultats (*outcome evaluation*), c'est-à-dire le contrôle du lien de causalité entre le texte de la loi et le niveau de pollution constaté, est délibérément laissée de côté. Elle nécessitera un travail pluridisciplinaire complémentaire différent qu'il faudra entreprendre ultérieurement.

Pour reprendre la terminologie de R. Bartlett, on ne se concentre que sur les indicateurs de processus et les indicateurs institutionnels[332].

---

331 États-Unis, *National Environmental Policy Act* (NEPA), 1969.

332 R. Bartlett, « Evaluating Environmental Policy Success and Failure », in N. Vig and M. Kraft (eds), *Environmental Policy in the 1990s: Towards a New Agenda*, Washington, CQ Press, 1994, n° 24, p. 170.

VI. Comment mesurer et représenter les indicateurs juridiques ?

Les indicateurs juridiques répondent à une haute exigence de la communauté internationale visant à démontrer que chaque État déploie des dispositifs juridiques renforçant la protection de l'environnement. Se pose dès lors la question de comment mesurer et représenter ces indicateurs juridiques en vue d'améliorer l'application du droit ?

L'**indicateur** étant un outil d'évaluation et d'aide à la décision, l'**indicateur juridique** est d'abord l'appréciation de la **mise en œuvre du processus d'application du droit** permettant de mesurer son **effectivité.** De plus, il est source d'amélioration des conditions d'application du droit pour le rendre plus effectif.

La mesure de l'effectivité nécessite une quadruple compétence, juridique, sociologique, mathématique et statistique :

- **juridique**, puisque les critères mesurés devront répondre à un état factuel du processus d'application du droit ;
- **sociologique**, puisque ces critères devront refléter exhaustivement les jeux de tous les acteurs de l'application du droit ;
- **mathématique**, puisque ces mêmes critères devront s'agréger entre eux pour produire les indicateurs juridiques de l'effectivité ;
- **statistique**, puisque ces mêmes critères seront suivis dans le temps pour mesurer l'évolution des progrès en matière de développement durable.

La mesure de l'effectivité du droit est donc un exercice complexe à mettre en œuvre. Elle nécessite des compétences pluridisciplinaires réunies en comité.

A. L'objet de la mesure

En deçà de l'évaluation des effets du droit, donc de son niveau d'efficacité, mesurer juridiquement la protection de l'environnement impose l'appréciation des effets de la mise en œuvre de l'application du droit, donc de son niveau d'effectivité.

L'**effectivité** est le caractère de ce qui est effectif, de ce qui produit un effet, de ce qui existe réellement. L'effectivité **du droit,** du point de vue de la méthode, est donc l'évaluation de **critères qui décrivent le processus d'application du droit.** On a vu précédemment qu'il y avait six critères ou familles de critères permettant d'évaluer scientifiquement l'effectivité du droit : **existence et sources,**

applicabilité, contenu ou substance, organisation ou institution, contrôle de l'application et **facteurs non juridiques**.

1. L'effectivité du droit du point de vue de la méthode de mesure

Il convient de traduire la notion d'effectivité du droit dans un modèle mathématique permettant de mesurer des indicateurs juridiques.

Il ne s'agit pas de redéfinir le concept d'effectivité en droit[333], mais de lui donner un sens pour la mesure.

On parlera ici de **mesure de l'effectivité.**

a) Postulat

La mesure de la mise en œuvre du droit, c'est la mesure des résultats du droit. Le droit produit des effets sur l'environnement. On mesure son efficacité.

La mesure de la mise en œuvre de l'**application** du droit, c'est l'évaluation de l'effectivité des processus indispensables pour l'application du droit, ou effectivité. On dira que le droit est effectivement appliqué. **C'est la mesure de l'effectivité du droit.**

b) Principes

La mesure de l'efficacité permet :

- d'évaluer les effets produits par le droit par rapport aux objectifs de protection de l'environnement ;
- de déterminer, en fonction de la conformité du résultat, son degré d'efficacité (effectivité du résultat ou performance) répondant uniquement aux objectifs fixés.

Cette effectivité « état » ne prend pas en compte la mesure des étapes juridiques qui sont nécessaires et conditionnent l'application effective du droit.

La **mesure de l'effectivité** apprécie le déroulement ou processus de mise en œuvre du droit, et non le résultat de l'application du droit.

Cette nuance est déterminante. Elle permet :

- de ne pas s'attacher aux effets attendus par le droit ;
- d'apprécier les effets produits par la mise en œuvre du droit par rapport à des critères juridiques ;

333 J. Bétaille, « L'effectivité en droit de l'environnement », *op. cit.*

- de déterminer, en fonction des conditions juridiques définies et des processus juridiques de mise en œuvre, son degré d'effectivité (effectivité des processus) répondant uniquement à des critères juridiques (c'est l'effectivité « action »).

Cette effectivité « action » prend en compte les critères juridiques en tant que conditions attendues pour la mise en œuvre de l'application du droit.

La mesure de l'effectivité a d'abord l'avantage de répondre aux exigences de respect des règles de droit destinées à la protection de l'environnement. De plus, elle permet d'étayer la rhétorique de la gouvernance en postulant que l'ensemble des conditions pour appliquer le droit a été évalué et mesuré.

2. Les données mesurées

L'effectivité se mesure à partir de critères juridiques. Ils permettent de produire des données correspondantes chacune à un niveau d'application du droit.

Le **critère** est un outil auquel on se réfère, ou un moyen qu'on utilise, pour établir un jugement. Le **critère juridique** est l'élément factuel caractérisant l'application d'une règle ou d'un principe juridique.

a) L'appréciation des critères juridiques

Les critères juridiques s'apprécient à partir d'un récolement de données formulé dans un questionnaire portant sur un objet juridique déterminé.

Ces données qualifient un niveau de mise en œuvre de l'application du droit, critère par critère, sur la base d'une réponse graduée et étayée d'éléments factuels.

Cette appréciation produit un ensemble de données qualitatives à transposer en données quantitatives.

b) De la subjectivité de la donnée à l'objectivité de la mesure

« C'est dans la mesure où il est subjectivité, dans la mesure où il est vécu, qu'un évènement acquiert sa dimension réelle »[334].

Chaque donnée récolée est subjective puisqu'elle est l'expression d'un avis, bien qu'étayé par des éléments factuels. La multitude des avis et la répétition de

334 Jean-Pierre Martel, *Les œuvres complètes de Marguerite T. De Bané*, Montréal, Cercle du Livre de France, 1973.

leurs récolements dans le temps sur un même critère juridique fournissent une objectivité de la mesure.

Concrètement, la méthode de mesurage permet, pour chaque critère :

- de transposer une perception unique basée sur des faits dans un ensemble de perceptions ;
- de centrer la subjectivité de la mesure sur la perception moyenne et son étendue ;
- d'obtenir ainsi l'objectivité de la mesure par sa répétition dans le temps sur la base d'un critère juridique identique.

B. La méthode de mesurage

Depuis 2017, un travail d'inventaire et de comparaison a été mené pour identifier des méthodes scientifiques permettant d'élaborer des indicateurs juridiques.

Faute de référence utilisable en la matière en raison de l'inexistence actuelle d'indicateurs juridiques (*supra*, II), on a mis au point une méthode *ad hoc* innovante permettant la création d'indicateurs juridiques afin de caractériser l'effectivité du droit de l'environnement.

1. Choix de la méthode

La mesure de l'effectivité est très peu utilisée dans le domaine de l'application du droit. Elle est aussi peu utilisée dans les différents domaines de connaissance en dehors de disciplines telles que les mathématiques, les mécanismes d'informations des systèmes complexes ou la philosophie.

a) Inspiration

Il était donc important de trouver des domaines d'activité où cette notion s'applique. On l'a trouvé dans l'industrie, plus particulièrement l'aérospatiale, où la maîtrise des processus est la seule garantie de conformité attendue de l'usage du produit.

L'analogie n'est pas évidente. Droit comme industrie aérospatiale ne peuvent garantir le résultat de leur produit *a priori*. C'est toujours *a posteriori* que l'on sait qu'une fusée atteint son objectif et que le droit produit l'effet attendu.

Dans l'aérospatiale, les efforts pour garantir le bon fonctionnement du produit se concentrent sur la maîtrise des processus, de sa conception à sa mise en service. Pour le droit, les efforts pour garantir sa bonne application doivent se concentrer sur la mise en œuvre de l'application du droit.

L'industrie utilise différentes méthodes pour la maîtrise de ces processus. La plus répandue, qui a fait ses preuves, est la maîtrise statistique des procédés[335], dite MSP. Cela va nous servir d'inspiration méthodologique pour développer la méthode de mesure de l'effectivité du droit par des indicateurs juridiques.

b) *Adaptation*

Tout comme l'industrie appelle à maîtriser la variabilité de ses productions de biens ou de services, le droit exige de mesurer la variabilité de l'effectivité de ses règles. Les concepts de base adaptés de la MSP sont :

- le suivi de la variabilité et le pilotage par les points clés des processus de mise en œuvre de l'application du droit ;
- l'évaluation de l'effectivité par les **capabilités process ;**
- **la capabilité de la mise en œuvre de l'application du droit.** Celle-ci peut être considérée comme l'adéquation d'une règle ou d'un principe à réaliser un niveau d'application demandé. Elle permet de mesurer la capacité de reproduire les niveaux d'effectivité des critères juridiques existentiels, d'applicabilité, substantiels, organiques, de contrôle d'application et des critères non juridiques de l'effectivité, dans l'intervalle d'acceptation défini par les limites mentionnées par la règle.

c) *Principes*

Les indicateurs juridiques sont le produit d'une réflexion collective pluridisciplinaire. Cette réflexion est nécessaire pour rationaliser la subjectivité de la perception de chaque acteur de l'application du droit en une objectivité collective de cette même application. Elle permet de mesurer le ou les progrès juridiques accomplis.

Afin d'écarter tout débat sur la subjectivité de la mesure de l'effectivité, donc la confiance dans le résultat de cette mesure, la méthode prévoit des règles strictes de mise en œuvre et de contrôle de la mesure, répétables afin de cadrer la subjectivité.

---

335 Maurice Pillet, *Appliquer la maîtrise statistique des processus MSP/SPC*, Paris, Eyrolles, 6e éd., 2005 ; François Bergeret et Sabine Mercier, *Maîtrise statistique des procédés. Principes et cas industriels*, Paris, Dunod, L'Usine Nouvelle, 2011 ; Emmanuel Duclos, *La maîtrise statistique des procédés MSP/SPC*, Doussard, Emmanuel Duclos Conseil. 2008.

Si la démarche est conduite individuellement, il est impossible de garantir à la fois un cadrage de la subjectivité de la mesure de l'effectivité et une objectivité de la mesure du progrès.

Les mesures répondent à un référentiel. Seules les mesures produites par ce référentiel sont comparables. Ce qui garantit la répétabilité du processus d'enquêtes et la comparaison objective des résultats de chaque campagne d'enquête pour mesurer les progrès juridiques en matière de développement durable.

Tous les processus conduisant à l'application du droit sont incapables de produire toujours exactement le même résultat. On notera toujours une dispersion. Cette variabilité est incontournable et provient de la nature même de l'ensemble des processus d'application du droit.

L'analyse des processus permet de dissocier cinq composantes élémentaires qui contribuent à créer cette dispersion, dites les 5M : MATIÈRE, MANIÈRE, MÉTHODE, MOYEN, MILIEU.

L'adaptation du concept des 5M dans l'industrie permet de définir les principes des 6C, désignant les six critères juridiques fondamentaux de la mesure de l'effectivité du droit responsables de cette dispersion, et donc de la non-effectivité du droit :

1. **Critère existentiel :** milieu du domaine d'application du droit ;
2. **Critère d'applicabilité :** matière du domaine d'application du droit ;
3. **Critère substantiel :** méthode du domaine d'application du droit ;
4. **Critère organique :** manière du domaine d'application du droit ;
5. **Critère de contrôle de l'application :** moyen du domaine d'application du droit ;
6. **Critère non juridique :** milieu exogène au domaine d'application du droit.

Elle apporte une plus grande rigueur et des outils méthodologiques qui vont aider à la maîtrise et l'amélioration de l'effectivité du droit. Ces critères sont **les cibles au sens mathématique**[336] de la maîtrise de l'effectivité.

2. Le périmètre de la mesure de l'application du droit

Le périmètre de la mesure recense toutes les dimensions du droit concernées par l'expression de la cible au sens mathématique. Dans le cadre de l'effectivité,

336 La cible au sens mathématique de la méthode est une approche qui abandonne l'aspect analytique de l'application du droit pour se concentrer sur un aspect de la mise en œuvre de l'application du droit. La cible répond à des modèles mathématiques pour relever le taux de maîtrise de l'effectivité.

les dimensions connues sont les diverses modalités d'application du droit. Elles sont interdépendantes.

Le périmètre de la mesure les englobe toutes, en ne se limitant pas aux seules interactions de leur interdépendance, mais en intégrant également les paramètres non juridiques renforçant l'effectivité.

a) *Objet*

L'expression d'une cible est déterminante pour établir un périmètre de la mesure. Plus l'expression est élémentaire, plus le périmètre de la mesure est précis.

Par exemple, l'étude d'une aire protégée étant un domaine très vaste de la protection de l'environnement, il convient d'en préciser les différentes catégories (réserve naturelle, parc national, monument naturel, aire de gestion des espèces, etc.), la zone géographique (lieu, milieu, etc.) et les objectifs de conservation (faune, flore, écosystème, etc.) pour la décomposer en plusieurs cibles pour couvrir pleinement le périmètre de la mesure.

Cela pose les premières bases du modèle mathématique de la méthode en répondant aux contraintes relatives au périmètre de la mesure :

- lorsqu'il y a plusieurs cibles pour un même périmètre de la mesure, il est plus aisé de réaliser et regrouper les inventaires des domaines d'application du droit de l'environnement spécifiques, cible par cible, à mesurer ;
- chaque pays est tenu par son droit national et par la traduction du droit international dans le droit national. Les domaines d'application du droit sont donc différents par pays et ne peuvent être comparables entre eux ; même si les cibles sont similaires, les domaines d'application du droit diffèrent.

b) *Prépondérance des domaines d'application du droit au sens mathématique*

L'application d'une norme juridique impacte l'effectivité d'une ou plusieurs cibles dans un périmètre de la mesure, selon :

- le niveau d'interdépendance avec les applications d'autres normes juridiques ;
- l'influence de sa mise en œuvre sur l'application d'autres normes juridiques.

D'une norme juridique à l'autre, leurs importances respectives varient. Il est donc nécessaire de les représenter dans le calcul de l'effectivité, en modélisant la prépondérance des domaines d'application du droit entre eux au sein d'un périmètre de la mesure.

Cette prépondérance est assurée par une hiérarchisation, soit :

- par une convention libre de classement ;
- par une convention de criticité qui mesure le niveau d'impact – critique, majeur ou mineur – du domaine sur l'effectivité du périmètre de la mesure. Plus la criticité est élevée, plus le domaine est important.

c) Pondération des domaines d'application du droit

Le ratio est la forme de pondération la plus adaptée pour représenter l'importance des domaines d'application du droit entre eux. Plus le domaine d'application du droit est important, plus son ratio est élevé.

La somme des ratios de tous les domaines d'application du droit d'un périmètre de la mesure est égale à 100 %.

Ce ratio sert aux agrégations pour la mesure de l'effectivité de :

- chaque cible ;
- chaque périmètre de la mesure ;
- tout le droit de l'environnement.

3. Les thèmes juridiques du périmètre de la mesure

Pour être mesurée, la cible subit une décomposition fonctionnelle en critères juridiques et non juridiques selon les six critères (6C) formant un thème juridique.

a) Décomposition du périmètre de la mesure en thème juridique

Un périmètre de la mesure est soit :

- élémentaire : il fait appel à une seule cible, donc à un seul thème juridique ;
- complexe : il fait appel à plusieurs cibles, donc à autant de thèmes juridiques.

b) De la spécificité à la globalité de la mesure

Un périmètre de la mesure ne répondant qu'à l'expression d'une seule cible produit une mesure spécifique. Si l'on souhaite une mesure plus étendue, il est nécessaire d'exprimer d'autres cibles donnant autant de mesures spécifiques.

Plus les cibles seront nombreuses pour un même périmètre de la mesure, plus elles permettront une mesure globale de l'effectivité des domaines d'application du droit.

Cette modélisation de la mesure globale permet de :

- constater la variabilité de l'effectivité du périmètre de la mesure ;
- caractériser les points forts et les points d'amélioration dans la mise en œuvre de l'application du droit dans le périmètre de la mesure.

c) Prépondérance des thèmes juridiques au sens mathématique

Lorsqu'un périmètre de la mesure se limite à une cible, il n'y a pas de prépondérance puisqu'il n'y a qu'un seul thème juridique.

Lorsque ce périmètre comprend plusieurs cibles, les thèmes juridiques n'ont une prépondérance que dans un seul cas : répondre à une priorité de mise en œuvre des cibles entre elles par rapport à une mesure juridique exprimant :

- un calendrier ;
- une priorité ;
- une décision.

4. La mesure des critères par thème juridique

Les critères juridiques formant le thème juridique font l'objet d'un ensemble de mesures :

- mesure propre à chaque critère ;
- mesure agrégée de chaque critère dans une même famille de critères ;
- mesure agrégée de tous les critères dans une même famille de critères ;
- mesure agrégée de toutes les familles de critères.

Pour être représentatif de l'effectivité, le critère détermine, quelle que soit l'évolution du contenu de la règle, un point clé mesurant constamment un état de mise en œuvre du processus, indépendamment du niveau de résultat attendu.

Ces mesures sont obtenues sur la base d'une enquête à l'aide d'un questionnaire par thème juridique.

a) Questionnaire, formulation des questions et choix des réponses

La validité d'un questionnaire repose sur la présence des six familles de critères d'effectivité : l'existence du droit et ses sources, son applicabilité, sa substance, ses institutions, le contrôle de son application et les critères non juridiques renforçant son effectivité. Il faut au moins une question par famille de critères.

À une question correspond un critère, en respectant les conditions suivantes :

- déterminer un élément qui contribue à la mise en œuvre de l'application du droit ;
- être formulée dans le sens du renforcement de l'effectivité ;
- se décomposer en sous-questions si la réponse appelle à satisfaire une combinaison de conditions ;
- respecter une forme interrogative à choix unique ;
- disposer d'une échelle de choix de réponses possibles commune à l'ensemble du questionnaire.

Illustrations :

i) Choix d'un élément qui contribue à la mise en œuvre de l'application du droit

Si un des résultats attendus d'une étape dans le processus d'application du droit est de mesurer l'effectivité de la procédure consistant à édicter un procès-verbal constatant le taux d'émission de particule(s) dans l'air (procédure), son effectivité réside dans la systématisation et la reproductibilité de la procédure en vigueur, passant par des point clés tels que :

- *l'étalonnage des appareils de contrôle ;*
- *l'habilitation du personnel à dresser procès-verbal ;*
- *le relevé des conditions de la mesure ;*
- *la publicité du niveau de pollution constatée, etc. ;*
- *et non pas le résultat de la mesure.*

ii) Formulation dans le sens du renforcement de l'effectivité
L'orientation de la question doit contribuer à la mesure de l'effectivité du droit et non de l'ineffectivité :

- *on ne pose pas la question : « Le manque d'intérêt des sylviculteurs impacte-il la protection de tel animal protégé ? » ; plus le manque est fort, plus l'ineffectivité est forte ;*
- *on pose la question : « L'intérêt des sylviculteurs impacte-il la protection de tel animal protégé ? » ; plus l'intérêt est fort, plus l'effectivité est forte.*

iii) Décomposition en sous-questions
Un critère juridique peut satisfaire à une condition parmi plusieurs. Cela représente soit :

- *une alternative ;*
- *une combinaison ;*
- *les deux.*

La question va pouvoir se subdiviser en sous-questions pour satisfaire à la mesure. Par exemple, pour déterminer le statut juridique d'une aire protégée, la question se formulera en sous-questions. Au lieu de la formuler : « Savez-vous si le statut de l'aire protégé est régional, national et/ou européen ? », on la formule en trois sous-questions : « L'aire protégée a-t-elle un statut :

- *régional ?*
- *national ?*
- *européen ? ».*

iv) Respect de la forme interrogative à choix unique

L'ensemble des questions présente la même forme :

- *interrogative ;*
- *offrant un choix unique parmi des réponses possibles.*

La question se subdivise alors en sous-questions pour satisfaire à la mesure.

Deux formulations opposées peuvent avoir la même finalité d'investigation, mais donneront des mesures opposées :

- *on ne pose pas la question : « Des mesures de contrôles ne sont-elles pas prises ? » ; la forme interronégative de la question mesure l'ineffectivité ;*
- *on pose la question : « Des mesures de contrôles sont-elles prises ? » ; la forme interrogative de la question mesure l'effectivité.*

La réponse à la question ne peut pas être libre pour permettre d'établir une mesure. Il est donc nécessaire de proposer des choix possibles de réponses qui seront communs à l'ensemble du questionnaire.

On répond à la question : « Des mesures de contrôles sont-elles prises ? » soit par :

- *oui ;*
- *en partie ;*
- *non ;*
- *ne sais pas.*

v) Échelle de choix de réponses possibles

L'échelle de choix de réponses possible correspond au recensement de toutes les réponses possibles sur l'ensemble des questions. C'est une nécessité mathématique pour :

- *homogénéiser la mesure du questionnaire ;*
- *agréger des données comparables entre elles.*

Le choix de réponse « NE SAIS PAS » est systématiquement applicable à toutes les questions. Les autres choix s'appliquent selon la formulation de la question.

b) Gradation des réponses

La gradation est une nécessité mathématique pour transformer des données qualitatives en données quantitatives employées dans les agrégations produisant les différents indicateurs juridiques.

L'échelle de choix des réponses possibles sur l'ensemble du questionnaire est à ordonner en grades. Ces grades expriment les choix traduisant le niveau d'effectivité dans le sens décroissant

Cet ordonnancement des choix constitue une **gradation** commune à l'ensemble des questions.

Illustrations :

1. *L'échelle de choix fait le recensement des réponses présentes dans le questionnaire.*
2. *L'ordonnancement du niveau le plus effectif au moins effectif des réponses se fait par convention. L'échelle de choix se transpose en **échelle de gradation**.*
3. *Cette gradation se transpose dans une **échelle de valeur logarithmique** par convention, en attribuant au grade le plus fort la plus haute valeur, et inversement pour le grade le plus faible. L'échelle de valeur logarithmique permet d'accentuer dans les agrégations les écarts de niveau d'effectivité, facilitant l'identification des points forts et des ponts à améliorer.*

Échelle de choix					
OUI	*NON*	*PARFOIS*	*RAREMENT*	*SOUVENT*	*NE SAIS PAS*

Transposition

Échelle de gradation					
OUI	*SOUVENT*	*PARFOIS*	*RAREMENT*	*NE SAIS PAS*	*NON*

Transposition

Échelle de valeur					
OUI	***SOUVENT***	***PARFOIS***	***RAREMENT***	***NE SAIS PAS***	***NON***
8	***5***	***3***	***2***	***1***	***0,001****

* L'utilisation de la valeur 0 est interdite pour éviter des impossibilités opératoires. On choisit une valeur décimale au millième.

c) Ordre logique du questionnement

La succession des questions obéit à un ordre logique permettant une meilleure compréhension du questionnaire par les enquêtés.

Deux ordres logiques sont à respecter :

- Le premier est l'ordonnancement des familles de critères :
  1. Critères existentiels ;
  2. Critères d'applicabilité ;
  3. Critères substantiels ;
  4. Critères organiques ;
  5. Critères de contrôle de l'application ;
  6. Critères non juridiques.
- Le second est l'ordre d'enchaînement des questions par famille de critères respectant les liens de causalité.

d) Pondération des questions

Ce travail de pondération est réalisé par le comité de juristes ou groupe d'experts qui rédige les questions dont aucun membre ne sera sollicité pour répondre aux questions. La pondération ne doit jamais être communiquée aux enquêteurs et aux personnes questionnées pour éviter d'influencer leurs réponses.

La pondération des questions et sous-questions permet d'évaluer leur ordre d'importance entre elles dans une famille de critères, c'est-à-dire l'importance qu'ils représentent comme facteur d'effectivité. C'est une appréciation subjective, résultat d'un consensus au sein du groupe d'experts. Elle permet d'obtenir une échelle uniquement quantitative, librement fixée par des coefficients dans une étendue établie par convention.

Une question très importante pour une famille de critères donnés peut avoir un coefficient différent par rapport à une autre question très importante pour une autre famille.

Au sein d'une même famille de critères, des questions ou sous-questions peuvent avoir un même coefficient.

Si la famille de critères se compose de questions et de sous-questions, les coefficients sont attribués en deux temps :

- selon l'importance des questions entre-elles ;
- selon l'importance des sous-questions entre elles dans chaque famille de sous-questions.

Illustration :

Convention de pondération appliquée à des questions et sous-questions

Classement par ordre d'importance par attribution d'un coefficient entre 1 à 10, du moins au plus important.

> L'utilisation de la valeur 0 est interdite pour éviter des impossibilités opératoires.

Question de la famille de critères		Coefficient
Question 1		***7***
Ensemble de sous-questions 2	*Sous-question 2.1*	***4***
	Sous-question 2.2	***2***
	Sous-question 2.3	***7***
Question 3		***10***
Ensemble de sous-questions 4	*Sous-question 4.1*	***5***
	Sous-question 4.2	***3***
Question 5		***6***
Question 6		***7***

e) Prépondérance des familles de critères au sens mathématique

Une famille de critères impacte l'effectivité de son thème juridique, selon :

- le niveau d'interdépendance avec les autres familles de critères ;
- l'influence de sa propre effectivité sur celles des autres.

D'une famille de critères à l'autre, leurs importances respectives varient. Il est donc nécessaire de les représenter dans le calcul de l'effectivité en modélisant la prépondérance des familles entre elles au sein du thème juridique.

Cette prépondérance des familles de critères s'exprime par un ratio représentant le niveau de leur influence sur l'effectivité du thème juridique.

Cette prépondérance est assurée par une hiérarchisation associée à une pondération, soit :

- par une convention libre de classement et d'attribution de poids ;
- par une convention de criticité qui mesure le niveau d'impact – critique, majeur ou mineur – de chaque famille sur l'effectivité du périmètre de la mesure. Plus la criticité est élevée, plus la famille est importante.

Lorsque les six familles de critères sont de même importance, leur poids respectif est de 1/6, soit 16,66 %.

L'utilisation du ratio 0 est interdite pour éviter des impossibilités opératoires ; par convention, on détermine un ratio minimal applicable.

Illustration :

Prépondérance des six familles de critères						
Existentiel	*Applicabilité*	*Substantiel*	*Organique*	*Application*	*Non juridique*	*TOTAL*
5%	***20%***	***15%***	***30%***	***20%***	***10%***	***100%***

5. Le panel d'enquêtés

La constitution du panel dépend du thème juridique traité par chaque questionnaire, qui implique éventuellement de choisir des acteurs différents dans la mise en œuvre des divers domaines d'applications du droit.

Dès le lancement du projet, le comité de juristes présente les profils du panel. Puis, en fonction des séquences de travail, les profils se précisent en fonction de :

- leur implication dans la mise en œuvre de l'application du droit ;
- leur capacité à pouvoir répondre à l'ensemble des questions.

Le panel obéit aux règles de représentativité d'un échantillon.

La méthode empirique des quotas est l'approche privilégiée et la plus représentative quand la typologie des acteurs du droit est connue et associable à tout ou partie des critères juridiques.

S'il n'est pas possible de connaître la typologie des acteurs du droit, la construction de l'échantillon se fait en appliquant la méthode d'échantillonnage aléatoire. Cette seconde approche est à éviter autant que possible, car plus complexe et plus lourde à mettre en œuvre.

a) Détermination de la cible du panel au sens statistique

i) Par la méthode des quotas

Le principe de cette méthode empirique est de repérer leur répartition dans la population cible du panel. Il faut donc respecter cette même répartition dans l'échantillon.

Si la population d'acteurs du droit se compose de 15 % de magistrats, 25 % d'avocats, 27 % de gestionnaires, 8 % de contrôleurs, 5 % de professionnels, 16 % d'usagers, 2 % de représentants d'associations et 1 % d'élus, et que 100 acteurs du droit doivent être interrogés, alors l'échantillon devra comporter 15 magistrats, 25 juristes, 27 gestionnaires, 8 contrôleurs, 5 professionnels, 16 usagers, 2 représentants d'associations et 1 élu.

La méthode des quotas repose sur l'hypothèse qu'en contrôlant la structure de l'échantillon sur ces critères connus de la population, les résultats obtenus sont transposables à l'ensemble des acteurs du droit.

ii) Par la méthode d'échantillonnage aléatoire

Cette méthode d'échantillonnage aléatoire suppose au préalable de disposer d'une base de sondage existante correspondant à la population d'acteurs du droit répondant aux critères de l'enquête.

Quatre approches sont possibles :

- l'échantillonnage aléatoire simple, en utilisant des acteurs sélectionnés dans une base de sondage de façon aléatoire en garantissant que tous les profils d'acteurs du droit ont la même probabilité de faire partie de l'échantillon ;
- l'échantillonnage systématique, en utilisant une base de sondage existante ou à construire répertoriant tous les profils d'acteurs du droit pour sélectionner un point de départ aléatoire pour le premier profil de l'échantillon. Puis, par un intervalle dans la liste des profils, prélèvement des autres profils. Cet intervalle est calculé sur le rapport de la taille de l'échantillon et sur la taille la population dans la base de sondage. Cela implique d'appliquer un calcul de la taille de l'échantillon selon le niveau de confiance voulue et la tolérance de la marge d'erreur ;
- l'échantillonnage par grappes, en divisant la base de sondage en sous-groupes ayant de fortes similarités. Cela permet soit une sélection au hasard de quelques sous-groupes où tous les acteurs du droit sont interrogés, soit de choisir davantage de grappes au hasard et constituer des échantillons dans chaque grappe ;
- l'échantillonnage stratifié, en subdivisant en sous-groupes les acteurs du droit de la base de sondage selon un ou plusieurs facteurs pour extraire un échantillon aléatoire simple pour chaque sous-groupe.

b) *Représentativité de l'échantillon*

La taille de l'échantillon est fonction de :

- la taille de la population mère des acteurs du droit en corrélation avec le questionnaire ;
- le niveau de confiance dans le résultat ;
- la marge d'erreur dans les réponses ;
- le nombre d'invitations à participer à l'enquête.

Illustration :

Exemple de taille de la population mère	*Taille de l'échantillon*			*Taille de l'échantillon*		
	Niveau de confiance 95 %	*Marge d'erreur 5 %*	*Nombre invitations*	*Niveau de confiance 99 %*	*Marge d'erreur 1 %*	*Nombre invitations*
20	***20***		*100*	***20***		*100*
50	***45***		*225*	***50***		*250*
100	***80***		*400*	***100***		*500*
500	***218***		*1090*	***486***		*2430*
5000	***357***		*1785*	***3843***		*19215*
20000	***377***		*1885*	***9068***		*45340*

c) *Conditions du lancement de l'enquête*

Les personnes interrogées dans le cadre d'enquêtes et de sondages bénéficient, selon les pays, de droits sur leurs données à caractère personnel. Les entreprises ou organisations qui réalisent ces enquêtes ont de nouvelles responsabilités si l'anonymat des réponses n'est pas total.

Dans la présente approche méthodologique, le questionnaire est instruit sur la base de l'anonymat.

Aucun élément discriminant ne doit figurer dans l'enquête, comme le profil d'acteur, l'instance ou tous caractères permettant l'identification d'une personne dans le questionnaire.

Aucune donnée personnelle ne doit faire l'objet d'un traitement ou d'un enregistrement.

Toutefois, pour les besoins de l'enquête, différents modes de transmissions peuvent utiliser des données personnelles, comme des listes de contact, pour :

- diffusion du questionnaire par courrier électronique ou courrier postal à partir d'un listing ;
- diffusion d'un lien électronique pour instruire le questionnaire en ligne ;
- les modalités de retour des questionnaires peuvent permettre l'identification des personnes interviewées, comme l'adresse courriel.

Il est donc conseillé de prendre quelques précautions, selon la législation du pays où se déroule l'enquête :

- le consentement de la personne concernée lors de la collecte de données personnelles pour des listings de contacts ;
- l'explication de la finalité du traitement des données personnelles, les destinataires des données, leur durée de conservation ;
- la garantie d'accès à la personne à tout moment à ses données, à les faire rectifier ou effacer (droit à l'oubli), à demander leur portabilité, contester les traitements ou demander leur limitation ;
- la garantie de la confidentialité et de la sécurité des données et la mise en place d'une procédure en cas de violation ou de perte de données.

Selon le pays, d'autres obligations légales sont à prendre en compte, qui dépendent intrinsèquement de la nature de la campagne, telles que :

- demande d'autorisation ;
- déclaration de sous-traitance (informatique, société d'études, etc.) ;
- simple déclaration ;
- mise en place d'un comité éthique ;
- déclaration des fichiers ;
- autorisation et ou obligation de publication des résultats ; etc.

Nous recommandons l'accompagnement de société spécialisée ou la présence d'un spécialiste dans l'équipe chargée de l'enquête, face à la complexité que cela peut représenter pour le lancement d'une étude.

6. L'instruction du questionnaire

L'instruction du questionnaire doit répondre aux exigences :

- du cadrage de la subjectivité ;
- du récolement des données (étaiement sur des faits) ;

- l'auto-administration du questionnaire par l'enquêté est donc déconseillée. La présence d'un encadrement est recommandée pour contrôler que la réponse donnée par l'enquêté repose sur des faits.

a) Encadrement du questionnaire

L'encadrement du questionnaire est réalisé par un quêteur. Il a obligatoirement des compétences et des expériences significatives dans le(s) domaine(s) de droit concerné pour superviser les réponses aux questionnaires par l'enquêté.

Pour exercer, le quêteur reçoit une formation qualifiante à la présente norme et au récolement des données suivant les critères choisis et déterminants de l'effectivité du droit.

Le quêteur peut ainsi contrôler le récolement des données en respectant l'indépendance de l'enquêté dans ses réponses.

b) Récolement des données

Le récolement est une opération de contrôle de la présence de documents et d'objets justifiant une réponse. Il consiste dans le pointage de l'existence de faits étayant les réponses à partir de documents et de listes sur papier ou numérisés. L'absence d'éléments factuels provoque un questionnement du quêteur pour que l'enquêté argumente ses réponses.

7. Le traitement des données

Le traitement des données est une nécessité mathématique pour permettre la production des indicateurs, en réalisant les étapes suivantes :

- cotation des réponses ;
- contrôles de données ;
- validation de la campagne.

a) Cotation des données récolées

La cotation est l'élément d'entrée de toutes les agrégations. Elle définit la première mesure de l'effectivité.

La cotation d'une question est obtenue par le produit de la valeur de la réponse dans l'échelle de gradation et de la pondération propre à la question.

La cotation d'une sous-question est plus complexe, selon les conditions à satisfaire.

Illustrations :

i) Prendre l'échelle de valeur

Échelle de valeur					
OUI	SOUVENT	PARFOIS	RAREMENT	NE SAIS PAS	NON
8	5	3	2	1	0,001*

ii) Cotation de question

Appliquer au questionnaire

Question de la famille de critères	Réponse	Coefficient	Cotation
Question 1	PARFOIS 3	7	21
Question 2	OUI 8	10	80
Question 3	NE SAIS PAS 1	6	6
Question 4	NON 0,001	7	0,007

iii) Cotation de sous-question

La cotation d'une sous-question dépend d'une :

- *alternative entre les sous-questions : c'est le meilleur produit qui sera retenu parmi les sous-questions pour établir la cotation ;*
- *combinaison de toutes les sous-questions : c'est la somme des produits des sous-questions ;*
- *combinaison et d'une alternative entre les questions : c'est la somme du(des) produit(s) des sous-questions combinatoires et du(des) meilleur(s) produit(s) de celles alternatives.*

Question de la famille de critères		*Réponse*	*Condition*	*Coefficient*	*Cotation*
Ensemble de sous-questions 1	*Sous-question 1.1*	***NON 0,001***	***OU***	***4***	***~~0,002~~ 16***
	Sous-question 1.2	***OUI 0,001***		***2***	
	Sous-question 1.3	***OUI 8***	***ET***	***7***	***56***
Ensemble de sous-questions 2	*Sous-question 2.1*	***NE SAIS PAS 1***	***ET***	***5***	***5***
	Sous-question 2.2	***SOUVENT 5***	***SOUVENT***	***3***	***15***

b) Contrôle des données récolées

Le contrôle de la collecte consiste à prélever des réponses dans des cartes de contrôle et de traiter le prélèvement statistiquement par l'établissement de la distribution des réponses aux mêmes questionnaires afin de déceler leur variabilité et de détecter les dispersions potentielles (utilisation de la loi normale) : soit on constate que les courbes (de chaque carte de contrôle) diffèrent et restent centrées (présence d'une dispersion du processus de mise en œuvre de l'application du droit) ; soit on constate un décentrement des courbes, ce qui incrimine la sincérité de la réponse donc la présence de bidonnage[337].

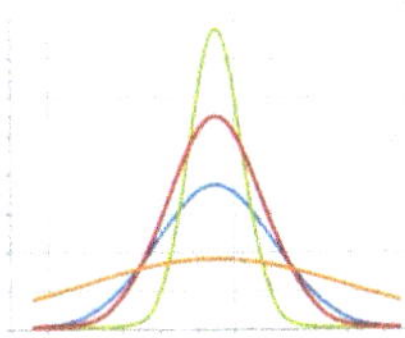

Pas de bidonnage

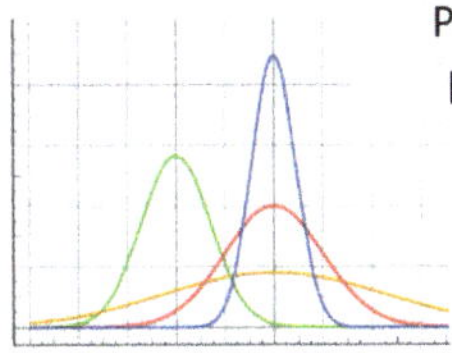

Présence de bidonnage

337 Bidonnage : action de truquer les réponses, de ne pas respecter les conditions réelles de recueil des données. Voir : Rémy Caveng, « La production des enquêtes quantitatives », *Revue d'anthropologie des connaissances*, vol. 6, n° 1, 2012, pp. 65–88, https://www.cairn.info/revue-anthropologie-des-connaissances-2012-1-page-65.htm.

c) *Validation du récolement*

Cette validation consiste à passer en revue les résultats de l'effectivité, avant publication, afin de lever les éventuels doutes sur leur « sincérité », notamment lorsque les contrôles du processus d'enquête relèvent des bidonnages, une fiabilité de la saisie des réponses en dessous de l'objectif de confiance ou un non-respect du panel d'interviewés (plan d'échantillonnage). Il est alors décidé soit :

- d'écarter les résultats présentant des bidonnages et de procéder à la production des indicateurs ;
- de reconduire tout ou partie de la campagne d'enquêtes ;
- de ne pas publier les résultats de cette enquête.

C. Les indicateurs produits

Les indicateurs juridiques sont le produit d'agrégations. Avant de procéder aux agrégations, l'effectivité doit être déclarée « sous contrôle ». Dans un même processus de mise en œuvre de l'application du droit, deux états ne sont jamais parfaitement identiques. Cela est dû à deux causes de dispersion :

- les dispersions dues aux causes communes ;
- les dispersions dues aux causes spéciales.

Les causes communes sont des sources de variation dues au hasard, toujours présentes à divers degrés dans différents processus. Les statistiques permettent l'étude de ces phénomènes. On sait modéliser le comportement des aléas et, par conséquent, prévoir la performance d'un processus soumis à des causes communes de dispersion. L'ensemble de ces causes communes forme la variabilité intrinsèque du processus. Quand l'ordre de grandeur des causes agissant sur le processus est équivalent, la caractéristique d'un état doit suivre une répartition selon la loi normale. Le but de cette approche statistique est de ne laisser subsister que les dispersions dues aux causes communes. On parlera alors d'effectivité du droit « sous contrôle ».

Les causes spéciales sont des causes de dispersion identifiables, irrégulières et instables, donc difficiles à prévoir. L'apparition d'une cause spéciale nécessite une intervention sur le processus de mise en œuvre d'application du droit. Contrairement aux causes communes, les causes spéciales sont en général peu nombreuses. En leur présence, on parlera d'effectivité du droit « hors contrôle ».

Une effectivité « sous contrôle » est un ensemble de processus de mise en œuvre de l'application du droit dans lequel seules subsistent les causes communes. La répartition, selon la loi normale, est centrée sur la cible.

Une effectivité « hors contrôle » est soumise à la présence de causes spéciales. La répartition peut être décentrée par rapport à la cible.

La maîtrise de la variabilité consiste donc à mettre l'effectivité du droit « sous contrôle » ; c'est un objectif à atteindre avant de procéder aux agrégations.

1. Les agrégations par thème juridique (questionnaire)

Les différentes agrégations ont des périmètres bien définis pour la détermination de l'effectivité :

- l'effectivité propre de chaque critère ;
- l'effectivité propre de chaque famille de critères pour son effectivité propre ;
- la répartition de l'effectivité des familles de critères juridiques dans le thème juridique ;
- l'effectivité globale du thème juridique.

a) Effectivité propre de chaque critère

L'effectivité propre à chaque critère correspond au ratio entre la cotation obtenue à la réponse et sa cotation maximale. Cette effectivité s'exprime en pourcentage. Plus ce dernier est élevé, plus l'effectivité du critère l'est aussi.

b) Effectivité propre de chaque famille de critères

L'effectivité propre de chaque famille de critères correspond au ratio de la somme des cotations obtenues pour chaque critère sur la somme des cotations maximales des critères. Cette effectivité s'exprime en pourcentage. Plus ce dernier est élevé, plus l'effectivité de la famille de critères l'est aussi.

c) Répartition de l'effectivité des familles de critères dans le thème juridique

La répartition de l'effectivité des familles de critères est obtenue en opérant pour chaque famille le produit de son effectivité propre avec le ratio de sa prépondérance dans le thème juridique. Cette répartition s'exprime en pourcentage. Plus ce dernier est élevé, plus la part de l'effectivité de cette famille est importante dans l'effectivité du thème.

d) *Effectivité globale du thème juridique*

L'effectivité globale du thème juridique correspond à la somme des taux de répartitions des six familles de critères juridiques.

2. L'agrégation du périmètre de la mesure

Cette agrégation n'est possible que s'il y a eu plusieurs cibles exprimées au périmètre de la mesure, donc autant de thèmes juridiques.

L'effectivité globale du périmètre de la mesure correspond à la somme des produits par thème juridique de leur taux d'effectivité avec leur prépondérance dans le thème juridique.

3. L'agrégation globale du droit de l'environnement

Cette agrégation n'est possible que s'il y a eu plusieurs périmètres de mesure exprimés. Elle utilise la prépondérance des domaines d'application du droit de chaque périmètre.

Dans chaque périmètre de la mesure, une corrélation est effectuée entre chaque domaine et les questions s'y rapportant dans tous les périmètres de mesure où le domaine figure.

L'effectivité globale du droit est obtenue en faisant pour chaque domaine :

- le ratio de la somme des cotations obtenues pour chaque critère sur la somme des cotations maximales des critères ;
- l'ajustement sur une base 100 de chaque ratio en le divisant par la somme des ratios ;
- la somme des ratios réajustés pour obtenir le taux global.

Cette effectivité s'exprime en pourcentage. Plus ce dernier est élevé, plus l'effectivité de la famille de critères l'est aussi.

D. Le suivi statistique de l'évolution de l'effectivité du périmètre de la mesure

Le suivi statistique répond à une double nécessité : suivre l'évolution de l'effectivité dans le temps, au moindre coût d'un périmètre constant de la mesure. Cela implique, dans le temps :

- d'utiliser le même périmètre de la mesure ;
- d'utiliser le même questionnaire ;

- de respecter les mêmes principes de constitution du panel (les personnes interviewées pourront être différentes, les quêteurs également) ;
- d'appliquer les mêmes agrégations.

Le suivi statistique a pour objectif de :

- simplifier le processus d'enquête en appliquant une logique de « prélèvement » de questions à traiter parmi l'ensemble des questions, choisies dans chaque famille de critères pour leur prépondérance dans la représentativité de la maîtrise de l'effectivité du thème juridique ;
- garantir un niveau de confiance des résultats ;
- réduire considérablement les coûts du suivi de l'évolution de l'effectivité par rapport à l'enquête initiale.

1. Principes

Le suivi statistique permet de déterminer les principes applicables à la maîtrise de la mesure de l'effectivité pour garantir sa représentativité dans le temps, c'est-à-dire la confiance et l'évolution dans la mesure de l'effectivité. Ceci est à dissocier du travail de représentativité du panel et du contrôle des données de récolement qui définissent la cible des personnes interviewées.

Pour définir la capacité de la mesure à être sous contrôle, il faut répondre à trois paramètres :

- la forme de la dispersion de la mesure de l'effectivité, c'est-à-dire maîtriser les sources de variations, en distinguant ce qui est prévisible, dit cause commune, de ce qui est imprévisibles, dit cause spéciale. La maîtrise de la variabilité se mesure par approche statistique (loi normale) pour voir si la mesure de l'effectivité est centrée sur sa cible. Si la répartition de cette mesure est toujours centrée sur cette cible au fil des campagnes, alors on parlera d'une mesure « sous contrôle », où seules subsistent les causes communes. Si la répartition se décentre, alors on parlera d'une mesure « hors contrôle », soumise à la présence de causes spéciales ;
- la capabilité de la mesure de l'effectivité, c'est-à-dire piloter la mesure dans ses limites naturelles. Lorsque les résultats de cette mesure sont compris dans ces limites naturelles, on parlera de mesure capable. Si les résultats sortent de ces limites naturelles, on parlera de mesure non capable ;
- le contrôle de la mesure de l'effectivité, c'est-à-dire mettre en place une carte de contrôle de la mesure, dans un premier temps en ;

✓ identifiant les paramètres critiques de la mesure ;
✓ observant la mesure ;
✓ analysant la variabilité de la mesure ;
✓ analysant les sources de variabilité ;
✓ optimisant la mesure ;

Pour proposer une standardisation du contrôle dans un second temps en :

✓ mettant sur « les rails » la mesure ;
✓ diminuant la fréquence des contrôles.

2. Finalités

Ainsi, au lieu de répéter la totalité du ou des questionnaires, un échantillon de questions est utilisé. Cela a impact considérable sur les coûts d'une enquête.

À chaque cycle de mesure de l'effectivité, il sera possible de mesurer plus rapidement la progression ou la régression des niveaux d'effectivité, domaine d'application par domaine d'application du droit.

Cela permet de représenter, sous forme de courbes comparées dans le temps, le progrès associé au taux d'évolution actualisé à la dernière mesure.

E. La représentation graphique

La représentation graphique est la clé de l'efficacité de la mesure. Elle s'applique à tous les indicateurs, en respectant des critères en fonction de l'exploitation souhaitée :

- l'utilisation du diagramme radar, pour permettre une lecture comparée de données dans un ensemble de données comparables pour visualiser la couverture des engagements par à rapport à des objectifs ;
- l'utilisation des histogrammes, pour connaître la répartition de données dans un contexte précis ;
- l'utilisation d'un diagramme en anneau, pour mesurer l'atteinte globale d'un objectif ;
- l'utilisation de courbe en séries, pour comparer des séries de données portant sur une même mesure afin de visualiser les évolutions.

La qualité de la représentation est assurée par une lecture rapide et explicite de la situation, compréhensible de tous.

1. Les formes de représentations

a) Diagramme radar de l'effectivité propre de chaque critère

Objectif de la représentation : faire ressortir les niveaux d'effectivité forts et à améliorer de chaque critère dans l'ensemble du périmètre de la mesure.

Interprétation : identifier immédiatement les sources d'amélioration de l'effectivité, critère par critère.

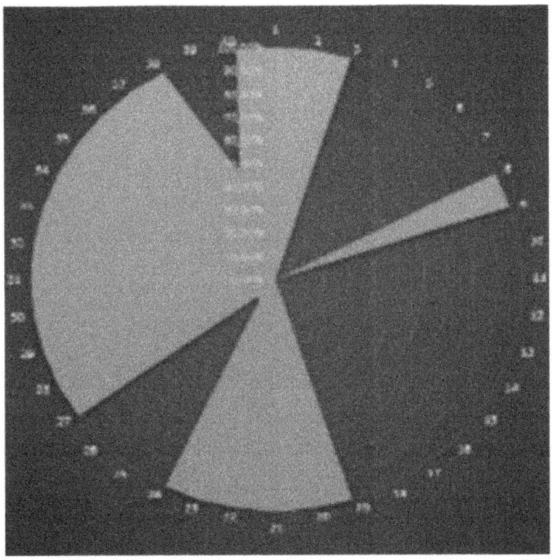

b) Diagramme radar de l'effectivité propre de chaque famille de critères

Objectif de la représentation : faire ressortir les niveaux d'effectivité forts et à améliorer de chaque famille de critères dans l'ensemble du périmètre de la mesure.

Interprétation : identifier immédiatement les priorités d'amélioration de l'effectivité, soit sur les:

- milieux du domaine d'application du droit (famille de critères existentiels) ;
- matières du domaine d'application du droit (famille de critères d'applicabilité) ;
- méthodes du domaine d'application du droit (famille de critères substantiels) ;
- manières du domaine d'application du droit (famille de critères organiques) ;

- moyens du domaine d'application du droit (famille de critères du contrôle d'application) ;
- milieux exogènes au domaine d'application du droit (famille de critères non juridiques).

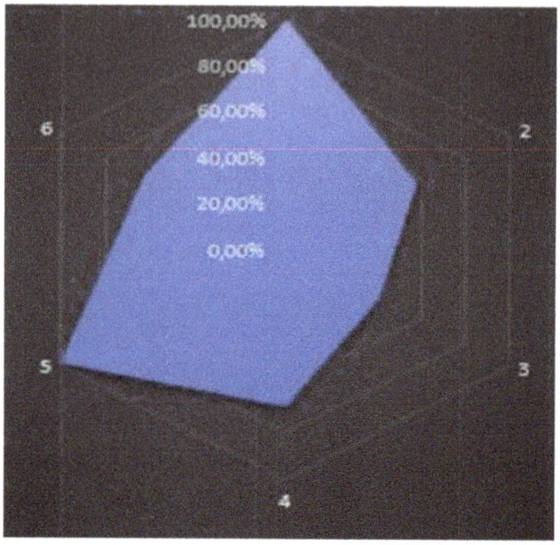

c) Histogramme de la répartition de l'effectivité des familles de critères dans le thème juridique

Objectif de la représentation : définir l'urgence d'action sur l'effectivité de chaque famille de critères dans l'ensemble du périmètre de la mesure.

Interprétation : identifier les priorités d'engagement des actions d'amélioration de chaque famille de critère dans l'effectivité du droit. Plus le pourcentage est élevé dans une famille, plus la famille influe sur l'effectivité. Si sur le diagramme de l'effectivité propre de chaque famille de critères (diagramme précédent) le niveau d'effectivité propre est faible et son influence est élevée, c'est une source évidente d'une amélioration rapide du taux d'effectivité globale.

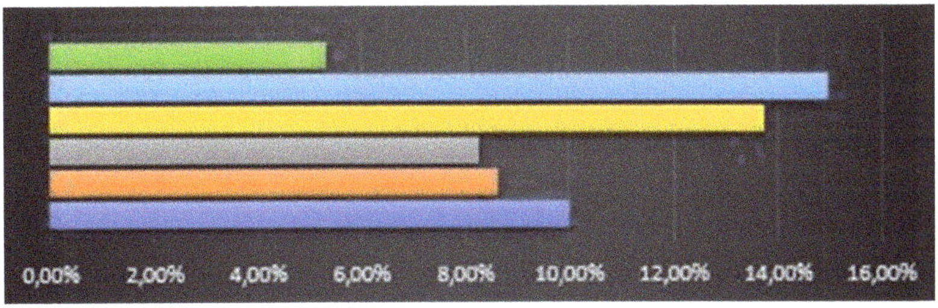

d) *Diagramme en anneau de l'effectivité du thème juridique*

Objectif de la représentation : faire ressortir l'acceptation ou non du niveau d'effectivité du thème juridique.

Interprétation : décider l'engagement ou non d'actions d'amélioration de l'effectivité du thème juridique.

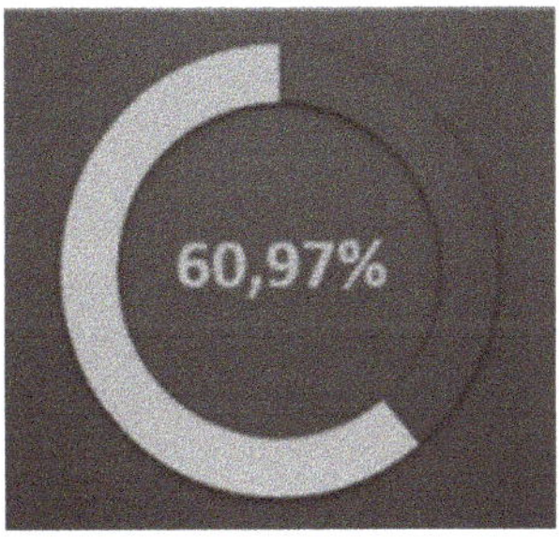

e) *Diagramme radar de l'effectivité globale du périmètre de la mesure ou du droit*

Objectif de la représentation : faire ressortir l'acceptation ou non du niveau global d'effectivité du droit, d'une part, et les niveaux d'effectivité forts et à améliorer par rapport aux objectifs de gouvernance, d'autre part.

Interprétation : améliorer la gouvernance de l'application du droit, dont l'effectivité dans un thème juridique est jugée insuffisante, en fixant de nouveaux objectifs, de nouveaux engagements.

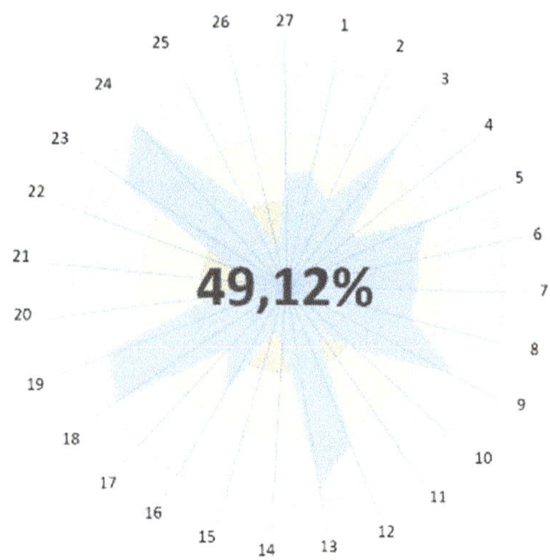

f) Courbe histogramme de l'évolution de l'effectivité du périmètre de la mesure

Objectif de la représentation : faire ressortir la progression ou la régression de l'effectivité de chaque domaine d'application du droit dans le temps.

Interprétation : piloter l'amélioration de l'effectivité ; en cas de progression, valider les résultats des actions d'amélioration ; en cas de régression, ajuster ces actions.

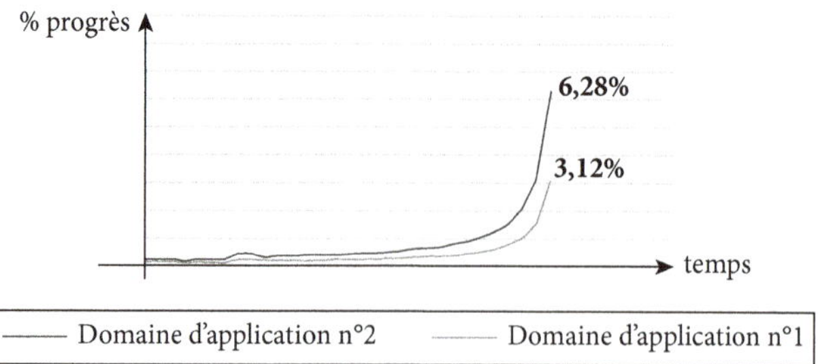

2. L'exploitation des représentations

L'exploitation des représentations graphiques dépend de leurs bonnes lectures. Plus la lecture est rapide et simple, plus la prise de décision est aisée.

a) Lecture

Une représentation graphique est un élément de langage « muet ». Il est donc important de clarifier par des titres évocateurs l'objet de la représentation et de les représenter de façon groupée, autant que possible sous forme d'un tableau de bord.

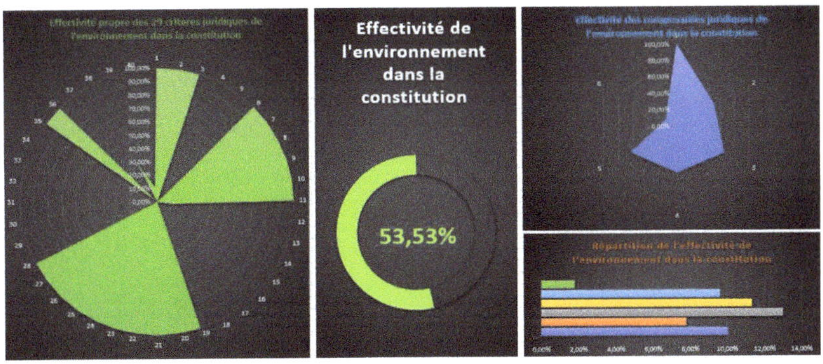

b) Aide à la décision

Dans le tableau de bord, on identifie vite les zones de manquement qui caractérisent l'ineffectivité du critère propre au thème juridique.

Même si le taux global d'effectivité du thème juridique paraît acceptable, l'identification des lacunes par famille de critères et pour chaque critère « saute aux yeux ». Ce sont les causes d'ineffectivité auxquelles il faut remédier.

On dispose ainsi de l'identification précise des points à améliorer pour obtenir une application satisfaisante des règles de droit. Cela va directement permettre une amélioration et une réforme éclairée sur un ou plusieurs points précis de la mise en œuvre de l'application du droit.

Conclusion : forces et faiblesses des indicateurs juridiques

Face à un constat unanime d'une application inexistante ou insuffisante du droit de l'environnement, quels sont les remèdes ? Créer encore plus de droit ? Augmenter les sanctions ? Multiplier les contrôles ? Réformer la gouvernance ?

L'innovation consistant à créer des indicateurs juridiques répond-elle à ces interrogations ?

Les indicateurs juridiques ne sont pas à proprement parler des indicateurs de gouvernance qui aideraient à mieux gérer l'application effective du droit. Ce sont plutôt, comme tous les indicateurs, des instruments d'aide à la décision. Ils sont plus force de proposition pour améliorer le bon fonctionnement du droit qu'outils pour constater une gouvernance satisfaisante ou inappropriée. S'ils contribuent à la gouvernance, ils ont leurs limites.

1. Contribution des indicateurs juridiques à la gouvernance

Les indicateurs juridiques rendent compte avec précision de la vie du droit à travers la mise en œuvre de l'application du droit dans un pays donné. Ils restent toujours spécifiques à un État et ne permettent pas d'établir des comparaisons entre États.

Ils sont uniquement construits pour accompagner des changements, repérer les freins et régressions et permettre d'identifier des leviers de progrès. Ils permettent, en un mot, de clarifier une situation rendue confuse du fait de l'intervention de nombreux acteurs publics et privés, collectifs et individuels. De leur existence, on peut espérer identifier des responsabilités sur le fondement d'une description de la chaîne des causes de l'ineffectivité.

Par là-même, les indicateurs juridiques enrichissent les données relatives à la gouvernance, en mettant en lumière les usages sociaux du droit et en identifient les obstacles juridiques, institutionnels, culturels et autres qui freinent l'application du droit de l'environnement.

Il serait excessif d'en attendre une pleine effectivité du droit et inapproprié de penser qu'ils peuvent, à eux seuls, contribuer à sa pleine efficacité.

Ils répondent en revanche à une nécessité en ce qu'ils permettent d'éclairer la décision publique lors de la mise en œuvre de politiques publiques lesquelles, lorsqu'elles concernent tout particulièrement l'environnement, supposent que l'on procède à de nombreux arbitrages entre des intérêts en conflit, qu'il est à peine besoin de préciser ici.

Or, le droit lui-même ne consiste pas seulement en normes d'interdiction ou d'autorisation, mais aussi en un ensemble complexe de procédures, d'institutions et de concepts. Son effectivité dépend donc d'une coordination de ces différents éléments constitutifs, que des indicateurs bien construits peuvent permettre d'évaluer et de contrôler.

2. Les limites des indicateurs juridiques

Les indicateurs juridiques de l'effectivité ne permettent ni de gouverner par des chiffres, ni de stopper la dégradation de l'environnement, ni de mieux protéger l'environnement dans l'immédiat. Ils ne sont qu'un outil partiel d'information. D'autant plus que « l'effectivité est toujours relative et qu'il existe une multitude d'états intermédiaires entre un énoncé et ses traductions sociales »[338]. S'ils sont médiatiquement éclairants pour identifier les insuffisances, le pourcentage d'effectivité d'une loi sur l'environnement compte moins que la mise au jour des freins et points de blocage. C'est là une condition essentielle susceptible de faire comprendre à tous qu'un droit dépourvu effectivité est comme un droit inexistant.

Les indicateurs juridiques rendent visibles les causes de la non-application du droit de l'environnement et instruisent sur les échelles d'effectivité. Ils font prendre conscience qu'il ne suffit pas de voter des lois ou de signer des traités pour que l'environnement soit protégé. Le plus difficile est d'engager toutes les parties prenantes à appliquer le droit édicté.

Celui-ci étant désormais à la fois le fruit du droit international, du droit européen et de la mise en application des objectifs de développement durable, les processus juridiques de mise en œuvre impliquent d'orchestrer la partition d'une multitude d'acteurs face à une multitude de règles. On mesure ainsi que les indicateurs jouent un rôle de responsabilisation de ces parties prenantes en permettant de mettre en évidence les éventuelles contradictions entre les engagements moraux et les réalisations juridiques.

Bien évidemment, parce qu'ils ne sont que des indicateurs, les orientations et prescriptions que l'on peut en tirer dépendent de l'appréciation ou de

---

338 P. Lascoumes, « Conclusion : l'effectivité, indicateur de la place du droit dans les rapports sociaux », in V. Champeil-Desplats et D. Lochak (dir.), *À la recherche de l'effectivité des droits de l'homme*, Paris, Presses universitaires de Paris Nanterre, 2008, p. 265.

l'interprétation qui en sera faite. C'est ce qui explique que les mêmes indicateurs puissent donner lieu à des conclusions opposées. Toute politique environnementale implique des choix de valeurs que les indicateurs ne peuvent nullement faire disparaître, pas plus qu'ils n'ont d'ailleurs vocation à les dissimuler.

En d'autres termes, si les indicateurs juridiques à eux seuls ne suffisent pas à sauver la planète, ils peuvent néanmoins contribuer à l'avenir à rendre le droit plus opérationnel, à alerter sur les dérives, à identifier les éventuels résistances et points de blocage et à les corriger, en un mot, à permettre de redresser la barre.

Bibliographie

Agence européenne pour l'environnement, *L'environnement en Europe – État et perspectives 2020.*

Aiken J. H. and Wizner S., « Measuring Justice », *Wisconsin Law Review*, 2013, pp. 79–99.

Allen M. J. and Yen W.M., *Introduction to Measurement Theory*, Long Grove, Waveland Press, 2002.

Arndt Ch. et Oman Ch., *Les indicateurs de gouvernance : usages et abus*, Centre de développement de l'OCDE, Paris, OCDE, 2006.

Arndt Ch., *Governance Indicators*, Dissertation, Maastricht University, 2009.

Association du barreau canadien, *Mesure de l'accès à la justice : un document de discussion*, Ottawa, 2013.

Auvergnon Ph., « Une approche comparative de la question de l'effectivité du droit du travail », in Auvergnon Ph. (dir.), *L'effectivité du droit du travail, à quelles conditions ?* Bordeaux, Presses universitaires de Bordeaux, 2008.

Ayong Le Kama A., Lagarenne C. et Le Lourd P., *Indicateurs nationaux du développement durable : lesquels retenir ?* Rapport du groupe de travail interministériel sur les indicateurs à la Commission des comptes et de l'économie de l'environnement, Paris, La Documentation française, 2004.

Banque mondiale, *Rapport sur le développement dans le monde 2020. Le commerce au service du développement à l'ère de la mondialisation des chaînes de valeur. Abrégé,* Washington, 2020.

Banque mondiale, *Atlas des Objectifs de développement durable 2018. Des indicateurs du développement dans le monde*, Washington, 2018.

Barendrechts M., « Rule of Law, Measuring and Accountability: Problems to Be Solved Bottom Up », *Hague Journal on the Rule of Law*, 3/2011, pp. 282–304.

Barreira A., *Environmental Rule of Law: An Analysis of Data Availability*, Green Growth Knowledge Platform, 2019.

Bartlett R., «Evaluating Environmental Policy Success and Failure», in Vig N. and Kraft M. (eds), *Environmental Policy in the 1990s: Towards a New Agenda*, Washington, CQ Press, 1994.

Beer-Gabel J. et Labat B., *La protection internationale de la faune et de la flore sauvages*, Bruxelles, Bruyant et Université de Bruxelles, 1999.

Bergeret F. et Mercier S., *Maîtrise statistique des procédés. Principes et cas industriels*, Paris, Dunod, L'Usine Nouvelle, 2011.

Bertelsmann Stiftung and SDSN, *SDG Index and Dashboards Report 2017. Global Responsibilities, International Spillover in Achieving the Goals*, July 2017.

Bertelsmann Stiftung and SDSN, *SDG Index and Dashboards Report 2018. Global Responsibilities, Implementing the Goals*, July 2018.

Bertelsmann Stiftung and SDSN, *Africa SDG Index and Dashboards Report 2018*, July 2018.

Bertelsmann Stiftung and SDSN, *Sustainable Development Report 2019. Transformations to Achieve the Sustainable Development Goals*, June 2019.

Besançon M., *Good Governance Rankings: The Art of Measurement*, Somerville, World Peace Foundation, 2003.

Bétaille J., *Les conditions juridiques de l'effectivité de la norme en droit public interne : illustrations en droit de l'urbanisme et en droit de l'environnement*, thèse de droit, Limoges, 2012.

Bétaille J. (dir.), *Le droit d'accès à la justice environnementale*, Toulouse, Presses de l'université de Toulouse, 2016.

Bétaille J., « L'effectivité en droit de l'environnement », in Brimo S. et Pauti Ch. (dir.), *L'effectivité des droits. Regards en droit administratif*, Paris, Mare et Martin, 2019.

Beurier J. P., *Droit international de l'environnement*, 5e éd., Paris, Pedone, 2017.

Bizikova L. and Pinter L., *Indicator Preferences in National Reporting of Progress Toward the Sustainable Development Goals*, IISD, June 2017.

Boskovic O., *L'efficacité du droit de l'environnement. Mise en œuvre et sanctions*, Paris, Dalloz, 2010.

Botero J. and Ponce A., *Measuring the Law*, World Justice Project, Working Paper Series 1, 2011.

Botero J. C., Nelson R. L. and Pratt Ch., « Indices and Indicators of Justice, Governance, and the Rule of Law: An Overview », *Hague Journal on the Rule of Law*, vol. 3/2, 2011, pp. 153–169.

Breitmeir H., Young O. R. and Zurn M., *Analyzing International Environmental Regimes: From Study to Database*, Cambridge, MIT Press, 2006.

Brimo S. et Pauti Ch. (dir.), *L'effectivité des droits. Regards en droit administratif*, Paris, Mare et Martin, 2019.

Brosset Briand M. *et al.*, *Le nombre et le droit*, Paris, L'Harmattan, 2020.

Burhenne-Guilmin F., *Environmental Law in Developing Countries: Selected Issues*, vol. 2, IUCN Environmental Policy and Law Paper n° 43, Gland, 2004.

Cato Institute, *The Human Freedom Index 2019. A Global Measurement of Personal, Civil, and Economic Freedom*, Washington, 2019.

Caveng R., « La production des enquêtes quantitatives », *Revue d'anthropologie des connaissances*, vol. 6, n° 1, 2012, pp. 65–88, https://www.cairn.info/revue-anthropologie-des-connaissances-2012-1-page-65.htm.

CEA, *Rapport sur les cadres institutionnels et stratégiques pour le développement durable en Afrique*, Addis Abeba, 2012.

CEA, *Rapport régional de l'Afrique sur les ODD*, Addis Abeba, 2015.

Cling J.-P., Razafindrakoto M. et Roubaud F., « L'ODD 16 sur la gouvernance et sa mesure. L'Afrique en tête », *Afrique contemporaine*, n° 258, 2/2016.

Comisión interamericana de derechos humanos, *Lineamientos para la elaboración de indicadores de progreso en materia de derechos económicos, sociales y culturales*, OEA/SER.L/V/II.132, 19 de julio de 2008.

Commission de l'Union africaine, *Agenda 2063. L'Afrique que nous voulons. Cadre stratégique commun pour une croissance inclusive et un développement durable. Premier plan décennal de mise en œuvre 2014–2023*, septembre 2015.

Conseil canadien pour la coopération internationale, *Progression de la mise en œuvre des ODD au niveau national : une évaluation indépendante des examens nationaux volontaires soumis au Forum politique de haut niveau sur le développement durable des Nations Unies en 2018*, Ottawa, 2019.

Conseil de l'Europe, *Liste des critères de l'état de droit*, Strasbourg, 2016.

Cooter R. and Ulen T., *Law and Economics*, 6th ed., Boston, Addison Wesley Longman, 2012.

Couveinhes-Matsumoto F., *L'effectivité en droit international*, Bruxelles, Bruylant, 2014.

COWI and Eunomia, *Study: The costs of not implementing EU environmental law. Final Report*, Brussels, European Commission, 2019.

Crabbe A. and Leroy P., *The Handbook of Environmental Policy Evaluation*, London, Earthscan, 2008.

Craig S. and Maggiotto M., « Measuring Political Efficacy », *Political Methodology*, vol. 8, n° 3, 1982, pp. 85–109.

Dandurand Y. and Jahn J., *Access to Justice Measurement Framework*, Abbotsford, 2015.

Davis K. E., « Legal Indicators: The Power of Quantitative Measures of Law », *Annual Review of Law and Social Science*, vol. 10, 2014, pp. 37–52.

Davis K., Fisher A., Kingsbury B. and Merry S. E., *Governance by Indicators: Global Power Through Quantification and Rankings*, Oxford, Oxford University Press, 2012.

Delmas A., *Perspectives pour la révision de la stratégie Europe 2020*, Paris, Conseil économique, social et environnemental, 2015.

Department of Economic and Social Affairs, *Public Governance Indicators: A Literature Review*, New York, United Nations, ST/ESA/PAD/SER.E/100, 2007.

DESA, *Synthesis of Voluntary National Reviews 2016*, New York, 2016.

Doumbé-Billé S., « La mise en œuvre et le suivi du droit international de l'environnement. Rapport général », in Prieur M. (dir.), *La mise en œuvre nationale du droit international de l'environnement dans les pays francophones*, Limoges, PULIM, 2003, pp. 491–501.

Duclos E., *La maîtrise statistique des procédés MSP/SPC*, Doussard, Emmanuel Duclos Conseil. 2008.

Dupuy P.-M. et Kerbrat Y., *Droit international public*, 14e éd., Paris, Dalloz, 2018.

Dworkin R., *Prendre les droits au sérieux*, Paris, PUF, 1995.

Ebbeson J., *Access to Justice in Environmental Matters in the EU*, Kluwer Law International, 2002.

Economic and Social Council, Economic Commission for Africa, *Report of the Seminar for Lawyers on Development of Environmental Protection Legislation in the ECA Region*, E/CN.14/784, 21 October 1980.

Environmental Protection Agency, *Principles of Environmental Enforcement*, Washington, 1992.

EPI, *Global Metrics for the Environment*, 2016, https://epi.envirocenter.yale.edu.

EPI, *Environmental Performance Index, 2018 Release*, https://sedac.ciesin.columbia.edu/data/set/epi-environmental-performance-index-2018.

EPI, *Environmental Performance Index 2020. Global metrics for the environment: Ranking country performance on sustainability issues*, https://epi.yale.edu/downloads/epipolicymakersummaryr9.pdf.

Ercmann S., *Enforcement of environmental law in national and international law*, 5th Colloquy on Environmental Protection Law, Prague, Council of Europe, Strasbourg, 1995.

European Commission for the Efficiency of Justice, *European Judicial System: Efficiency and Quality of Justice*, CEPEL Studies 11, Strasbourg, Council of Europe, 2008.

European Environmental Agency, *Environmental Indicators Report*, n° 19, 2018.

European Environmental Agency, *Digest of Environmental European Agency Indicators*, Technical Report n° 8, 2014.

Eurostat, « Liens entre statistiques et politique de l'Union européenne. Les euros-indicateurs. Les indicateurs structurels. Les indicateurs de développement durable », *L'Europe en chiffres*, 2006–2007, pp. 318–323.

Eurostat, *Smarter, greener, more inclusive? Indicators to support the Europe 2020 strategy*, 2019 edition, European Union, September 2019.

Eurostat, *EU SDG indicators set 2020. Result of the review in preparation of the 2020 edition of the EU SDG monitoring report*, European Commission, Final version of 16/01/2020.

FAO, *Améliorer la gouvernance des terres pastorales*, Guide technique pour la gouvernance des régimes fonciers 6, Rome, 2016.

FAO, *La FAO et les ODD. Des indicateurs de mesure pour suivre la mise en œuvre du Programme de développement durable à l'horizon 2030*, Rome, 2017.

FAO, *Realizing women's rights to land in the law. A guide for reporting on SDG indicator 5.a.2*, Rome, 2018.

FAO, *The State of World Fisheries and Aquaculture 2018 – Meeting the sustainable development goals*, Rome, 2018.

FAO, *Incorporating environmental flows into "water stress" indicator 6.4.2 – Guidelines for a minimum standard method for global reporting*, Rome, 2019.

FAO, *Suivi des progrès accomplis dans le cadre des indicateurs des ODD liés à l'alimentation et à l'agriculture. Rapport sur les indicateurs sous la responsabilité de la FAO*, Rome, 2019.

Faure M., *Analyse économique du droit de l'environnement*, préface de M. Prieur, Bruxelles, Bruylant, 2006.

Ferchichi W., *La protection de l'environnement en droit tunisien*, préface M. Prieur, Tunis, Centre d'études juridiques et judiciaires, 2013.

Fukuda-Parr S. and McNeil D., « Knowledge and Politics in Setting and Measuring the SDGs », *Global Policy*, vol. 10, 2019, pp. 5–15.

Fundamental Rights Agency, *Developing Indicators for the Protection, Respect and Promotion of the Right of the Child in the European Union*, Vienna, 2010.

Fundamental Rights Agency, *The Right to Political Participation for Persons with Disabilities: Human Rights Indicators*, Vienna, 2014.

Frydman B. et Van Waeyenberge A., *Gouverner par les standards et les indicateurs : de Hume aux rankings*, Bruxelles, Bruylant, 2014.

Gennari P. and Kalamvrezos Navarro D., « A bold call for action needed on measuring SDG indicators », *IISD*, 28 April 2020.

Ginsburg T., « Pitfalls of Measuring the Rule of Law », *Hague Journal on the Rule of Law*, vol. 3/2, 2011, pp. 269–280.

Goggin M. L. *et al.*, *Implementation Theory and Practice: Toward a Third Generation*, Glenview, Scott Foresman, 1990.

Gross Cunha L., Luci de Oliveira F. and Glezer R. E., « Brazilian Justice Confidence Index. Measuring Public Perception on Judicial Performance in Brazil », *Revista Colombiana de Derecho Internacional*, n° 25, 2014, pp. 445–472.

Gramatikov A. *et al.*, *A Handbook for Measuring the Cost and Quality of Access to Justice*, Antwerp, Maklu and Tilburg Institute for Interdisciplinary Studies of Civil Law and Conflict Resolution Systems, 2009.

Granier L. (dir.), *Aspects contemporains du droit de l'environnement en Afrique de l'Ouest et centrale*, UICN, PNUE, Droit et politique de l'environnement n° 69, Gland, 2008.

Gündling L., *Legal obstacles to the application of nature conservation legislation*, Nature and environment n° 89, Strasbourg, Council of Europe, 1997.

Gupta D. K. *et al.*, « Creating a composite index for assessing country performance in the field of human rights: Proposal for a new methodology », *Human Rights Quarterly*, vol. 16, 1994, pp. 131–162.

Haut-Commissariat aux droits de l'homme, *Indicateurs des droits de l'homme. Guide pour mesurer et mettre en œuvre, Genève*, 2012.

Haut-Commissariat aux droits de l'homme, *Une approche des données fondée sur les droits de l'homme. Ne laisser personne de côté dans le Programme de développement durable à l'horizon 2030*, Genève, 2018.

Hopper J. S., *A Mixed-Methods Approach to Analyzing Environmental Enforcement in the American States*, SAGE Research Methods Cases, 2019.

HLPF, *2017 Voluntary National Reviews Synthesis Report*, New York, DESA, 2017.

HLPF, *2018 Voluntary National Reviews Synthesis Report*, New York, DESA, 2018.

HLPF, *2019 Voluntary National Reviews Synthesis Report*, New York, DESA, 2019.

HLPF, *Handbook for the preparation of voluntary national reviews. The 2020 Edition*, New York, 2019.

Hsu A. *et al.*, *The 2016 Environmental Performance Index*, New Haven, Yale Center for Environmental Law and Policy, 2016.

ICCWC, *Cadre d'indicateurs de l'ICCWC pour la lutte contre la criminalité liée aux espèces sauvages et aux forêts. Un cadre d'auto-évaluation à usage national. Lignes directrices pour l'évaluation*, juillet 2016.

ILO, *Decent work indicators: guidelines for producers and users of statistical and legal framework indicators*, ILO Manual, Second version, Geneva, 2013.

IMPEL, *Challenges in the Practical Implementation of European Union Environmental Law and How IMPEL Could Help Overcome Them*, 2015.

INECE, *Performance measurement guidance for compliance and enforcement practitioners*, 2nd ed., 2008.

INECE-OECD, *Workshop on Environmental Compliance and Enforcement Indicators: Measuring What Matters*, Paris, 2004.

Institut français de l'environnement, « 45 indicateurs de développement durable : une contribution de l'IFEN », *Études et travaux*, n° 41, 2003.

Institute for Economics & Peace, *SDG16+ Progress Report 2019. A Comprehensive Global Audit of Progress on Available SDG16 Indicators*, March 2019.

Inter-American Development Bank and World Justice Project, *Environmental Governance Indicators for Latin America and the Caribbean. A cross-country assessment of environmental governance in practice in Argentina, Bolivia, Brazil, Colombia, Costa Rica, the Dominican Republic, El Salvador, Jamaica, Peru & Uruguay*, 2020.

International Conference on Environmental Enforcement, Budapest, 1992.

International Council on Human Rights Policy and Office of the United Nations High Commissioner for Human Rights, *Assessing the Effectiveness of National Human Rights Institutions*, Geneva, 2005.

Jeammaud A., *Le concept d'impact des normes sociales européennes, quels indicateurs ?* CRDS (IETL), Université de Lyon 2, 2005.

Jeammaud A., « Le concept d'effectivité en droit », in Auvergnon Ph. (dir.), *L'effectivité du droit du travail, à quelles conditions ?*, Bordeaux, Presses universitaires de Bordeaux, 2008.

Kamto M., *Droit de l'environnement en Afrique*, Paris, EDICEF-AUPELF, 1996.

Kaufmann D., Kraay A., « Two Comments on "Governance Indicators: Where Are We, Where Should We Be Going?" », *The World Bank Research Observer*, vol. 23, n° 1, 2008, pp. 31–36.

Kaufmann D., Kraay A. and Mastruzzi M., *The Worldwide Governance Indicators: Methodology and Analytical Issues*, Policy Research Working Paper n° 5430, Washington, World Bank, 2010.

Kingsburg B., Davis K.E., Engle Merry S., *The quiet power of indicators: measuring governance, corruption and the rule of law*, Cambridge University Press, 2015.

Krever T., « Quantifying law: Legal indicator projects and the reproduction of neoliberal common sense », *Third World Quarterly*, vol. 34, n° 1, 2013, pp. 131–150.

Lavieille J.-M., Delzangles H. et Le Bris C., *Droit international de l'environnement*, 4e éd., Paris, Ellipses, 2018.

Lavieille J.-M. (dir.), *Conventions de protection de l'environnement. Secrétariats, conférences des parties, comités d'experts*, Limoges, PULIM, 1999.

Leroy Y., *L'effectivité du droit au travers d'un questionnement en droit du travail*, Paris, LGDJ, 2011.

Lévy-Bruhl H., « Note sur la statistique et le droit », in *La statistique, ses applications, les problèmes qu'elle soulève*, Paris, Presses universitaires de France, 1935, pp. 141–147.

Maggino F. (ed), *Complexity in Society: From Indicators Construction to their Synthesis*, Springer, 2017.

Maljean-Dubois S., (ed), *The effectiveness of environmental law*, Intersentia, 2017.

Marais du B. (dir.), *Des indicateurs pour mesurer le droit ? Les limites méthodologiques des rapports* Doing Business, Paris, La Documentation française, 2006.

Martel J.-P., *Les œuvres complètes de Marguerite T. De Bané*, Montréal, Cercle du Livre de France, 1973.

Martin P., Boer B. and Slobodian L. (eds), *Framework for Assessing and Improving Law for Sustainability. A Legal Component of a Natural Resource Governance Framework*, Environmental Policy and Law Paper n° 87, Gland, IUCN, 2016.

Martinand Cl., *Environnement et développement durable. L'indispensable mobilisation des acteurs économiques et sociaux*, Paris, Conseil économique et social, avis n° 8, 12 mars 2003.

Mauerhofer V., « A bottom up "Convention-Check" to improve top-down global protected area governance », *Land Use Policy*, vol. 28/4, 2011, pp. 877–886.

May J. and Daly E., *Judicial Handbook on Environmental Constitutionalism*, Nairobi, UNEP, 2017.

Mc Donald S., « Élaboration de l'indice de l'accès à la justice pour les entités administratives fédérales du Canada », 2017, www.justice.gc.ca.

McGrath C., *Does Environmental Law Work? How to Evaluate the Effectiveness of an Environmental Legal System*, Riga, Lambert Academic Publishing, 2010.

McGrath C., *How to Evaluate the Effectiveness of an Environmental Legal System*, PhD Thesis, University of Queensland, 2007.

Merry S. E., Davis K. E. and Kingsburg B. (eds), *The Quiet Power of Indicators: Measuring Governance, Corruption and Rule of Law*, Cambridge, Cambridge University Press, 2015.

Mickwitz P., « A Framework for Evaluating Environmental Policy Instruments: Context and Key Concepts », *Evaluation*, vol. 9/4, 2003, pp. 415–436.

Mo Ibrahim Foundation, *African Governance Report 2019. Agendas 2063 and 2030: Is Africa on Track?* 2019.

Navarro G., « Diseño de un Sistema de Indicadores para Programa Estratégico Regional para el Manejo de los Ecosistemas Forestales (PERFOR). Región de América Central y República Dominicana », *Jornadas de Análisis Estadístico*, Universidad de Costa Rica, 2016.

Norme humanitaire fondamentale, *Guide et indicateurs de la norme humanitaire fondamentale*, CHS Alliance, Projet Sphère et Groupe URD, 2016.

OCDE, *Indicateurs de l'environnement*, Paris, 1991.

OCDE, *Indicateurs environnementaux pour l'agriculture. Concepts et cadre d'analyse*, vol. 1, Paris, 1999.

OCDE, *Indicateurs environnementaux pour l'agriculture. Questions clés et conception*, Le séminaire de York, vol. 2, 1999.

OCDE, *Indicateurs environnementaux pour l'agriculture. Méthodes et résultats*, vol. 3, Paris, 2001.

OCDE, *Indicateurs clés de l'environnement*, Paris, 2008.

OCDE, *Faire respecter les normes environnementales. Tendances et bonnes pratiques*, Paris, 2009.

OCDE, *Perspectives de l'environnement de l'OCDE à l'horizon 2050 : les conséquences de l'inaction*, Paris, 2012.

OCDE, *Indicateurs de croissance verte pour l'agriculture*, Paris, 2015.

OCDE, *Comment va la vie ? Mesurer le bien-être*, Paris, 2017.

OECD, *Outcome Performance Measures of Environmental Compliance Assurance: Current Practices, Constraints and Ways Forward*, Paris, 2010.

OECD, *Environmental Enforcement in Decentralized Governance Systems: Towards a Nationwide Level Playing Field*, Paris, 2011.

OCDE, *Green Growth Indicators*, Paris, 2014.

OECD, *Environment at a Glance: OECD indicators*, Paris, 2015.

OECD, *How's Life? 2020. Measuring Well-being*, Paris, 2020.

OECD, Joint Research Centre of the European Commission, *Handbook on Constructing Composite Indicators. Methodology and User Guide*, Paris, OECD, 2008.

OECD/Open Society Foundations, *Legal Needs Surveys and Access to Justice*, Paris, OECD, 2019.

OIT, *Programme et budget pour la période biennale 2018–19*, Genève, 2017.

OMM-GWP, *Manuel des indicateurs et indices de sécheresse*, Programme de gestion intégrée des sécheresses, Genève, 2016.

OMS, *Une collaboration renforcée pour une meilleure santé : Plan d'action mondial pour permettre à tous de vivre en bonne santé et promouvoir le bien-être de tous. Renforcer la collaboration entre les organisations multilatérales pour accélérer les progrès des pays en vue d'atteindre les cibles des objectifs de développement durables liées à la santé*, Genève, 2019.

Organización de los Estados Americanos, *Indicadores de progreso para la medición de derechos contemplados en el Protocolo de San Salvador*, OEA/Ser.L/XXV.2.1, GT/PSS/doc9/13, 2013.

Pariente-Butterlin I., *Le droit, la norme et le réel*, Paris, PUF, coll. « Quadrige », 2005.

Parsons J., « Developing Clusters of Indicators: An Alternative Approach to Measuring the Provision of Justice », *Hague Journal on the Rule of Law*, vol. 3, 2011, pp. 170–185.

Parsons J. *et al.*, *Developing Indicators to Measure the Rule of Law: A Global Approach*, Vera Institute of Justice and Altus Global Alliance, 2008.

Pillet M., *Appliquer la maîtrise statistique des processus MSP/SPC*, 6e éd., Paris, Eyrolles, 2005.

Pleasence P. and Balmer N., « Measuring the Accessibility and Equality of Civil Justice », *Hague Journal on the Rule of Law*, vol. 10, 2018, pp. 255–294.

PNUD, *Rapport mondial sur le développement humain 2004. La liberté culturelle dans un monde diversifié*, Paris, Economica, 2004.

PNUD, *Rapport sur le développement humain. Durabilité et équité : un meilleur avenir pour tous*, New York, 2011.

PNUD, *Rapport sur le développement humain 2014. Pérenniser le progrès humain : réduire les vulnérabilités et renforcer la résilience*, New York, 2014.

PNUD, *Rapport sur le développement humain 2016. Le développement humain pour tous*, New York, 2016.

PNUD, *Indices et indicateurs de développement humain 2018. Mise à jour statistique*, New York, 2018.

PNUD, *Rapport sur le développement humain 2019. Au-delà des revenus, des moyennes et du temps présent : les inégalités de développement humain au XXIe siècle*, New York, 2019.

PNUD, *Rapport sur le développement humain en Afrique 2016. Accélérer les progrès en faveur de l'égalité des genres et de l'autonomisation des femmes en Afrique*, New York, 2016.

PNUE, *L'avenir de l'environnement en Afrique. Le passé, le présent et les perspectives d'avenir*, Nairobi, 2002.

PNUE, *Vers une économie verte : pour un développement durable et une éradication de la pauvreté*, Nairobi, 2011.

Praia City Group, *Handbook on Governance Statistics*, 2020, https://paris21.org/news-center/news/new-praia-city-group-handbook-governance-statistics.

Prieur M. (dir.), *Vers un nouveau droit de l'environnement ? Réunion mondiale des juristes et associations de droit de l'environnement*, Limoges, CIDCE, 2003.

Prieur M. (dir.), *La mise en œuvre nationale du droit international de l'environnement dans les pays francophones*, Limoges, PULIM, 2003.

Prieur M., *Droit de l'environnement, droit durable*, Bruxelles, Bruylant, 2014.

Prieur M., *Les indicateurs juridiques, outils d'évaluation de l'effectivité du droit de l'environnement*, Québec, IFDD, 2018.

Prieur M., « Pour des indicateurs juridiques des objectifs de développement durable et de la biodiversité », *Humanité et Biodiversité*, n° 5, 2018–2019, pp. 218–222.

Prieur M., « The principle of non regression », in Krämer L. and Orlando E. (eds), *Principles of Environmental Law*, Elgar Encyclopaedia of Environmental Law Series, Edward Elgar Publishing, vol. VI, 2018.

Prieur M. *et al.*, *Droit de l'environnement*, 8e éd., Paris, Dalloz, 2019.

Prieur M. et Doumbé-Billé S., *Recueil francophone des traités et textes internationaux en droit de l'environnement*, 2e éd., Bruxelles, Bruylant, AUPELF-UREF, 2012.

Prieur M. and Mekouar M. A., « Measuring the Effectivity of Environmental Law through Legal Indicators in the Context of Francophone Africa », in Kameri-Mbote P. and Odote C. (eds), *Blazing the Trail. Professor Charles Okidi's Enduring Legacy in the Development of Environmental Law*, University of Nairobi, School of Law, 2019, pp. 238–256.

Prieur M. et Sozzo G. (dir.), *La non régression en droit de l'environnement*, Bruxelles, Bruylant, 2012.

Programme Solidarité Eau, *Les Objectifs de développement durable pour les services d'eau et d'assainissement. Décryptage des cibles et indicateurs*, Paris, 2018.

Quiroga Martínez R., *Guía metodológica para desarrollar indicadores ambientales y de desarrollo sostenible en países de América Latina y el Caribe*, CEPAL, Santiago de Chile, 2009.

Rangeon F., « Réflexions sur l'effectivité du droit », in CURAPP, *Les usages sociaux du droit*, Paris, PUF, 1989.

Richard V., *Le droit et l'effectivité, contribution à l'étude d'une notion*, thèse en droit, Paris II, 2003.

Rosga A. and Satterthwaite M. L., « The trust in indicators: Measuring human rights », *Berkeley Journal of International Law*, vol. 27/2, 2009, pp. 253–315.

Rowe G. and Frewer L. J., « Evaluating Public Participation Exercises: A Research Agenda », *Science, Technology and Human Values*, vol. 29/4, 2004, pp. 512–556.

Sadeleer de N., *Les principes du pollueur-payeur, de prévention et de précaution*, Bruxelles, Bruylant-AUF, 1999.

Sand P. H. (ed), *The Effectiveness of International Environmental Agreements: A Survey of Existing Legal Instruments*, Cambridge, Grotius, 1992.

Sand P. H., « The Effectiveness of Multilateral Environmental Agreements: Theory and Practice », in Lewis M., Honkonen T. and Romppanen S. (eds), *International Environmental Law-making and Diplomacy Review 2016*, Joensuu, University of Eastern Finland Law School, UNEP Course Series 16, 2017, pp. 1–25.

SDSN, *Assessing Gaps in Indicators Availability and Coverage*, July 2014.

SDSN, *Indicators and a Monitoring Framework: Launching a Data Revolution for the Sustainable Development Goals*, June 2015.

Siems M. M., « Measuring the immeasurable: How to turn law into numbers », in Faure M. and Smits J. (eds), *Does Law Matter? On Law and Economic Growth*, Cambridge, Intersentia, 2011, pp. 115–136.

Siems M. M., « Numerical comparative law: Do we need statistical evidence in order to reduce complexity? », *Cardozo Journal of International and Comparative Law*, vol. 13, 2005, pp. 521–40.

Social Indicators Research (International and interdisciplinary journal for quality-of-life measurement published by Springer since 1974).

Social Indicators Research Book Series, 73 volumes, 1997–2020 (Springer).

Supiot A., *La gouvernance par les nombres*, Paris, Fayard, 2015.

Theys J., « À la recherche du développement durable : un détour par les indicateurs », in Jolivet M. (dir.), *Le développement durable, de l'utopie au concept. De nouveaux chantiers pour la recherche*, Paris, Elsevier and NSS, 2001, pp. 269–285.

Tonou G. (ed), *Indicators of quality of life in Latin America*, Springer, 2016.

UICN, *Introduction à la Convention africaine sur la conservation de la nature et des ressources naturelles*, 2e éd., Gland, 2006.

UNDP, *Access to Justice Assessments in the Asia Pacific: A Review of Experiences and Tools from the Region*, Bangkok, 2012.

UNEP, *Review of Institutional Capacity Building for Environmental Law and Institutions of Africa*, 2nd ed., Nairobi, 2000.

UNEP, *Measuring Progress towards an Inclusive Green Economy*, Nairobi, 2012.

UNEP, Intersessional Meeting of the Forum of Ministers of Environment for Latin America and the Caribbean, *Working Group on Environmental Indicators of the Forum of Ministers of Environment of Latin America and the Caribbean*, UNEP/LAC-IC.1.2015/7, 17–19 November 2015.

UNEP, *Environmental Rule of Law. First Global Report*, Nairobi, 2019.

UNEP-ILAC, *Regional Indicators Revision 2011*, Latin American and Caribbean Initiative for Sustainable Development, www.geodatos.org.

UNEP-UNDP, *Compendium of Environmental Laws of African Countries. Sectoral Environmental Laws and Regulations*, vol. 1–7, 1996–2002.

UN Habitat, *Proposed Global Land Indicators. Status Report on GLII Indicator Formulation, Disaggregation, Data Sources and Methodology*, GLII Working Paper n° 3, Nairobi, 2015.

UN Habitat, *Sourcebook for Operationalisation of Global Land Indicators*, GLII Working Paper n° 4, Nairobi, 2016.

UN Habitat, *A Multy-Country Capacity Assessment of National Statistical Offices Preparedness to Report on SDG Indicator 1.4.2*, GLII, Working Paper n° 7, Nairobi, 2017.

UNESCO, *Indicateurs Culture 2030*, Paris, 2019.

UNESCO, *Highlights from the 2019 UNESCO Monitoring and Reporting of SDG Indicator 16.10.2 – Access to Information*, Paris, 2019.

UN-Water, *Sustainable Development Goal 6 Synthesis. Report 2018 on Water and Sanitation*, New York, 2018.

Union africaine, *Premier rapport continental sur l'état de la mise en œuvre de Agenda 2063*, février 2020.

Union interparlementaire, *Les ODD à l'usage des parlements, outil d'auto-évaluation*, Genève, 2016.

Victor D. G, Raustiala K. and Skolnikoff E. B. (eds), *The Implementation and Effectiveness of International Environmental Commitments: Theory and Practice*, Cambridge, MIT Press, 1998.

Vladimirova K. and Le Blanc D., *How well are the links between education and other sustainable development goals covered in UN flagship reports? A contribution to the study of the science-policy interface on education in the UN system Department of Economic & Social Affairs*, DESA Working Paper 146, New York, October 2015.

Werker J. and Silva de L., *The Environmental Democracy Index*, Technical Note, World Resources Institute, 2015.

Winograd M., *Indicadores ambientales para Latinoamérica y el Caribe: hacia la sustentabilidad en el uso de tierras*, San José, IICA, 1995.

Winter G., *Assessing law as a factor towards the Aichi Biodiversity Targets*, 2014, https://www.iucn.org/sites/dev/files/assessing_law_as_a_factor_toward_the_aichi_biodiversity_targets_0.pdf.

Voigt S., « How to measure the rule of law? », *Kyklos*, vol. 65/2, 2012, pp. 262–284.

Wolfrum R., « Means of ensuring compliance with and enforcement of international environmental law », *Recueil des cours de l'Académie de droit international*, vol. 272, 1999.

Wood C., *Environmental Impact Assessment: A Comparative Review*, London, Prentice Hall, 1995.

Woodruff C., « Measuring Institutions », in Rose-Ackerman S. (ed), *International Handbook on the Economics of Corruption*, Northampton, Edward Elgar, 2006, pp. 105–124.

World Bank, *A decade of measuring the quality of governance: governance matters 2007. Worldwide governance indicators 1996–2007*, Washington, 2007.

World Bank, *World Development Indicators*, 2015–2020, https://databank.banquemondiale.org/source/world-development-indicators.

World Bank, *Atlas of Sustainable Development Goals 2017. From World Development Indicators*, Washington, 2017.

World Bank, *World Development Report. Governance and the Law*, Washington, 2017.

World Bank, *World Development Report 2020. Trading for Development in the Age of Global Value Chains*, Washington, 2020.

World Health Organization and Secretariat of the Convention on Biological Diversity, *Connecting Global Priorities: Biodiversity and Human Health. A State of Knowledge Review*, Geneva-Montreal, 2015.

Worldwide Governance Indicators 2019, https://info.worldbank.org/gouvernance/wgi.

WJP Rule of Law Index 2020, https://worldjusticeproject.org/our-work/research-and-data/wjp-rule-law-index-2020.

*Indicateurs en ligne**

- World Bank Worldwide Governance Indicators http://info.worldbank.org/governance/wgi/index.aspx#faq
- UNDP Governance Assessment Portal http://www.gaportal.org/areas-of-governance
- Transparency International Corruption Perception Index http://www.transparency.org/research/cpi/overview
- CBD Biodiversity Indicators Partnership http://www.bipindicators.net
- Yale Environmental Performance Index http://www.epi.yale.edu
- International Property Rights Index http://internationalpropertyrightsindex.org
- World Bank Indicators http://data.worldbank.org/indicator/all
- Global Integrity Index Data https://www.globalintegrity.org/downloads
- World Commodity Indexes http://www.indexmundi.com/commodities
- CIA World Factbook https://www.cia.gov/library/publications/the-world-factbook/rankorder/rankorderguide.html
- Inclusive Wealth Report http://www.ihdp.unu.edu/article/iwr
- World Bank Country Datasets http://data.worldbank.org/country
- CountryPropertyRightsIndexhttp://www.internationalpropertyrightsindex.org/ranking
- IndexMundi–GiniCoefficientbycountryhttp://www.indexmundi.com/facts/indicators/SI.POV.GINI/compare?country=au#country=dz:ar:au:bb:bz:s3
- FAO Statistics – by country http://faostat3.fao.org/faostat-gateway/go/to/browse/I/*/E
- Global Development Information http://www.eldis.org
- UN Public Administration Portal – country profiles http://www.unpan.org/DPADM/ProductsServices/ThematicPortals/PublicAdministrationCountryProfiles/tabid/677/Default.aspx
- Worldwide Governance Indicators http://info.worldbank.org/governance/wgi/index.aspx#home
- Index of Economic Freedom http://www.heritage.org/index/explore?view=by-variables

* *Source*: Martin P., Boer B. and Slobodian L. (eds), *Framework for Assessing and Improving Law for Sustainability. A Legal Component of a Natural Resource Governance Framework*, Environmental Policy and Law Paper n° 87, Gland, UICN, 2016, pp. 124–125.

Annexes

1. Effectivité et efficacité
2. Extraits de textes sur l'effectivité du droit de l'environnement
3. UNEP, *Environmental Rule of law. First Global Report*, 2019 – Figure 6-1: Environmental Rule of Law and the Sustainable Development Goals
4. UNEP, *Environmental Rule of law. First Global Report*, 2019 – Box 6.1: Indicator Framework for Environmental Rule of Law
5. Article 2-4 de l'arrêté du 3 décembre 2019 relatif à l'organisation du service de législation et de la qualité du droit au secrétariat général du Gouvernement (*JORF* n° 0282 du 5 décembre 2019)
6. Article 6-8 de l'Accord régional sur l'accès à l'information, la participation publique et l'accès à la justice à propos des questions environnementales en Amérique latine et dans les Caraïbes, Escazú, 4 mars 2018
7. Projet de motion présentée par le Centre international de droit comparé de l'environnement et adoptée comme résolution par le Congrès mondial de la nature de l'UICN, Marseille, 7–15 janvier 2021, sur : « Mesurer l'effectivité du droit de l'environnement grâce à des indicateurs juridiques »

Annexe 1 Effectivité et efficacité

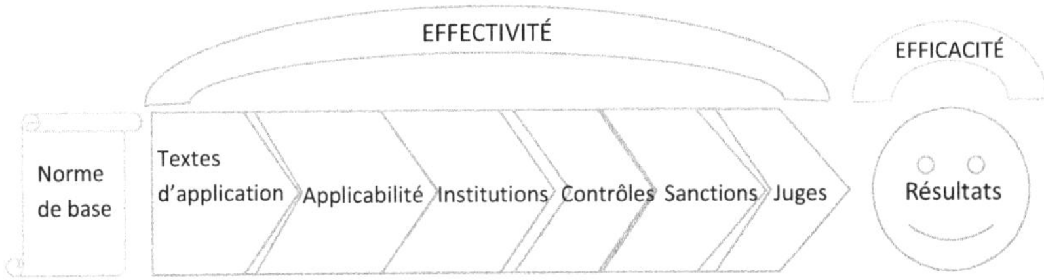

Annexe 2 Extraits de textes sur l'effectivité du droit de l'environnement et les indicateurs

1. Déclaration de Rio, 1992

   Principe 11 : « Les États doivent promulguer des mesures législatives *efficaces* en matière d'environnement ».
2. Agenda 21 de Rio, 1992
   « Rendre les lois et règlements plus efficaces » (§ 8-16-a)
3. Protocole de Madrid de 2008 relatif à la gestion intégrée des zones côtières de la Méditerranée
   « Les Parties définissent des *indicateurs* appropriés afin d'évaluer *l'efficacité* des stratégies de gestion intégrée des zones côtières, des plans et des programmes de gestion intégrée des zones côtières ainsi que les *progrès* dans la mise en œuvre du Protocole » (art. 18-4).
4. Rapport du Secrétaire général des Nations Unies du 16 mars 2012 sur « Rendre la justice : programme d'action visant à renforcer l'état de droit aux niveaux international et national » (A/66/749, § 56)
   « Les États membres souhaiteront peut-être aussi réfléchir aux moyens de *mesurer* les progrès accomplis en vue de la réalisation des objectifs qui auront été arrêtés en matière d'état de droit ».
5. Décision 27/9 de 2013 du Conseil d'administration du PNUE sur la promotion de la justice, de la gouvernance et du droit pour la viabilité environnementale
   « (4) Combattre le non-respect du droit de l'environnement et prendre des mesures pour accroître *l'effectivité* des mécanismes de mise en application d'ordre civil, administratif et pénal ».
6. Examen à mi-parcours du Programme de Montevideo IV, 2e Assemblée des Nations Unies pour l'environnement, Nairobi, mai 2016 (UNEP/EA.2/13)
   « Établir des critères pour aider les États à évaluer *l'efficacité* du droit de l'environnement ».
7. Stratégie à moyen terme du PNUE 2018–2021, mai 2016 (UNEP/EA.2/15)
   « Suivi de l'état de l'environnement grâce à une évaluation fondée sur des *indicateurs* ».
8. G7 - Bologne, juin 2017
   « [...] développer de nouveaux *indicateurs* ».

9. Recommandation du 27 septembre 2017 du Comité des Ministres du Conseil de l'Europe à propos de la Convention sur le paysage (CM/Rec (2017)7)
   « Inscrire le paysage tel que défini par la Convention dans les *indicateurs* du développement durable ayant trait aux questions environnementales, sociales, culturelles et économiques ».
10. Déclaration ministérielle de la 3e Assemblée des Nations Unies pour l'environnement, Nairobi, 6 décembre 2017 (UNEP/EA.3/HLS.1)
   « Nous renforcerons la recherche et encouragerons la production, l'exploitation et l'utilisation de données scientifiques fiables et ventilées, ce qui passe par l'établissement de meilleurs *indicateurs pluridisciplinaires* » (§ 8-a).
11. Déclaration des ONG à la 3e Assemblée des Nations Unies pour l'environnement
   « Les indicateurs existants mesurant la réalisation des objectifs de développement durable 2030 ne tiennent pas compte du rôle du droit de l'environnement dans la réalisation de ces objectifs. Il est désormais nécessaire de combler ce vide et de mettre en place des indicateurs juridiques qui fourniraient des données pour une meilleure gouvernance des lois sur l'environnement et pour mieux documenter leur effectivité ».
12. Résolution de la 4e Assemblée des Nations Unies pour l'environnement adoptant le Programme de Montevideo V de droit de l'environnement, Nairobi, 15 mars 2019 (UNEP/EA.4/19, Annexe 1, § 4-a)
   « Fournir aux pays […] des *indicateurs modèles* pour un développement et une application *effective* du droit de l'environnement ».
13. Déclaration ministérielle de la 4e Assemblée des Nations Unies pour l'environnement (UNEP/EA.4/HLS.1)
   « Nous reconnaissons que la mise en œuvre *efficace* de ces mesures passe par des politiques adaptées et cohérentes, une bonne gouvernance et *l'application des lois* aux niveaux mondial, régional, national, infranational et local, ainsi que des *moyens de mise en œuvre efficaces* […] ».
14. Rapport de la 21e réunion de la Conférence des Parties à la Convention de Barcelone sur la protection du milieu marin et du littoral de la Méditerranée et ses protocoles, Naples, 5 décembre 2019 (UNEP/MED IG.24/22)
   « Une meilleure évaluation de l'efficacité de la Convention et de ses protocoles, qui était cruciale pour la pertinence continue du système, a appelé au renforcement des *indicateurs juridiques* et autres, avec l'aide de partenaires tels que le Centre international de droit comparé de l'environnement » (§ 90).

15. Décision IG 24/1 du Comité de respect des obligations à la 21e réunion de la Conférence des Parties à la Convention de Barcelone sur la protection du milieu marin et du littoral de la Méditerranée et ses protocoles, Naples, 5 décembre 2019
« Dans ce contexte le Comité de respect des obligations a également débattu de l'élaboration d'*indicateurs de l'environnement juridiques* qui mesureraient l'efficacité de la Convention de Barcelone et de ses protocoles, un domaine qui devrait être exploré à l'avenir » (§ 16).

Annexe 3 UNEP, *Environmental Rule of law. First Global Report*, 2019

Figure 6.1: Environmental Rule of Law and the Sustainable Development Goals

Notes: An arrow pointing toward the goal indicates that environmental rule of law supports its achievement, and an arrow pointing from a goal indicates that it supports environmental rule of law. Many are mutually reinforcing. Numbers denote the number of each goal's targets that are considered to support or be supported by environmental rule of law. Because some targets both support environmental rule of law and are in turn supported by it, the numbers for some goals may total more than the number of targets enumerated for the goal.

Annexe 4 UNEP, *Environmental Rule of law. First Global Report*, 2019

Box 6.1: Indicator Framework for Environmental Rule of Law

Contextual Factors

- Demography (distribution of wealth; population density, age structure, urban/rural; education/literacy; gender equity)
- Economy (contribution of natural resource/extractive sector to the state economy; per capita income; evenness of development)
- Politics (fragility; corruption perception; rule of law generally)
- Legal System (type; judicial independence; respect for contracts and property rights)

Laws & Institutions

- Coverage of laws (national environmental laws covering relevant environmental issues)
- Procedural mechanisms (transparency and access to information, public participation, independent review and oversight of implementation measures)
- Right to a healthy environment (explicitly recognized in the constitution, held by a court to be implicit in other constitutional rights, or guaranteed by legislation)
- Rights of free association and free speech (constitutional)
- Right of nondiscrimination (constitutional)
- Rights of marginalized populations (indigenous peoples; women; other)
- Legal pluralism (recognition of customary norms governing natural resources)
- Anti-corruption measures (covering the environmental context)

Implementation

- Information collection, management, and use
- Permits, licenses, and concessions
- Criteria for implementation of environmental law
- Enforcement (number of violations – trafficking, illegal pollution; number of inspections per capita or per regulated entity; number of administrative/civil/criminal cases brought; number of convictions/violations corrected; total fines and prison items)

- Environmental auditing and institutional review mechanisms
- Corruption (in the control of natural resources/concessions; in management of natural resource revenues; in the enforcement process)

Civic Engagement

- Access to information (on laws/regulations/judicial decisions; on the state of the environment; on emission data/reports/audits; on natural resource concessions and revenues; media)
- Public participation (in developing laws and regulations; in permitting/licensing/awarding concessions; in environmental impact assessment; community-based natural resource management; in monitoring and enforcement)
- Environmental defenders (number of land or environmental defenders attacked/killed; number of attacks/murders prosecuted and convicted)

Dispute Resolution and Access to Justice

- Effective dispute resolution bodies (courts and tribunals, administrative environmental tribunals, alternative dispute resolution, customary courts)
- Access to justice (standing; costs, geographic accessibility; timeliness; availability of counsel and advocacy nongovernmental organizations)
- Remedies

Environmental Outcomes and Current Status

- Environmental health
- Environmental compliance by sector
- Natural resource stewardship

Annexe 5 Article 2-4 de l'arrêté du 3 décembre 2019 relatif à l'organisation du service de législation et de la qualité du droit au secrétariat général du Gouvernement (*JORF* n° 0282 du 5 décembre 2019)

Article 2 – Le service de la législation et de la qualité du droit est chargé, à titre principal, des missions suivantes : […]

4° Il suit les mesures d'application des lois et renseigne les *indicateurs* de performance correspondants.

Annexe 6 Article 6-8 de l'Accord régional sur l'accès à l'information, la participation publique et l'accès à la justice à propos des questions environnementales en Amérique latine et dans les Caraïbes, Escazú, 4 mars 2018

Article 6-8 : « Chaque Partie contractante encourage la réalisation d'examens indépendants environnementaux qui tiennent compte de critères et d'orientations convenus nationalement ou internationalement et *d'indicateurs* communs, afin d'évaluer l'efficacité, l'effectivité et le progrès de ses politiques nationales environnementales concernant le respect de ses engagements nationaux et internationaux. Les évaluations comporteront la participation des différentes parties prenantes ».

Annexe 7 Projet de motion présentée par le Centre international de droit comparé de l'environnement et adoptée comme résolution par le Congrès mondial de la nature de l'UICN, Marseille, 7-15 janvier 2021, sur : « Mesurer l'effectivité du droit de l'environnement grâce à des indicateurs juridiques »

CONSIDÉRANT que la conservation de la nature impose une application effective des règles internationales, régionales, nationales et locales en matière d'environnement ;

CONSCIENT que la mise en œuvre de ces règles laisse souvent à désirer et que leur application associe, suivant un processus juridique complexe, toutes les parties prenantes : administration, acteurs économiques, professions judiciaires, associations environnementales ;

OBSERVANT que les rapports sur l'état de l'environnement n'évaluent les politiques qu'au moyen d'indicateurs scientifiques ou économiques en omettant d'apprécier leur effectivité juridique ;

REGRETTANT que les indicateurs relatifs aux Objectifs de développement durable visent rarement l'apport du droit et ne rendent pas compte des données qualitatives permettant d'évaluer l'effectivité des règles, méconnaissant ainsi la contribution du droit au succès ou à l'échec des politiques environnementales ;

SE RÉJOUISSANT de l'intérêt émergent pour des indicateurs plus représentatifs des difficultés d'application du droit de l'environnement, comme en témoignent le 7e programme de l'Union européenne pour l'environnement réclamant des indicateurs spécifiques pour contrôler la législation environnementale ou la déclaration ministérielle de la 3e Assemblée des Nations Unies pour l'environnement encourageant le développement d'indicateurs multidisciplinaires ;

CONSTATANT que l'Accord régional d'Escazú sur l'accès à l'information, la participation publique et l'accès à la justice à propos des questions environnementales en Amérique latine et dans les Caraïbes prévoit des indicateurs pour évaluer l'efficacité, l'effectivité et les progrès des politiques environnementales ;

PRENANT ACTE de la promotion par l'IUCN, ONU Environnement, l'IFDD-OIF et la CEDEAO d'une méthodologie innovante conçue par le Centre international de droit comparé de l'environnement concernant la création d'indicateurs juridiques lors du symposium sur l'effectivité du droit de l'environnement en Afrique francophone (Yaoundé, 2018) ;

CONVAINCU que les indicateurs juridiques permettront de mesurer l'application effective du droit de l'environnement en utilisant des données qualitatives et quantitatives, sur la base de questionnaires portant sur l'existence et le contenu des règles et sur les procédures de leur mise en œuvre et de leur contrôle ;

PERSUADÉ que les indicateurs juridiques augmenteront la visibilité et la légitimité du droit de l'environnement, permettant ainsi de mieux appréhender les raisons pour lesquelles il est mal ou peu appliqué et les progrès ou reculs dans la protection de l'environnement, facilitant également l'élaboration de nouvelles règles de sauvegarde du patrimoine naturel commun ;

Le Congrès mondial de la nature, lors de sa session réunie à Marseille, France, du 7 au 15 janvier 2021 :

1. DEMANDE à la Commission mondiale de droit de l'environnement et à ses membres, avec le soutien du Programme de l'UICN sur le droit de l'environnement, de développer des expérimentations et des formations à l'élaboration d'indicateurs juridiques en matière de conservation de la nature avec la participation des professeurs de droit, des avocats, des juges, des procureurs et des services administratifs chargés de contrôler le respect des règles de droit de l'environnement ;
2. DEMANDE au secrétariat de l'UICN d'inviter le système des Nations Unies et les autres organisations internationales et régionales à introduire des indicateurs juridiques parmi les indicateurs des Objectifs de développement durable relatifs à l'environnement ;
3. DEMANDE aux États Parties et à l'Union européenne Partie aux conventions régionales et universelles sur l'environnement d'introduire également des indicateurs juridiques pour mesurer l'effectivité de ces conventions dans les rapports d'application requis par lesdites conventions ;
4. INVITE tous les gouvernements et les ONG membres de l'UICN à prendre des initiatives volontaires pour expérimenter et promouvoir la mise en place d'indicateurs juridiques dans leur droit national de l'environnement, en particulier en matière de protection de la nature ;
5. INCITE tous les gouvernements et les secrétariats des organisations internationales et régionales à introduire des indicateurs juridiques dans leurs rapports réguliers sur l'état de l'environnement au niveau mondial, régional, national et local.

Table des matières

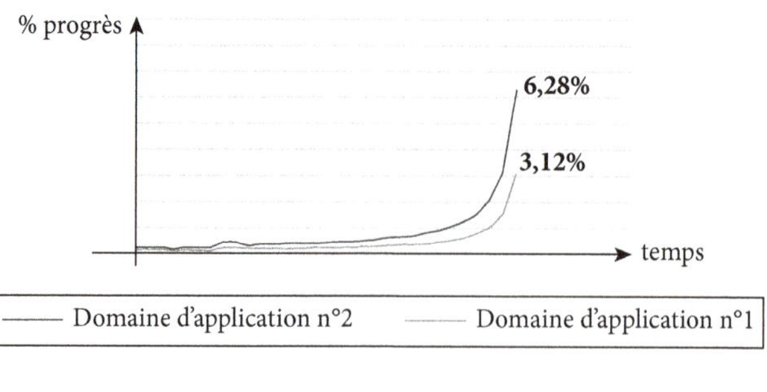

Titres parus dans la collection

Vol. 1 Émilie Gaillard and David M. Forman (eds.), *Legal Actions for Future Generations*, 2020.

Vol. 2 Michel Prieur et Christophe Bastin (dir.) (avec la coll. de Mohamed Ali Mekouar), *Mesurer l'effectivité du droit de l'environnement. Des indicateurs juridiques au service du développement durable*, 2021.

Vol. 3 Michel Prieur and Christophe Bastin (eds.) (in coop. with Mohamed Ali Mekouar), *Measuring the Effectivity of Environmental Law. Legal Indicators for Sustainable Development*, 2021.

Vol. 4 Michel Prieur y Christophe Bastin (eds.) (con la colaboración de Mohamed Ali Mekouar), *Midiendo la efectividad de la Legislación Ambiental. Indicadores jurídicos al servicio del desarrollo sostenible*, 2021.

Vol. 5 Émilie Gaillard et Amandine Cayol (dir.), *Regards croisés sur le(s) transhumanisme(s)*, 2021.

www.ingramcontent.com/pod-product-compliance
Ingram Content Group UK Ltd.
Pitfield, Milton Keynes, MK11 3LW, UK
UKHW020714071026
15590UKWH00011B/592

9 782807 619715